城市轨道交通电扶梯管理指南

- 主　编　浦绍强　陈　鑫　喻庆芳
- 副主编 (排名不分先后)
  田　刚　杨　勇　范文武　王　丽　储林希
  曹俊松　史　强　浦永林　李瑞娇　陈泽昌
- 参　编 (排名不分先后)
  李　礼　林桥富　陈昌融　章洋羚　魏　莹
  张浩然　康文品　牛思阳　李洁如　常川云
  陈志丹　李　瑶　王　友　陈　宇　徐晓莹

华中科技大学出版社
http://press.hust.edu.cn
中国·武汉

内 容 提 要

本书旨在提供城市轨道交通电梯和自动扶梯管理的指导和方法，以提高其安全性、可靠性和运行效率。通过对筹备期和试运营期的管理进行梳理和分析，发现一些问题和不足。其中制度不完善、安全风险难以控制和技术水平参差不齐是主要问题。为解决这些问题，本书提供解决措施和管理方法，包括制定技术标准和规范、优化管理制度和完善安全监管机制等。内容涵盖了电梯技术基础、选用指导、招投标管理、安装调试、试运行和建设转运营管理、运营安全评估准备和设备运行管理等。

图书在版编目（CIP）数据

城市轨道交通电扶梯管理指南/浦绍强，陈鑫，喻庆芳主编. —武汉：华中科技大学出版社，2024.2
ISBN 978-7-5772-0524-3

Ⅰ.①城… Ⅱ.①浦… ②陈… ③喻… Ⅲ.①城市铁路-车站设备-自动扶梯-检修-指南 Ⅳ.①U239.5-62

中国国家版本馆 CIP 数据核字（2024）第 034170 号

城市轨道交通电扶梯管理指南   浦绍强   陈 鑫   喻庆芳   主编
Chengshi Guidao Jiaotong Dianfuti Guanli Zhinan

策划编辑：陈培斌   李承诚
责任编辑：陈培斌   张汇娟
封面设计：原色设计
责任监印：周治超
出版发行：华中科技大学出版社（中国·武汉）   电话：(027) 81321913
            武汉市东湖新技术开发区华工科技园   邮编：430223
录   排：华中科技大学出版社美编室
印   刷：武汉市籍缘印刷厂
开   本：787mm×1092mm   1/16
印   张：12.75   插页：1
字   数：318 千字
版   次：2024 年 2 月第 1 版第 1 次印刷
定   价：58.00 元

本书若有印装质量问题，请向出版社营销中心调换
全国免费服务热线：400-6679-118   竭诚为您服务
版权所有   侵权必究

前言

随着城市化进程的加速和城市轨道交通的迅猛发展，城市轨道交通已逐步成为人们日常出行首选的公共交通工具。据不完全统计，进出城市轨道交通车站时，约有90%的人群选择通过电梯和自动扶梯实现位置的转移，电梯和自动扶梯是否可靠运行将直接影响城市轨道交通的运营安全，甚至关乎市民的人身安全。城市轨道交通系统中电梯和自动扶梯的管理一般分为筹备期的管理和试运营、正式运营的管理。根据多年运营管理经验的总结，我们发现，筹备期管理质量的优劣将直接影响试运营和正式运营期电梯和自动扶梯运行的可靠度，同时，在电梯和自动扶梯的建设、安装、调试、试运行等环节的管理过程中，仍然存在一些问题和挑战。为此，我们编写了这本《城市轨道交通电扶梯管理指南》，旨在为相关从业人员提供全方位、系统化的指导和管理方法，以提高电梯和自动扶梯的安全性、可靠性和运行效率，创造更加便利、舒适的出行环境。

通过对城市轨道交通筹备期电梯和自动扶梯管理全过程进行系统梳理和分析，我们发现一些问题和不足：管理制度不够完善，电梯和自动扶梯的建设、安装、调试、试运行等环节的管理缺乏标准化和规范化的制度支撑，导致电梯和自动扶梯管理难度增加，效率低下；安全风险难以控制，电梯和自动扶梯作为一种关乎公共安全的交通工具，一旦出现事故就会对人们的生命财产带来严重威胁；技术水平参差不齐，目前电梯和自动扶梯行业参与者众多，导致电梯和自动扶梯的质量和性能存在较大差异，给用户的使用带来了安全隐患。

为了解决以上问题，本书将提供相应的解决措施和管理方法，包括加强电梯和自动扶梯技术标准和规范的制定、优化电梯和自动扶梯管理制度、完善电梯和自动扶梯安全监管机制等，以期为相关从业人员提供技术、经验等方面的指导和帮助。

本书内容涵盖了电梯和自动扶梯技术基础、城市轨道交通电梯和自动扶梯的选用指导、电梯和自动扶梯招投标管理指导、电梯和自动扶梯安装与调试、电梯和自动扶梯试运行和建设转运营管理、城市轨道交通电梯和自动扶梯设备运营安全评估准备、城市轨道交通电梯和自动扶梯设备运营管理、电梯和自动扶梯设备安全管理等方面的内容。

限于我们的知识水平和思维的局限，书中存在一些不足或错漏在所难免，欢迎各位读者批评指正。

编 者

2023 年 8 月

目录

第一章 电梯和自动扶梯技术基础 /1
第一节 电梯分类 /1
第二节 电梯的基本结构 /5
第三节 自动扶梯基本结构 /8

第二章 城市轨道交通电梯和自动扶梯选用 /14
第一节 电梯选用基础 /14
第二节 电梯主要部位技术要求 /17
第三节 自动扶梯选用基础 /28
第四节 自动扶梯主要部位技术要求 /33

第三章 城市轨道交通电梯和自动扶梯招投标管理 /48
第一节 招标投标一般规定 /48
第二节 招标管理 /51
第三节 投标管理 /55
第四节 开标与评标管理 /59
第五节 定标管理 /64

第四章 城市轨道交通电梯和自动扶梯安装与运行管理 /67
第一节 电梯与自动扶梯安装现场检查与确认 /67
第二节 电梯与自动扶梯的安装质量管理 /70
第三节 电梯安装与安全管理 /79
第四节 自动扶梯安装与安全管理 /90
第五节 电梯与自动扶梯试运转 /97
第六节 单体试运行与综合联调的要求与实施 /99

第五章 城市轨道交通运营安全评估电梯和自动扶梯的准备 /104
第一节 城市轨道交通运营安全评估概述 /104

第二节	城市轨道交通电梯和自动扶梯试运营需满足的条件	/105
第三节	城市轨道交通开通初期运营前电梯和自动扶梯设备安全评估	/112
第四节	城市轨道交通正式运营前电梯和自动扶梯设备安全评估	/114
第五节	城市轨道交通电梯和自动扶梯安全评价及试运营前安全检查	/119

第六章 城市轨道交通电梯和自动扶梯设备运营管理 /122

第一节	电梯和自动扶梯运营管理人员考核管理	/122
第二节	电梯和自动扶梯作业人员考核管理	/125
第三节	电梯和自动扶梯运营服务要求、设施	/131
第四节	电梯和自动扶梯维保服务规范	/138
第五节	合同管理	/154

第七章 电梯和自动扶梯设备安全管理 /161

第一节	安全管理的内容	/161
第二节	安全管理职责划分与安全管理员配备	/166
第三节	安全管理制度	/170
第四节	电梯和自动扶梯双重预防体系	/174
第五节	安全教育和检查	/180
第六节	应急管理	/188

第一章　电梯和自动扶梯技术基础

电梯和自动扶梯是随着建筑行业的兴起而发展起来的。城市轨道交通随着城市现代化的不断发展，已经成为城市重要的交通运输方式。电梯和自动扶梯随着城市轨道交通行业的兴起而发展成为城市轨道交通的重要客运服务设施。

第一节　电梯分类

一、按用途分类

（一）乘客电梯

乘客电梯是为运送乘客而设计的电梯，电梯轿厢通常有装潢，运行舒适感较好。

（二）载货电梯

载货电梯主要是为运送货物而设计的电梯，通常有人伴随，一般不注重轿厢装潢，更注重轿厢的承载能力。

（三）客货两用电梯

客货两用电梯是以运送乘客为主，但也可运送货物的电梯，一般有简单的轿厢装潢。

（四）病床电梯

病床电梯又称医用电梯，是为运送病床（包括病人）及医疗设备而设计的电梯。一般有较简洁的内装饰，较重视轿厢的平层精度及运行稳定性。

（五）住宅电梯

住宅电梯指供住宅楼使用的乘客电梯。它更注重电梯的实用性。

（六）杂物电梯

杂物电梯是指服务于规定楼层的固定式升降设备，它具有一个轿厢，就其尺寸与结构而言，轿厢内不允许人进入，通常用于运送一些小物品，如书籍、食品等。轿厢运行在至少两列垂直的或倾斜角小于 15°的刚性导轨之间。

为满足不允许人员进入的要求，轿厢尺寸不得超过底板面积 $1.00m^2$、深度 1.00m、高度 1.20m 的要求。但如果轿厢由几个永久的间隔组成，而每一间隔都能满足上述要求，高度超过 1.20m 是允许的。

（七）船用电梯

船用电梯指供船舶上使用的电梯，通常用于大型轮船。

（八）观光电梯

观光电梯指井道和轿厢壁至少有一侧透明的乘客电梯，乘客可观看轿厢外的景物。

（九）汽车电梯

汽车电梯指用作运送车辆而设计的电梯，常装于车库。

二、按驱动方式分类

（一）曳引式电梯

曳引式电梯通过轿厢与对重间曳引绳的运动来带动轿厢的运动。现在大部分靠电力驱动的电梯都采用该种驱动方式。

（二）强制驱动式电梯

强制驱动式电梯是以卷扬式驱动机使轿厢升降的电梯。

（三）液压式电梯

液压式电梯是通过液压驱动的电梯。它又分成直顶式和间接式。直顶式是油缸柱塞直接顶升轿厢底部或侧面的液压电梯。间接式是将油缸柱塞设置在井道侧面，借助曳引绳通过滑轮组与轿厢连接使轿厢升降的液压电梯。

（四）感应式电梯

感应式电梯又称直线电机驱动的电梯，是通过感应直线电机驱动的电梯。它的工作原理是将导轨当成一个直径无限大的电机定子，将轿厢当成电机转子，当电磁场沿着导轨（定子）运动时，轿厢（转子）就会跟着电磁场的方向而升降。这种电梯较少见。

三、按速度分类

（一）低速电梯

一般认为速度不大于 1m/s 的电梯为低速电梯。随着建筑物高度的增加以及电梯速度的不断提高，现在普遍认为速度不大于 1.75m/s 的电梯也属低速电梯。

（二）中速电梯

中速电梯指速度大于 1.75m/s，小于或等于 2.5m/s 的电梯。

（三）高速电梯

高速电梯指速度大于 2.5m/s，小于或等于 6m/s 的电梯。

（四）超高速电梯

超高速电梯指速度大于 6m/s 的电梯。

四、按电气控制类型分类

（一）继电器控制电梯

继电器控制电梯以大量的继电器组成电梯控制回路，由于工作可靠性差，目前这种电梯已被淘汰。

（二）PLC 控制电梯

PLC 称为可编程序控制器，可方便地将电梯的控制回路程序化，对电梯实行无触点逻辑控制。在 20 世纪 80 年代中后期国内作为电梯专用微机的替代品，被应用在电梯上，对提高普通档次电梯的工作可靠性起到了积极作用。

（三）微机控制电梯

微机控制电梯又称为电脑控制电梯。对电梯的运行逻辑控制采用微机控制的，称为运行微机控制电梯。同时对电力拖动也采用微机控制的，称为全微机或全电脑控制电梯。较先进的电梯都采用专用微机板控制。

五、按控制方式分类

（一）手柄开关操纵控制电梯

手柄开关操纵控制电梯是指电梯司机转动手柄位置（开断/闭合）来操纵电梯运行或停止的电梯。这种电梯市场已经很少使用。

（二）按钮控制电梯

按钮控制电梯的运行由层站呼梯按钮来操纵。某层站将呼梯按钮按下，电梯就启动运行去应答。在电梯运行过程中，如果有其他层站呼梯按钮按下，控制系统只能把信号记存下来，不能去应答，而且也不能把电梯截住，直到电梯完成前应答运行层站之后方可应答其他层站呼梯信号。一般用于杂物电梯。

（三）信号控制电梯

信号控制电梯把各层站呼梯信号集合起来，将与电梯运行方向一致的呼梯信号按先后顺序排列好，电梯依次应答接运乘客。电梯的启动由电梯司机操纵，而电梯在何层站停靠由轿厢内操纵盘上的选层按钮信号或用设置在层门外的层站呼梯按钮信号来控制，电梯往复运行一周可以应答所有呼梯信号。

（四）集选控制电梯

集选控制电梯在信号控制的基础上把呼梯信号集合起来进行有选择的应答。电梯为无司机操纵。在电梯运行过程中可以自动应答同一方向所有层站呼梯信号。电梯运行一周后若无呼梯信号就停靠在基站待命。为适应这种控制特点，轿门设有安全触板等门保护装置，轿厢设有过载保护装置。

（五）下集选控制电梯

下集选控制电梯集合电梯运行下方向的呼梯信号，如果乘客欲从较低的层站到较高的层站去，须乘电梯到底层基站后再乘电梯到要去的高层站。这种电梯一般适用于住宅。

（六）并联控制电梯

并联控制电梯共用一套呼梯信号系统，把两台或三台规格相同的电梯并联起来控制。无乘客使用电梯时，经常有一台电梯停靠在基站待命，该梯称为基梯；另一台或两台则停靠在行程中间预先选定的层站，称为自由梯。

（七）群控电梯

群控电梯是在多台电梯的高层建筑物中，按区域把电梯分为若干组，每组 3~8 台电梯，每组中的几台电梯共用一个信号系统，通过电梯群控系统（有集中群控系统和分散群控系统），协调互相连接的电梯运行，以提高电梯系统的服务性能。优秀的电梯群控系统应根据大楼不同的客流需求，使梯群以最合适的方式应答层站的呼梯信号。

六、按速度控制方法分类

（一）交流单速电梯

交流单速电梯使用单速小功率电动机，电梯直接启动和制动。一般为杂物电梯。

（二）交流双速电梯

交流双速电梯采用双速电机，制动时实行高速向慢速转换。在早期的货梯和中、低档的客梯中广泛应用。

（三）直流调速电梯

直流调速电梯采用直流电动机调速，曾广泛用于速度在 2.5m/s 以下的中、高档客梯。但直流调速电梯存在机组体积大、耗电大、造价高、维护工作量大的缺点，目前只在高速以上的电梯上有使用。

（四）交流调压电梯

交流调压电梯采用交流电机，实行降压启动和能耗或者涡流制动，使电梯得到较好的启动制动性能和舒适感。这种调速方式的速度可调节范围不大，一般不超过 2m/s，且调速稳定性和质量不理想，当前已被变频调速方式所取代。

（五）交流调频电梯

交流调频电梯以同时改变供电频率和电压的方法对交流电机实行调速。当前广泛使用的电梯的控制方式 VVVF，是当今电梯技术的潮流。

（六）同步交流调频电梯

同步交流调频电梯采用永磁同步交流电机、实行变频调速，与异步交流电机变频调速相比，具有更优的速度性能和节能效果，是电梯驱动技术的发展方向。

七、按机房分类

（一）有机房电梯

有机房电梯指机房在井道顶部的上方（个别亦有下机房，即机房在井道下部的情况），机房面积应符合规范要求。

（二）小机房电梯

小机房电梯，机房也在井道顶部的上方，面积比常规的机房要小。

（三）无机房电梯

无机房电梯即没有机房的电梯。驱动系统及控制器安装在井道上方或者下方，可节省机房，美化建筑物。

第二节 电梯的基本结构

随着现代科学技术在电梯上的大量应用,电梯成了一种机电一体化的大型复杂设备,下面以电梯的各系统功能为单位对电梯的基本机构加以介绍。

一、曳引系统

(一) 曳引机

曳引机有有齿曳引机和无齿曳引机之分。有齿曳引机由电动机、制动器、减速箱组成,无齿曳引机没有减速箱,由电动机、制动器组成。曳引机的作用是为电梯提供动力。

(二) 曳引绳

曳引绳一般为钢丝绳,也有采用复合材料曳引带或纤维绳。曳引绳以与曳引轮产生的摩擦力传递动力,使轿厢运动。

(三) 导向轮

导向轮安装在曳引机机架或承重梁上,将曳引绳引向轿厢或对重的绳轮。

(四) 反绳轮

当电梯采用 2:1 以上传动时才有反绳轮。它起到定滑轮的作用,使轿厢速度小于曳引机的输出速度,是一种减速机构。

二、重量平衡系统

(一) 对重

对重又称为平衡重,相对于轿厢悬挂在曳引绳另一端,起到平衡轿厢重量的作用。对重由对重架和对重块组成。在电梯安装调试时可以增减对重块来调整电梯的平衡系数。

(二) 平衡补偿装置

平衡补偿装置有补偿链和补偿绳两种。补偿链以铁链为主体,穿上麻绳,结构简单,一般用于 1.75m/s 以下的电梯。补偿绳以钢丝绳为主体,常用于较高速的电梯。

三、导向系统

导向系统由导轨、导轨架、导靴组成,其功能是对轿厢和对重的运动加以限制和导向。

(一) 导轨

导轨是安装在井道中确定轿厢和对重相对位置,并对它们的运动起导向作用的组件。电梯一般都采用 T 型导轨,导轨有实心导轨和空心导轨两种。

(二) 导靴

导靴是装在轿厢和对重上,与导轨配合,强制轿厢和对重沿着导轨运行的组件。导靴分为三类：固定式滑动导靴一般用于 1m/s 以下的电梯；弹簧式滑动导靴一般用于 1.75m/s 以下的电梯；滚动导靴一般用于速度较高的电梯。

（三）导轨架

导轨架在电梯系统中具有重要作用，通过引导和支撑电梯轿厢和对重的运动，保证电梯安全和平稳运行。安装时需按照相关要求进行精确安装，确保导轨的垂直度、平行度和水平度符合要求。

四、轿厢系统

轿厢是电梯用来运载乘客或其他物体的厢式部件，由轿厢架、轿厢体组成。轿厢的主结构参数是内部尺寸（宽×深）。相同种类和载重量的电梯，品牌不同，往往有不同的轿厢尺寸，但有效面积（宽×深）不能大于规范的规定。

（一）轿厢架
轿厢架是固定轿厢体的承重构架。

（二）轿厢体
轿厢体是电梯的工作容体，由轿厢顶、轿厢壁、轿厢底等组成。可根据梯种和需要，对轿厢进行装修。

五、门系统

门系统由轿厢门、层门、门机、门锁等组成。其功能是封闭轿厢和层门的门口，一般能自动开和关。

（一）门系统分类
按照门的开关方式分为中分式、旁开式、直分式门三种。

1. 中分式门
中分式门的门扇由中间分开，左右门扇以相同速度开合，多用于客梯。

2. 旁开式门
旁开式门的门扇由一侧向另一侧开合，两个门扇的行程和速度不同，可获得较大的开门宽度，多用于货梯。

3. 直分式门
直分式门的门扇由下向上或由上向下开合，可使门的开门宽度等于轿厢宽，多用于杂物电梯。

（二）门结构
门结构由门扇、门导轨、门滑轮组、门地坎等组成，其中轿厢门扇和层门门扇分别由门滑轮组悬挂在门导轨上，下部由门滑块与门地坎间作导向。轿厢门由门机直接驱动，层门由轿厢门间接驱动。

（三）门机
门机为驱动轿厢门的机构，由电动机、连杆机构和齿形同步皮带等组成。

（四）门锁

门锁安装在层门上，用于锁住层门。电梯工作时，由轿厢门上的门刀随着轿厢门的移动拨动门锁滚轮，使锁钩脱开，门锁被打开。平时也可用专用钥匙在层门外打开门锁。

六、电气控制系统

电梯的整个运动过程都是在电气系统的控制下进行的。电梯的电气控制系统可分为运行信息控制系统和速度控制系统。电气控制系统的主要结构设置在电梯的控制柜内。轿厢内的操纵箱、层门上的召唤箱、井道内的信号采集开关等属于电气控制系统。

（一）运行信息控制系统

运行信息控制系统亦称运行逻辑控制系统，负责整个电梯的安全信号、指令信号、井道内的减速信号、平层信号、机房内的电源信号等的采集、传送、处理，并将运算控制结果传送到显示部件和驱动系统。

（二）速度控制系统

速度控制系统负责整个电梯的运行和制动。它的控制信息来自电梯的控制系统，当控制系统指示其运行时，它便会根据控制系统发出的运行方向和需运行的距离，控制曳引机的运转。当电梯到达控制系统预置的停层区域时，驱动系统调节输出电压，减低曳引机的转速，并释放制动器，保证电梯安全、准确地平层。

（三）操纵箱

操纵箱是安装在轿厢内（杂物梯的操纵箱安装在层门口），供乘客或司机向电梯发工作指令的装置。操纵箱一般装有层站、开关门、报警等按钮，常带有运行方向和楼层指示。

（四）召唤箱

召唤箱是安装在层门口、用来召唤电梯的装置，常带有楼层和运行方向指示。

七、重量平衡装置

曳引式电梯必须有重量平衡装置。对提升高度较低的电梯，平衡装置即为电梯的对重，但对提升高度大于30m的电梯，还必须有平衡补偿装置。

（一）对重

对重又称为平衡重，由对重架和对重块组成，相对于轿厢悬挂在曳引绳另一端，起到平衡轿厢重量的作用。在电梯安装调试时，可以增减对重块来调整电梯的平衡系数。

（二）平衡补偿装置

平衡补偿装置有补偿链和补偿绳两种。补偿链以铁链为主体，穿上麻绳，结构简单，一般用于1.75m/s以下的电梯。补偿绳以钢丝绳为主体，常用于较高速的电梯。

八、安全保护系统

安全保护系统的作用是保证电梯安全使用，对可能发生的不安全状态加以防止和控制，主要由限速器与安全钳、缓冲器、端站保护装置组成。

（一）限速器与安全钳

限速器安装在机房，以钢丝绳与轿厢相连，主要作用是监测电梯的运行速度；安全钳安装在轿厢上，能接受限速器操作，以机械动作将轿厢卡在导轨上。当电梯发生超速并超出允许限值时，限速器的电气开关会切断电梯的电气安全保护电路，达到令电梯停止运行的目的。如果该措施还不足以令电梯停止，电梯还是超速下降，限速器以机械动作使安全钳起作用，将轿厢卡在导轨上，从而制止电梯继续下降。限速器还包括安装在井道底坑的张紧装置，用以张紧钢丝绳。

（二）缓冲器

缓冲器安装在井道底坑，当轿厢或对重撞击底坑时，能产生缓冲。缓冲器有弹簧式、油压式、聚氨酯式几种。

（三）端站保护装置

端站保护装置是安装在井道上下端部的一组开关，能在轿厢或对重碰到缓冲器前，使电梯制动，防止电梯运行到最高或最低层站后失控，造成电梯冲顶或蹲底的安全事故。国家标准规定，必须在电梯井道的顶端和底端安装强迫减速开关、限位开关和极限开关进行保护。

第三节 自动扶梯基本结构

自动扶梯是带有循环运行梯级，用于向上或向下倾斜输送乘客的电力驱动设备。自动扶梯与自动人行道作为一种连续的运输工具被广泛应用于商场、大厦、地铁、车站、机场、码头等公共场所。自动人行道甚至还被作为天桥使用，其特点是能在较短时间内输送大量的人流。

自动扶梯由支承部分、驱动系统、运载系统、扶手系统、电控系统和安全保护系统组成。

一、支承部分

（一）桁架

桁架架设在建筑物结构上，能支撑全部部件和载客的重量，用型钢焊接而成。桁架上所有的弦柱及对角支承均可采用角钢、型钢、方形钢管焊接而成，要求刚度好、重量轻。根据设计需要和便于运输，桁架一般分成三段，即上水平段框架、预斜段框架、下水平段框架。提升高度较大时，再对倾斜段分段。

（二）桁架材料

桁架是型钢焊接而成的栅格状钢骨架，钢骨架材料有方钢和角钢两种。方钢结构可使桁架自重减小，角钢结构较易解决桁架表面防锈问题。桁架的防锈处理方法一般是喷涂防锈漆，也可视需要做热浸镀锌处理。对露天工作的自动扶梯应做后者处理。城市轨道交通项目由于工作环境条件差，寿命要求高，一般应做热浸镀锌处理。镀锌厚度在 $100\mu m$ 左右，在一般自然环境可有 40 年以上防锈寿命。

（三）挠度

挠度指自动扶梯在受载时的弯曲程度，普通自动扶梯根据乘客载荷计算或实测的最大挠度，不应大于支撑距离的 1/750。公共交通型自动扶梯要求不大于 1/1000 或更高的要求，常要求不大于 1/1500。在桁架中部加中间支承可以减少桁架的挠度，一般提升高度 6m 以上时需加中间支承。

二、驱动系统

驱动系统由驱动主机、主驱动轴、主驱动链、扶手带驱动链、扶手带驱动轴、梯级链张紧装置等组成，其功能是驱动梯级和扶手带运动。

（一）驱动主机

驱动主机是自动扶梯的动力，通过主驱动链使主轴转动。自动扶梯驱动主机一般采用连续工作型的三相感应电机。

电机功率的配置与自动扶梯的种类有关。普通自动扶梯驱动主机的功率配置一般按 75% 运输能力考虑。公共交通型自动扶梯电机功率配置需考虑高峰载荷，在每 3 小时中满载时间按 0.5 小时计算，而且每天连续运行时间一般按不小于 20 小时计算，因此电机功率比普通自动扶梯要大，常按 100% 运输能力计算。

外壳防护等级关系到自动扶梯的防尘防水能力。普通自动扶梯一般不作特别要求。城市轨道交通项目由于工作环境条件差，一般工作时外壳防护等级不应低于 IP45，露天工作时外壳防护等级不应低于 IP55。

（二）主驱动轴

主驱动轴上的梯级链轮带动梯级链，使安装在梯级链条上的梯级运动。驱动主机通过主驱动链条带动主轴上的驱动链轮，根据提升高度的要求主驱动链可以选用两排或三排链结构。主轴上还装有两个梯级驱动链轮、两个扶手带驱动链轮以及附加制动器等。为承担大的扭矩，一般把主轴制成一个实心的轴。

（三）制动器

制动器装在驱动主机的高速轴上，当动力电源失电时，它应能使自动扶梯以一个安全的减速度停止运转，并保持静止。自动扶梯的制动器常见的有闸瓦式制动器和带式制动器。

1. 闸瓦式制动器

当自动扶梯启动时，电磁线圈通电，使闸瓦打开，自动扶梯得以运行；当自动扶梯停止时，电磁线圈失电，闸瓦在制动弹簧的作用下抱紧制动鼓，使自动扶梯停止运行。微动开关的作用是制动器未完全打开时，使自动扶梯不能启动。

2. 带式制动器

带式制动器依靠张紧的钢带作用在制动鼓上所产生的摩擦力制动自动扶梯。在钢带上铆接制动衬垫以增加摩擦力，其结构紧凑，包角大，能对自动扶梯的上行和下行产生不相等的制动力矩，其中对上行产生较下行小的制动力，有利于制动时的安全性。

（四）梯级链张紧装置

梯级链张紧装置安装在自动扶梯下部，作用是拉紧梯级链，让梯级链与梯级链驱动轮啮合完好。

（五）自动润滑装置

自动润滑装置的功能是定时、定量对梯级链、主驱动链、扶手带驱动链等运动部件进行润滑。

三、运载系统

运载系统由梯级、梯级链、导轨、地板和梳齿板等组成，其功能是运送乘客。梯级链将驱动主机的动力传送给梯级，使梯级沿着导轨运动。

（一）梯级

梯级的功能是用来运送乘客，是自动扶梯的工作部件。梯级上有4个轮子，2个直接装在梯级上，称梯级滚轮；另2个装在梯级链上，使梯级与梯级链相连，称为梯级链滚轮。由于梯级链滚轮受的力要大一些，又称为梯级主轮；梯级滚轮则被称为副轮。梯级有分体式梯级和整体式梯级两种。

1. 分体式梯级

分体式梯级是由踏板、踢板、梯级支架、梯级滚轮等部分拼装组合而成。梯级表面有凹槽，使梯级通过自动扶梯上下出入口时，能嵌在梳齿板中，以保证乘客的乘梯安全。梯级的支架是梯级的主要支承结构，一般是铝合金压铸件。支架上面固定踏板，下面装有梯级滚轮。也有的分体式梯级全部用钢材制造，表面的踏板、踢板用不锈钢制造。分体式梯级可在使用中局部更换损坏件，可维修性好，但整体强度不及整体式梯级。

2. 整体式梯级

整体式梯级是将踏板、踢板和撑架三部分集为一体，用铝合金压铸而成。由于整体式梯级是一个整体，所以制造方便，强度高。常不需要梯级轴，简化了结构。

（二）踏板与梳齿板

踏板与梳齿板为乘客在自动扶梯两端提供站立平台，同时又是机房的盖板。梳齿板位于梯级的出入口。梳齿板上的梳齿与梯级的齿槽相啮合，保证梯级在回转时的安全性。

（三）导轨

导轨是梯级运动的导向，并起到支撑梯级及梯级链的作用。导轨由支承梯级工作的工作导轨和使梯级回转的返回导轨、压轨及相应的支撑件组成。

（四）梯级链

梯级链以梯级主轮在链条内或外而分为套筒滚子链和滚轮链两种。

1. 套筒滚子链

套筒滚子链由销轴、套筒、滚子、链板组合而成，它们均要经过热处理来提高硬度和耐磨性。这种链条以滚子与梯级链轮啮合，强度高，能适应各种提升高度；在工作中梯级主轮只承受来自梯级的重力，受力小，且装拆方便，可维修性好，但造价较高。对链条和梯级滚轮寿命要求高的城市轨道交通项目，一般采用这种链条。

2. 滚轮链

滚轮链以梯级主轮代替套筒滚子，简化了链条结构，降低了造价。这种链条以梯级主轮与梯级链轮啮合，使轮子受力加大；特别在上部转弯处没有卸载导轨，使轮子受力更大。这种结构轮子不易装拆，可维修性较差，一般用于普通扶梯。

（五）梯级滚轮

梯级滚轮通常是由轮毂、轴承、轮缘组成，也有的梯级滚轮没有轮毂，以简化结构，降低造价。轮毂通常是铝合金，采用滚动轴承。轮缘由橡胶或聚氨酯材料热压在铝合金轮毂上。由于主轮受力较大，主轮一般比副轮大或宽一些。

四、扶手系统

扶手系统由扶手带、扶手带驱动装置等组成。

（一）扶手带

扶手带是与梯级以相同速度运动的，供人手扶的部件。

扶手带在构造上可分为内、中、外三层。内层为滑动层，主要采用棉织物或合成纤维，其中棉织物内层结构只能用于室内使用的自动扶梯，合成纤维结构可用于使用环境有防水要求的自动扶梯；中间层为受力层，由钢丝或钢带组成；外层为覆盖层，主要采用橡胶材料，也有采用聚氨酯材料的。

（二）扶手带驱动装置

扶手带驱动装置的功能是驱动扶手带，是以滚轮组和多楔形带压紧扶手带，大直径的扶手带驱动轮以摩擦力使扶手带运动。

扶手带驱动装置的作用是驱动扶手带运行，并保证扶手带与梯级运行速度偏差不能大于+2%。扶手带驱动装置主要采取摩擦轮驱动、压滚轮驱动、端部轮驱动三种形式。

1. 摩擦轮驱动

摩擦轮驱动位于自动扶梯上水平段处，扶手由压带轮压紧，结构简单易调整。这种结构需要扶手带作较大的弯曲，要求扶手带可弯曲性好，一般不能采用钢带结构和聚氨酯材料的扶手带。

2. 压滚轮驱动

压滚轮驱动由上下两组滚轮组成，上面是驱动轮，下面是压紧轮。由于扶手带不需要弯曲受力，对扶手带的可弯性要求小。由于是以滚压方式驱动扶手带，要求扶手带内部各结构间结合强度须很高。这种结构又称为平驱动结构，可分为3组滚轮和4组滚轮结构，对提升高度大的自动扶梯，可同时采用两套装置驱动。

3. 端部轮驱动

端部轮驱动是扶手带驱动轮安装在上端部，配用三角带型扶手带，以端部轮与扶手带上三角带之间的契合驱动扶手带。这种结构摩擦力大，扶手带在工作中不会横向移动，适用于要求扶手带速度偏差小、驱动力保持性好的场所，常用于城市轨道交通项目。

五、电气控制系统

电气控制系统实现对自动扶梯的运行控制，主要由控制柜、控制开关等组成。

（一）控制柜

控制柜负责向驱动主机供电，并控制自动扶梯运行。控制柜一般安装于自动扶梯的上部机房。对于在室外工作的自动扶梯，如果条件许可，宜将控制柜安装在分离机房中。

（二）控制开关

控制开关主要由钥匙开关、紧急停止按钮组成，安装在自动扶梯上下端部。其中，钥匙开关用于开关自动扶梯，紧急停止按钮用于紧急情况下使自动扶梯停止运行。

六、安全保护系统

安全保护系统的功能是当自动扶梯处于不安全状态时，安全装置使之停止。自动扶梯作为一种开放性运输工具，人们在乘坐自动扶梯时，人体对自动扶梯部件接触、碰撞，突然的速度变化，都可能会对乘坐人员造成伤害。自动扶梯的安全装置种类比较多，主要有附加制动器保护装置、超速保护装置、防逆转保护装置、梯级链保护装置、扶手带入口保护装置、梳齿板安全保护装置、梯级塌陷保护装置、驱动链断链保护装置、扶手带断带保护装置。

（一）附加制动器保护装置

附加制动器是防止工作制动器失效的附属保护装置。对于以驱动链驱动主驱动轴的自动扶梯，附加制动器直接装在主驱动轴上，在驱动链断链或工作制动器失去作用时，直接对梯级链轮施加制动扭矩，使自动扶梯停止。常见的附加制动器安装在主驱动轴上。当附加制动器必须动作时，电磁线圈通电，使棘爪向上转动，嵌入棘轮对自动扶梯产生制动力。棘轮与梯级链轮之间有摩擦片，用调整摩擦片压紧力的方法获得制动。

（二）超速保护装置

电机的转差率大于10%或电机与梯级间的传动中存在摩擦传动时，就必须有超速保护装置。在自动扶梯速度达到额定速度的120%前切断控制电路。超速保护装置常见的有机械式和光电式两种。

机械式超速检测装置又称限速器，安装在驱动主机的高速轴上，以旋转时的离心力反映自动扶梯的速度。

光电式速度检测装置是把光电盘装在驱动主机减速箱的高速轴上，通过光电开关传感器测出自动扶梯实际速度。当自动扶梯超速至某个值时，切断自动扶梯的供电电源，使自动扶梯停止运行。

（三）防逆转保护装置

防逆转保护装置的作用是当自动扶梯改变规定运行方向时，自动停止运行。防逆转保护装置多为机械式装置。

（四）梯级链保护装置

梯级链保护装置一般与梯级链张紧装置是同一结构，左右各一套。当梯级链伸长超出允许范围时，微动开关动作，使自动扶梯停止运行。如其中一条链条发生断裂，张紧装置也会突然后移，使微动开关动作。若梯级链异常受力时，也使微动开关动作，自动扶梯停止运行。

（五）扶手带入口保护装置

在一般情况下，人的手不会碰触扶手带的出入口，但小孩则有可能用手去摸，手和手臂有可能被扯入扶手带入口。一台自动扶梯共有 4 个扶手带入口保护装置，该装置的壳体由橡胶制成，周边与扶手带的间隙一般为 3～4mm，人的手指不可能进入。当壳体受到 30～50N 压力时，就会使微动开关动作，自动扶梯停止运行。

（六）梳齿板安全保护装置

当异物卡在梯级踏板与梳齿之间导致梯级不能与梳齿板正常啮合时，梳齿就会弯曲或折断，如果此时梯级进入梳齿板，就可能导致重要机械部件和梳齿板安全保护装置的结构损坏。梳齿板由压缩弹簧压紧定位，当梯级不能正常进入梳齿板时，梯级的动力就会将梳齿板抬起，使微动开关动作，自动扶梯停止运行。梳齿板安全保护装置设置在上下梳齿板的两边，可以同时检测水平以及垂直两个方向的力。

（七）梯级塌陷保护装置

梯级塌陷是指梯级滚轮外圈的橡胶剥落或梯级滚轮轴断裂等情况发生时使梯级下塌，塌陷的梯级在进入水平段时，不能与梳齿板正常啮合。梯级塌陷保护装置设置于上下部接近平段的位置。梯级发生塌陷时，运动中的梯级碰撞摆杆，使微动开关动作，自动扶梯停止运行。

（八）驱动链断链保护装置

驱动链断链保护装置分为机械式和电子式结构。

机械式结构是滑块在自重作用下压贴在驱动链上，当链条下沉超过某一允许范围或驱动链裂断时，滑块使微动开关动作，切断驱动主机供电电源而制动。

电子式结构是接近开关安装在距离驱动链 4～6mm 的位置，对准驱动链，当驱动链脱离接近开关检测时，切断自动扶梯控制电路，使自动扶梯停止运行。

（九）扶手带断带保护装置

公共交通型自动扶梯一般都设有扶手带断带保护装置（标准规定制造厂商如不能保证扶手带破断载荷不小于 25kN，城市轨道交通项目应设扶手带断带保护装置）。正常情况下，自动扶梯扶手带的滚轮在重力的作用下靠贴在扶手带内表面，并在摩擦力作用下滚动；扶手带一旦断裂，摇臂就会下跌，使微动开关动作，自动扶梯停止运行。

第二章　城市轨道交通电梯和自动扶梯选用

第一节　电梯选用基础

电梯应根据建设地的气候、降水条件配置。车站电梯一般设置在车站（站厅—站台）及出入口（站厅—地面）。车辆段、停车场电梯设于室内。

一、基本要求

(一) 基本性能

1. 运行可靠性

（1）站内电梯一年 365 天，每天 20 个小时连续运行；停车场、车辆段电梯一年 365 天，每天 24 个小时运行。

（2）整机性能应遵照规范相关要求执行。

（3）应确保所有部件的设计和制造在正常维修和保养前提下有较长的使用寿命。

（4）电梯的设计应确保从工程竣工验收之日起，20 年内无大修（大修是指限速器、安全钳、轿厢架、轿厢壁、轿厢门、层门、井道电缆、导轨和曳引机等的更换，不包括这些部件、附件的正常磨损、损坏）。

（5）电梯应能够达到每小时 180 次电机启动。

2. 电梯防潮要求

（1）电梯的装饰材料尽可能采用不锈钢材料。

（2）设备的所有机械、金属结构件应进行防锈涂层处理。

（3）电气设备、电气元件、电线电缆应选用防潮型，电气设备防护等级为 IP54。印刷电路板应涂清漆保护膜。

（4）钢丝绳、电线管、电缆槽、螺栓、螺母、垫圈等应进行防潮、防锈蚀处理。

3. 操作性能

（1）在电梯回应轿厢或层站呼叫后，停在一个层站，相应的轿厢门和层站门将自动打开。电梯将在预设的时间内，保持开门。保持开门时间可在控制柜进行调整，时间应在 0～20 秒可调，以便让电梯里的乘客离开或层站上的乘客进入，然后登记轿厢呼叫。

（2）当一个轿厢呼叫登记后，或按下"关门"按钮，或开门时间间隔到时后，无论其中哪一个在先，电梯门将立即关闭。

（3）当门开始关闭前，按下轿厢操作板上的"开门"按钮时，开门时间将重新维持一个开门时间间隔。在门关闭过程中按下"开门"按钮，门将立即停止关闭并且返回到全开位置。

(4) 当门保持打开或被阻碍超过预设停留时间的情况下，超时停留时间可在 10～30 秒设置，蜂鸣报警器将响起，门将慢速尝试强行关闭。如果在三次尝试关闭失败后，电梯将在该层站保持开门，但接到正常关门指令后，应能正常关门运行。如果对正常关门指令不能响应，则层站指示面板上亮起"停止服务"，直到故障排除为止。

4. 供电负荷

非消防用电梯一般为二级负荷供电，消防用电梯须为一级负荷供电，为电梯供电动力的配电箱应布置在顶层层门旁的电梯控制柜附近。

二、振动和噪音

(一) 振动和噪音等级

（1）加速/减速：最大垂直振动加速度小于 $25cm/s^2$；启动加速度和制动减速度不大于 $0.8m/s^2$。

（2）颠簸：轿厢运行应平稳，运行振动加速度，水平方向不大于 $15cm/s^2$，垂直方向不大于 $20cm/s^2$。

(二) 振动和噪音测量要求

（1）振动测量应在轿厢中央的地面上，用与垂直振动和横向摆动相应的三个相互垂直的轴进行。测量应有两个以上完整运行周期的各个方向的加速等级组成，一个周期是从最底部层站到顶部层站，另一个是从层站顶部到底部层站。

（2）一个周期是指从一层的门开始关闭之前，到最后一层的门刚好完全关闭之后的时间段。

（3）电梯以额定速度全程上下运行，分贝仪放置于电梯中央，距轿厢地面 1.5m 处测试，轿厢内产生的最大噪音应在规定允许范围内。

（4）轿厢内的噪音值应在轿厢最高速度运行时，在"打开"风扇和"关闭"风扇两种情况下进行测量，测量值应在允许范围内。

（5）应使用装有倍频滤波装置的精密（1 型）分贝仪进行测量。在测试证书上应标注测量的位置。所有测量应使用"快速"响应仪表或建设方批准的任何其他测量方法进行。如果需要进行比较，可以先对测量值进行存储，以便随后进行分析。

三、功能配置

(一) 安全保护

电梯的安全保护功能和安全装置应全面符合《电梯制造与安装安全规范》的规定。城市轨道交通电梯应包含但不限于以下安全保护功能。

1. 应急照明

当电梯在运行中发生故障、电源被切断或中途停电时，应急照明和风扇自动启动，照明和通风时间不小于 1 小时。

2. 安全停靠

当电梯发生故障停止在非停靠位置时，自动进行故障诊断。若符合启动要求，电梯以慢速运动至最近层站，开门放人。

3. 门光幕保护

安装在电梯轿门上的红外线光幕作为关门过程中防止夹人的安全保护装置。

4. 超载保护和满载直驶

轿厢超载时电梯不能启动,并在轿厢操纵箱上以声光信号警示;当轿厢已满载运行时,不应答层门信号。

5. 五方通话

五方通话实现轿厢、轿厢顶、值班室、顶层控制柜、底坑五方两两通话。轿厢内的对讲电话是按钮式或壁式电话,装在轿厢内;值班室的对讲电话一般是壁式电话;顶层控制柜、轿厢顶和底坑的对讲电话是一般电话。

6. 警铃

按下轿厢内的警铃开关,安装在轿厢外顶部的警铃鸣响。

7. 过载保护

电梯应有灵敏的称重装置,当工作载荷到达额定载重80%时,电梯处于满载直驶状态;当工作载荷到达额定载重100%时,电梯会发出声、光警示,不能关门及运行,直至载荷降至额定载重以下。

8. 再平层

电梯的轿厢门槛与层门地坎偏差大于10mm时,在开门前自动以低速找正至不大于5mm。

9. 开关门受阻保护

当正在开或关的门受到外力阻止时,门自动转为反向运行或保持静止待修。

10. 开门故障自救

电梯到站平层后门打不开时,自动运行至下一层站开门放人。

(二) 信息显示

1. 轿厢内运行信息显示

在轿厢内操纵箱上或在门楣上能显示电梯运行方向和位置(楼层)信息。

2. 层站运行信息显示

在各楼层召唤盒上,能显示电梯运行方向位置和满载及停止等服务信息。

3. 语音报站

轿厢运行至相应层站时,在开门前,能在层站和轿厢内发出报站信息。

4. 检修显示

电梯检修时,厅门召唤盒应显示"检修"字样信息。

(三) 控制功能

电梯至少应具有按钮开门、按钮关门、外呼再开门、自动回基站、火灾停运等控制功能。

1. 按钮开门

按下轿厢操纵箱上的开门按钮,能使正处于关的门转为打开;或按住开门按钮能使电梯在一定时间内保持开门状态。

2. 按钮关门

按下操纵箱上的关门按钮,能使门提前关闭。

3. 外呼再开门

按下层站对应的召唤按钮,能使正在关的门重开。

4. 自动回基站

电梯无指令,待梯 5 分钟,自动返回基站。

5. 火灾停运

当发生火灾时,电梯接受火灾指令,能自动行驶至疏散层,开门后停运,直至火灾指令去除。火灾状态下,电梯运行应满足规范要求。

第二节　电梯主要部位技术要求

一、井道及底坑部分

(一) 导轨和附件

1. 导轨和附件强度要求

(1) 导轨及其附件和接头应有足够的强度,应能承受安全钳装置动作时产生的力和由轿厢不均匀载荷引起的变形,此变形应予以限制,不得影响电梯的正常工作,其强度应符合《电梯制造与安装安全规范》的相关规定。

(2) 轿厢导轨应能承受安全钳在额定载荷情况下,施加在导轨最不利位置处产生的制动力,并在安全钳释放后,轿厢导轨没有永久性变形。

(3) 导轨和附件的材料应选择具有良好耐腐蚀性能的材料,如不锈钢、镀锌钢等,以提高其抗腐蚀能力和使用寿命。

2. 导轨和附件安装要求

(1) 导轨支架之间的垂直距离不得超过 2.5m,观光电梯的导轨布置应结合美观进行综合考虑。

(2) 导轨与连接板的接触面和导轨端头底面应在现场精确加工并组装,保证接头平滑。

(3) 导轨间连接方式应为榫槽连接。

(4) 木材、纤维块或插塞不能用于固定导轨支架。导轨供应商应提供导轨的检验报告、安装维护使用说明等文件资料。

(5) 导轨与支架间的固定应考虑建筑物下陷或水泥凝缩因素的补偿,可以进行简单调整。

(6) 导轨支撑的设计应能有效限制由于轿厢、曳引机不均衡荷载产生的偏差,并且确保没有偏心载荷或弯曲力施加在导轨上。

3. 导轨和附件防腐

(1) 导轨和附件的防腐主要是为了延长其使用寿命,保证电梯的安全和可靠性。

(2) 在导轨安装完成后,除导向面和与连接板的接触面外,导轨其他地方均应加防腐保护涂层,涂层的厚度和质量需要符合相关标准和规范要求。其中,导轨支架应热浸镀锌。

(二) 对重

对重结构装置应具有足够的强度和刚度,并能承受安全钳作用或与缓冲器碰撞所产生的冲击而无永久变形。对重主要是由铸铁重块、热浸锌钢结构框采用螺栓、焊接或铆接的方式连接在一起的刚性结构。

1. 铸铁重块

(1) 铸铁重块是对重的主要组成部分,主要用作提供电梯的平衡重力,以平衡电梯运行过程中产生的载荷变化。

(2) 铸铁重块应具有高密度和高强度的特点,能够提供足够的重量和稳定性。

(3) 铸铁重块的质量和尺寸需要按照相关标准和规范要求进行精确计算和制造,以确保其提供合适的平衡重力。

(4) 铸铁重块应进行防腐处理,如涂层或热浸锌等,以防止腐蚀和损坏。

2. 热浸锌钢结构框

(1) 热浸锌钢结构框是将铸铁重块固定在电梯井道内的支撑结构,主要功能是提供稳定的支撑和定位,确保对重的安全性和稳定性。

(2) 选用热浸锌处理的结构钢能够提供良好的防腐性能,延长使用寿命。

(3) 钢结构的选择和设计应根据电梯井道的尺寸和重块的重量进行合理计算,以确保结构的强度和稳定性。

(4) 热浸锌处理应符合相关标准和规范要求,确保锌层的质量和厚度,提供良好的防腐性能。

3. 铸铁重块的连接

(1) 螺栓、焊接或铆接是将铸铁重块和钢结构框连接在一起的方式,确保重块的稳定性和安全性。

(2) 连接螺栓应根据直径、长度、强度等因素进行合理选择,并按照相关标准进行正确安装和紧固。

(3) 焊接或铆接应由专业的焊接或铆接工人进行,确保焊缝或铆接点的质量和强度,以确保连接的可靠性。

(三) 井道安全门

井道安全门的安装应符合国家相关的法规和标准要求,涉及安装位置、开启方向、门锁设置、运行限制等方面的要求。

1. 安装位置

(1) 电梯井道相邻两层门地坎间的距离大于11m时,应设置井道安全门,以确保相邻地坎间的距离不大于11m。

(2) 井道安全门的材质应具备足够的强度和耐用性,以承受电梯运行过程中的各种力和冲击。常见的安全门材质主要有钢制和合金材质。

2. 开启方向

(1) 为了避免乘客误操作或意外情况导致井道内部的安全隐患,井道安全门不会向井道内开启。

(2) 井道安全门的开启方向应朝向电梯厅或走廊,便于乘客进出。

3. 门锁设置

（1）安全门应装设使用钥匙开启的锁，门开启后，不用钥匙亦能将其关闭和锁住。

（2）在安全门锁住的情况下，应能不用钥匙从井道内部将门打开。

4. 运行限制

只有井道安全门处于关闭位置时，避免任何潜在的危险后，电梯才能运行。

（四）井道照明

电梯井道照明不仅是为了提供安全性和方便维修，还能提升舒适度和美观性。因此，电梯的井道照明是井道安全的重要组成部分。

1. 井道照明灯的安装要求

（1）供应商须提供和安装井道照明。

（2）应在距底坑最低点和电梯轿厢移动最高点不大于 0.5m 的位置设置端部照明灯。

（3）井道中间照明灯安装间距不应超过 7m。

2. 井道照明装置选择要求

（1）照明装置应为防水型 60W 灯具。

（2）即使在所有的门关闭时，在轿顶面以上和底坑地面以上 1m 处的照度均至少为 50lx。

3. 井道照明灯的控制要求

（1）井道照明应由两路照明开关控制。

（2）井道照明控制开关分别安装在电梯控制柜和底坑内。

（3）底坑内的照明开关防护等级不得低于 IP55。

（五）底坑开关和设施

电梯底坑主要有底坑停机开关、缓冲器、检修插座、检修爬梯、限速器等。

1. 停机开关

（1）底坑停机开关具有停止电梯并且保持电梯停止状态的功能。

（2）当停机开关在"停止"位置时，电梯应停止，能防止电梯轿厢的任何移动（包括检修操作在内）。

（3）开关置于"运行"位置，电梯才能运行。

（4）停机开关应为 IP55 防蚀防雨型保护，并设置为"按下停止、拉起运行"的蘑菇头（红色）型，当按下和手动复位时，应能锁止。

（5）停机开关应易于从最低层站门和底坑内接近。

（6）应提供两个停机开关，一个设置在最低层站地板上方高约 1.3m，距层站门口不超过 1.0m 的位置；而另一个应设置在距底坑地面高约 1.0m 处。

（7）紧邻开关安装厚度不小于 1mm 的不锈钢标示牌，用耐擦洗的中文字符标记"停止开关"。

2. 缓冲器

（1）每台电梯在底坑内应最少安装一个缓冲器，并精确地与轿厢底部的缓冲器冲击钢板对应。

（2）安装在轿厢底部的缓冲器冲击钢板应有足够面积和合理的结构，以确保缓冲器的冲击载荷能够均匀地分配。

（3）须确保当轿厢落在完全压缩的缓冲器上时，轿厢或轿厢绳索与线槽或底坑内其他固定装置之间仍有足够的间隙。

（4）供应商须提交计算结果来证实缓冲器类型满足有关规定的要求。

3. 检修插座

应在底坑内适当位置安装 IP55 防蚀防雨型 220V、16A 单相、三孔开关插座。

4. 检修爬梯

须设计并安装检修爬梯，还须确保当电梯轿厢超行程向下运行时，爬梯不会碰撞到轿厢底部。

5. 限速器

（1）当轿厢上行或下行速度超过额定速度 15％时，安全钳应动作。

（2）当限速器动作时，应有一个机械安全开关切断电机电源。该开关须在控制柜进行远程复位。使安全钳动作的限速器极限值应可调整。

（3）在任何情况下限速器都完全可以接近。无机房电梯的限速器须设置在井道内，有机房电梯的限速器设置在机房内。

（4）限速器绳应通过重力保持张紧状态，张紧轮或配重应有垂直移动导向装置。限速器绳应采用钢丝制成，直径不应小于 6mm。

（5）按照有关规定，曳引机控制和制动控制电路应在限速器动作前或同时断开。

二、轿厢部分

（一）轿厢底

1. 轿厢架

（1）轿厢架由结构架地板、导向装置组成。

（2）轿厢架应具有足够的强度和刚度，能承受满载轿厢制动时由安全钳动作或缓冲器碰撞产生的冲击而不会产生永久性变形。

（3）整个轿厢架都应由供应商在工厂进行防腐处理。

2. 安全钳

（1）电梯轿厢及对重侧安全钳的配置必须符合国家标准的要求。

（2）电梯轿厢架上应安装一副渐进式安全钳。

（3）限速器动作后，安全钳能通过夹紧导轨使额定载荷的轿厢平稳停止。

（4）安全钳动作之前或动作的同时，安全钳上的安全开关应断开曳引机电路。

（5）安全开关应设置在电梯轿厢底部，手动复位，也可采用符合国家标准的上行超速保护装置，须确保电梯不会冲顶。

（6）应保证不用任何特殊工具，通过提升电梯轿厢就可使安全钳释放。

3. 轿厢底板

（1）轿厢底板应由热浸锌轧制型钢构成，坚固结实，承载额定载荷时不会有任何非正常变形。

（2）轿厢底板应采用具备足够阻抗和密度的防油绝缘橡胶垫与轿厢架完全绝缘。

（3）轿厢底板的装潢应由供应商与建设方共同商议确定，一般采用不反光花岗石材。

(二) 轿厢空间

1. 轿厢壁

(1) 观光电梯的轿厢壁采用夹层钢化玻璃，玻璃厚度大于或等于12mm，玻璃的强度、刚度和透光率等参数应符合行业标准要求。

(2) 非观光电梯的轿厢壁，建议采用厚度不小于0.8mm的发纹不锈钢加1.5mm厚的碳钢底板。

(3) 非观光电梯的轿厢壁应具有足够的机械强度，保证用300N的力沿轿厢内向轿厢外方向垂直作用于轿厢中轿壁的任何位置，且均匀分布在$5cm^2$的圆形或方形面积上，轿壁无永久变形，弹性变形不大于15mm。

(4) 电梯轿厢内三面应设置发纹不锈钢扶手供乘客抓握。

(5) 电梯轿厢的不锈钢板及扶手应由具有不锈钢焊接资质的合格焊工来进行焊接，焊接完成后，所有显露的焊缝都应是光滑的平面，并且成品表面上无显露的焊痕，涂层应为可擦不锈钢光亮涂层。

2. 轿厢超载保护装置

(1) 应为电梯提供一个轿厢超载保护装置，该装置须采用电子或连续称重方式。当轿厢载荷超过额定载荷的10%时，不论电梯轿厢在井道中处于何种位置，超载装置都将起作用。

(2) 当超载装置起作用时，应能防止轿厢的任何移动，并开启在轿厢上的蜂鸣器，装在轿厢的指示面板上的"超载"信号灯闪亮。

(3) 轿厢超载保护装置应安装在电梯轿厢中，轻微偏心载荷（但是不超过额定载荷）不会引起此装置动作。同样，此装置也不会轻易受到乘客在轿厢内跳动的干扰。

(4) 当轿厢超载保护装置出现故障或缺陷时，电梯将不能运行，并将故障信号发至值班室。

3. 轿厢显示板

在每个层站门右侧墙壁上应提供一个层站呼叫操作显示板。层站呼叫操作显示板的功能应包括但不限于下列各项。

(1) 每个层站的字符显示应满足：当电梯轿厢到达该层站时，相应的显示字符亮起。

(2) 用箭头表示电梯"向上"和"向下"的运行方向，亮起箭头表示电梯正在运行的方向。

(3) 当关门故障信号、清洁工开关、停机操作启动后，正常/测试双向开关被设置到"测试"位置时，显示"停止服务"。

(4) 当电梯分别从下层站或上层站到达时，以响铃形式发出到达声音信号，以提醒电梯下一个运行方向的候梯乘客。

(5) 发声器的噪音等级应可以调节，在距离发声器3m和地面上方1.5m处进行测量时，不超过75dB。

(6) 层站呼叫按钮板底部距装修完成地面的高度应不低于1.1m。按钮亮起，表示接收层站的呼叫，呼叫应答后，按钮将熄灭。

(7) 层站显示器应有防破坏保护。当显示器亮起时，所显示字符、图例应清晰可辨。

4. 轿厢操作板

（1）每一个楼层相应的层站按钮，点亮表示生效，到站时熄灭。

（2）楼层和功能按钮标识应标注在相应按钮旁，标注材料应耐擦洗。楼层和功能按钮标识应为 0.5mm 凸出、高反差字体，直接设置在相应按钮的右侧或左侧。

（3）面板上至少配置一个"开门"按钮、一个"关门"按钮，用于控制电梯开关门。

（4）面板上至少配置一个"报警"按钮，用于和值班室建立通话，通话器应安装在合适的槽或者栅格后面。供应商应提供对讲机系统的操作说明。

（5）面板上应永久性标识以 kg 和人员数量表示的额定载荷，以及采用蚀刻方式标识的禁烟标志。

（6）"报警"按钮与"开门""关门"按钮以及层站按钮的触摸感应有直接区别。

5. 轿厢照明和监视系统

（1）除了正常的轿厢照明外，在电梯轿厢内还应提供应急照明装置。应急照明装置应与正常轿厢照明装置设置在一起，以便在正常供电情况下，轿厢照明能够关闭或打开。

（2）正常照明照度在轿厢地板平面上的测定值应不低于 100lx。

（3）在正常供电发生故障时，应急照明装置应立即自动亮起。应急照明在轿厢地板平面上测定的照度值应不低于 10lx。

（4）轿厢内应安装高清闭路电视摄像机和对讲机系统，供应商提供和安装从轿厢顶到井道顶部外侧接线盒随行电缆。

6. 轿厢呼叫按钮

（1）轿厢呼叫按钮柱上有与轿厢操作面板上一样的呼叫按钮。按钮亮起显示层站呼叫接收，呼叫应答后，按钮熄灭。

（2）电梯呼叫按钮柱宜设置在层站门前右侧或其他便于操作的位置。

（3）为了方便视力较弱的乘客，在层站呼叫按钮中应安装一个蜂鸣器。在电梯正常运行期间，任何人按下层站呼叫按钮，都将触发报警声以表示呼叫被记录。

（三）轿厢顶部

1. 轿厢顶部安装要求

（1）轿厢顶应采用厚度不小于 1.5mm 的喷漆钢板，结构强度应满足维修人员站在轿厢顶上对井道设备维修的要求。轿厢顶不允许采用钢丝网结构。

（2）在轿厢顶应有救援和撤离乘客的安全窗，其尺寸应不小于 0.35m×0.5m。

（3）轿厢顶应能够支撑两个人，即轿厢顶的任何位置均能承受 2000N 的垂直力而无永久变形。在电梯轿厢顶部维修平台应设有永久安全护栏。

2. 轿厢顶部安全窗

（1）轿厢顶部安全窗门应为外开铰接门，并用锁闭装置锁住。锁闭装置无须使用钥匙就能打开，轿厢架或轿厢顶部设置的任何部件都不应对安全窗口形成阻塞。

（2）轿厢顶部安全窗应为锁闭装置提供一个带有主动机械分离接触器的电气安全开关。当锁闭装置失效或安全窗门被移动时，安全开关将断开阻止电梯运行。只能通过手动重新锁闭且顶板的锁定位置接通安全开关，电梯才能恢复运行。打开安全窗门应进行紧急报警，报警信号应发送到值班室。

3. 轿厢顶部通风孔

（1）轿厢顶部的通风应为暗孔。

（2）开孔有效面积应该不少于轿厢可用面积的 1%。

（3）通风孔的设置应不允许直径大于 10mm 的物体穿过，并应作为合适的扩散通道，向轿厢直接输送空气。

4. 轿厢顶部安全装置

（1）轿厢顶部应设置符合要求的固定式安全扶手护栏。扶手应能承受非同时施加的 0.75kN/m 垂直和水平最小载荷而无永久变形。扶手也应能承受施加在扶手任何部件上的 0.5kN 的集中载荷。

（2）在电梯轿厢顶部应设置一个"按下—停止、拉起（或旋转）—运行"的停止开关，停止开关的设置位置应便于维修人员从打开的层站门口操作。

（3）只有当所有安全设备都保持在安全位置上时，电梯轿厢才能运行。

5. 轿厢顶部维修接口

（1）轿厢顶部应安装发纹不锈钢活顶天花板，并且安装固定在电梯轿厢内。天花板的设计应使天花板面板能够被单独拆卸，为安装在天花板内的设备提供维修空间。

（2）位于紧急出口活板门正下方的天花板面板应无须使用任何工具就能从轿厢顶移开，应保证紧急出口活板门被打开后再打开轿厢天花板，且不会引起顶部紧急出口活板门的任何堵塞。

（3）在电梯轿厢顶部应提供维修控制板。维修控制板应为永久性安装，并能用适当的工具把它拆卸下来。为防止误操作，应设有拆卸保护罩，连接线为软电缆，以便维修人员能够以站立姿势操作。

（4）维修控制板上的所有开关和按钮，都应清楚地刻明它们的功能。除了紧急停止按钮，其他所有按钮和开关都应有保护罩，以免误操作。

（5）在正常/测试转换开关被设置在测试位置时，不能从任何地方控制电梯轿厢。当在测试位置时，只有同时持续按住"开始"按钮和方向按钮，电梯轿厢速度才能以不高于 0.65m/s 的运行速度在相应方向上运行。

三、层站部分

电梯层站主要由层站召唤控制装置、层站地坎、层站门锁、层站指示器等部分组成。

（一）层站召唤控制装置

（1）电梯轿厢外呼面板上应该包括与轿厢操作面板上一样的呼叫按钮。按钮亮起显示层站呼叫接收，呼叫应答后，按钮熄灭。

（2）电梯外呼面板在通常情况下设置在层站门前（面向）右侧。

（3）为了方便视力较弱的乘客，在层台呼叫按钮中应装入一个蜂鸣器。在电梯正常运行期间，任何人按下层站呼叫按钮，都将引发报警声以表示呼叫被记录。

（4）除了层站呼叫按钮外，层站外呼面板上还应设置一个内部通信单元，用于乘客与值班室的内部通信。

(5) 电梯层站召唤控制装置面板一般采用发纹不锈钢制作。

(6) 供应商须负责安装及调试电梯层站召唤控制装置。

（二）层站地坎

(1) 每层层站门均设置有层站地坎。

(2) 地坎槽应能有效防止灰尘和杂物积聚在地坎槽，减少人工清洁地坎槽的频次和发生关门故障的次数。

(3) 地坎的长度应超过门扇板的两端。

(4) 靠近井道的层站地坎边缘应纵向垂直，轿厢和层站地坎之间的水平间隙不超过30mm。

(5) 为防止水进入井道内，层站地坎应轻微向地坎外侧倾斜安装。

(6) 在无混凝土支撑地坎的地方，可安装角钢来支撑层站地坎。支撑结构应能承受住坐人电动轮椅轮子进出轿厢时产生的冲击力。

(7) 供应商须按有关规定提供地坎护脚板。

(8) 普通电梯护脚板应由厚度不小于2mm的镀锌钢板制成，并刷漆；观光电梯的护脚板应由厚度不小于1.5mm的不锈钢板制成，同时有足够的背部支撑。

(9) 护脚板的高度应满足防止在电梯再平层动作时，有任何物体进入轿厢地板下面和层站地板间的要求。

(10) 在层站门入口下面也应提供一个与护脚板结构和材质相同的挑口板。

（三）层站门锁

(1) 每套层站门都须有门锁装置，并符合《电梯制造与安装安全规范》的规定。

(2) 每套轿厢门都应安装自锁装置。

(3) 门锁装置应能防止电梯轿厢在运行过程中或不在开锁区停止时操作开门。

(4) 在开门方向的最不利位置施加150N的力，轿厢门被打开的宽度不应该超过30mm。这种情况不应造成电梯停止，并且在力取消后，轿厢门应回到完全关闭位置。

(5) 除了紧急解锁情况以及电梯轿厢停在开锁区外，层站门锁机械装置的设计应确保在正常运行期间层站门不能被打开。除非所有层站门机械和电子联锁锁闭，并通过电气安全装置来验证，否则电梯轿厢不能移动。

(6) 从动门扇应与主动门扇机械联锁，即使这种机械联锁失效，门也不可能被打开。

(7) 从动门扇应该装有电子接触验证装置，以确保它处于安全关闭位置。

(8) 每套电梯层站门都应根据规定装有紧急解锁装置，该装置的锁孔安装在门楣上方。

（四）层站显示器

(1) 建设单位应选择知名品牌的电梯层站显示器，层站显示器应有良好的口碑和可靠的质量保证。质量可靠的显示器能够提供稳定的显示效果，减少故障和维修次数。

(2) 选择具有良好可靠性和耐用性的电梯层站显示器，以确保长期稳定运行。层站显示器应具备抗干扰和防水以及防尘性能。

(3) 层站显示器的亮度和对比度应调整到合适水平，以确保在各种光照条件下都能清晰显示楼层信息。

(4) 每个层站门入口上方应安装层站显示器。

(5) 层站显示器通过数字、符号或 LED 灯等形式，清晰地显示电梯轿厢当前所在的楼层，以便乘客准确地了解电梯位置。

(6) 层站显示器指示乘客所在的楼层，当乘客按下轿厢内呼叫按钮选择目标楼层时，该楼层对应的数字或符号会亮起，帮助乘客确认选择。

(7) 层站显示器应显示电梯状态、故障信息、紧急通知等。这些信息可以通过文字、图标或动态效果展示，以提供更多的服务和便利。

四、机房部分

（一）控制柜

1. 控制柜安装要求

(1) 有机房电梯的控制柜安装在电梯机房。无机房电梯的控制柜固定在电梯顶层厅门井道壁外侧，柜体面板与装修墙面平齐。控制柜应有一个故障切断保险开关隔离器，并易于闭合和断开。

(2) 控制柜门应为充分密封的铰接门，防止水和灰尘进入。在所有控制柜内部设备安装完成后，控制柜门应装配机械锁，且需要使用工具才能打开。

(3) 配电箱安装在电梯控制柜附近，对于从配电箱到电梯控制柜的连接电缆管线和接线端子，建设单位在编写用户需求书时应明确安装和接线责任方。

(4) 电梯控制柜应提供与安装在轿厢顶部的检查控制站具有相同测试装置的测试板。测试板的功能不应超过电梯顶部维修/检查板的功能和操作范围，但应保证每项测试装置都明确标示。

(5) 控制柜内应安装过载、断相和错相保护装置。这些保护装置中的任何一个动作都应断开控制电路和曳引机的电源。保险和过载双重保护应有效防止开关装置损坏，保护仪器和固体元件。

2. 控制柜相关性能要求

(1) 控制柜电气安装和电气设备组成部件应依照现行国家有关电气设备的标准执行。

(2) 控制柜须安装一个主控制接触器，接触器应设置电气和机械联锁。

(3) 控制电路电压应不超过 220V。如果采用 220V 直流电，控制电路电源应由一个带有高效平流滤波电路的全波整流器提供。如果采用 220V 交流电，继电器和接触器的设计应能消除谐波和杂散电流。

3. 继电器相关要求

(1) 所有控制、联锁和报警继电器安装位置应在设备工作期间易于接近。

(2) 继电器应有防尘罩，并整齐地安装在开关柜上。

(3) 继电器除了必须绝缘的要求外，安装继电器的金属基板和框架应接地。

(4) 继电器应具有在工作位置定位的措施。

(5) 继电器的接触器应能适应它们所控制电路产生的最大电流。接触器应采用许可的材料制造，并能重复操作而不老化。

(6) 继电器不能因安装位置或安装方式而受存在的机械冲击、震动或外部电磁场的影响。

(7) 操作指示器应安装在释放继电器上，能显示继电器部件的故障类型。

(8) 接触器和继电器的设计应为动断触点和动合触点，应不管衔铁在任何位置都不能同时闭合。

4. 故障指示板

(1) 在电梯控制柜内应提供故障指示板来监视电梯的运行状况，同时也便于维修人员能够迅速确定电梯的故障位置。

(2) 监视和显示内容包括各种安全装置、安全开关、辅助开关和停机开关的故障指示、运行状态和设备状况。

(3) 故障指示板应能连续诊断和记录运行故障日志，定期（如每日、每周和每月）进行统计分析，应有充足的存储容量存储上述时间内的数据。

(4) 至少应能监视、记录、储存、处理、显示和报告运行时间、停机时间、可用性、一定时期故障总数、故障发生的类型、时间、每一小时的启动次数等。

(5) 故障指示板应提供数据下载的接口，并以电子文档格式存档。

(6) 故障指示板应集成到控制柜上，或者单独安装在控制柜面板或侧板上。为防止在电源中断或故障的情况下丢失数据，须在控制柜内提供高品质性能可靠的蓄电池作为故障指示板的后备电源。

(7) 每个指示应采用友好的用户界面图案，以便维修人员识别。

5. 电流变压器

(1) 电流变压器应符合国标的规定。所有的变压器短时电流额定值应不小于开关柜的电流额定值。

(2) 识别标签应标有型号、变流比、效率、额定输出和产品系列号。

(3) 测量电流变压器应连接测试端子，测试端子应有方便拆卸的连接器。

（二）线缆连接和敷设

1. 电缆盒

(1) 电缆盒应带有密封管和所有必要的电缆和电缆芯端头配件。

(2) 电缆盒应有足够空间，以便隔离电缆芯，保持最小的绝缘间隙和漏电距离。

(3) 中压绝缘电缆盒应防止湿气和灰尘直接进入。

(4) 室外安装的电缆盒应有充气孔、排水塞和足够的膨胀空间。

2. 多芯电缆端子

(1) 多芯电缆端子排应设置在临近电缆密封管进入点的位置，但应留有足够的空间以便现场连接剩余电缆头。

(2) 组合开关柜、多芯控制电缆、保护和指示器的电缆应直接与电气板连接。

(3) 对于编组端子柜，每组端子排都应标识清晰，并有独立封盖。

(4) 多芯电缆端子盒和集线盒应有足够的尺寸，以便多芯电缆端子整齐分散和连接，并应有可打开的盖子便于接近连接。

(5) 所有缆芯连接后应有不少于 10% 的备用端子。

3. 控制线路设置要求

（1）控制线应整齐清晰地布置在电缆套管内，所有接线端子和电缆应有永久识别标识。所有动力电缆端子应与控制电缆端子有效隔离。控制电路的设计应便于各种部件更换和安装。

（2）所有保护套、罩、管和铠装应可靠有效接地，并具有充分的保护措施，以防止保险丝或电路断路器对地或相间产生拉弧。

（3）导体须选用经退火处理的高导电性的铜质材料，并绞成束。

（4）所有电缆使用的材料须是阻燃低烟无卤电缆。

（5）两个设备机柜之间的互接电缆的屏蔽电缆须一端接地，另一端对设备机柜绝缘。电缆屏蔽终端须使用分开的屏蔽端子。

（6）互接多芯电缆须尽可能使用标准多头式插头/插座。锁闭机构须与连接器连成一体，以保证互接安全。

（7）每个电缆都建立独一无二的标识。标签须绑在沿电缆长度方向的两端。

（8）任何不用的插座必须遮盖，避免因暴露而短路或连接错误。

（9）若电缆部分需要在高架区段或地面的轨道下方敷设，必须使用防紫外线的PVC套管。

（10）套管可使用的备用容量不少于总容量的55%，其尺寸大小在每个安装位置均须一致。

（三）应急电源

1. 应急电源供电装置

（1）每部电梯都应提供一套应急电源供电装置，包括应急电源和充电装置。

（2）充电装置用于为应急电源充电，完全再充电时间应在10小时内完成。

（3）充电装置应具备自动断开装置，以防止损坏应急电源电池。

（4）应有指示器来显示应急电源的正常、充电中和已充满状态。

（5）应急电源的总容量应能为应急设备提供至少1小时的供电时间。

2. 充电故障检测

（1）充电故障检测装置用于检测直流电输出故障、充电器输出过电压以及充电器与外部直流回路连接故障。

（2）充电故障检测装置应能将故障显示在状态/故障指示板上，以提示工作人员或维修人员。

（四）曳引机

1. 一般要求

（1）除有特殊规定或许可，所有曳引机应为全封闭或全封闭风冷型，绝缘材料应满足规范规定的环境条件。

（2）曳引机应有适当的功率，在任何情况下都应满足驱动装置以及保护装置限制的工作需要。

（3）启动电流应不超过满载电流的3.5倍，误差为+15%。

（4）曳引机在终端电压为正常供电电压的80%的情况下，应能在4秒内从静止加速到额定速度。这要求曳引机须具有良好的加速性能和响应能力，能够在较低电压下迅速启动并加速到额定速度。

（5）在电压为正常供电电压的90%到110%范围内，曳引机应能以额定转矩连续工作。这意味着曳引机能够在不同电压条件下保持稳定的转矩输出，持续工作而不产生过热或其他损坏。

（6）如果曳引机被设计为短时额定曳引机，它应能在短时间内以额定转矩连续运作。这意味着曳引机能够在短时间内承受额定转矩负载，并保持稳定运行。

（7）在供电电压为正常供电电压的70%时，曳引机应能传输额定转矩10s而无过热损害。这要求曳引机不会因为低电压导致过热或性能下降，并且能够在低电压下保持稳定的转矩输出。

（8）曳引机所有的内部金属部件除轴承外，都应喷漆。

（9）无论工作时间多长，曳引机正常工作输出应能保持稳定，同时考虑到易受震动，曳引机最好装配套筒型防震轴承。

（10）曳引机的额定电压、额定电流、额定功率、额定转速等参数需要符合相关的标准和规范要求，以确保曳引机在运行过程中的电气性能稳定可靠。

2. 接线端子

（1）曳引机端子最好为柱头螺栓型，应与大气和曳引机线圈两者完全隔绝。曳引机端子设计应与机壳完全绝缘。曳引机在端子和线圈连接之间不得采用橡胶绝缘。

（2）曳引机端子盒应有密封腔盒、密封线管以及必要的紧固件。

3. 工作性能

（1）通过绝缘电阻测试和绝缘电压测试，检测曳引机的绝缘性能。绝缘电阻测试用于检测曳引机绝缘材料的绝缘强度，绝缘电压测试用于检测曳引机在额定电压下的绝缘性能。

（2）测试曳引机在额定负载下的轴向力。这个测试可以评估曳引机的受力能力，确保曳引机能够承受电梯运行中的轴向负载，并保持稳定运行。

（3）通过振动和噪声测试，评估曳引机在运行过程中的振动和噪声水平。这些测试可以帮助检测曳引机的平稳性和静音性，确保曳引机在运行时不会产生过多的振动和噪声。

（4）测试曳引机在额定负载下的转矩输出和效率，可以评估曳引机的负载能力和能源利用效率，确保曳引机能够满足电梯运行的要求。

（5）通过测量曳引机在额定负载下的温升情况，评估曳引机的散热性能和温度控制能力。

第三节 自动扶梯选用基础

一、基本要求

自动扶梯的选择应根据使用地点的气候环境条件和使用地的实际情况确定，自动扶梯一般设置在车站（站厅—站台）及出入口（站厅—地面）。

（一）环境条件

1. 环境特点

(1) 应适应于潮湿多雨地区使用。

(2) 在25℃时室内使用的自动扶梯相对湿度小于95%，室外使用的自动扶梯相对湿度为100%。

(3) 在0～40℃（阳光直晒下65℃）具备使用条件。

(4) 使用周围无爆炸物存在。

2. 工作环境条件

(1) 室外使用的自动扶梯应能直接承受日晒雨淋和风沙侵袭。

(2) 能适应使用地的自然环境条件全天候工作。

(3) 室内使用的自动扶梯应在室内有通风系统的环境中工作。

(4) 驱动装置和主要控制设备都必须安装在上端部桁架内的机房里，自动扶梯下端部桁架内设梯级链张紧装置。

(5) 供应商应根据设备产生的热量提供通风装置，以保证机房工作环境温度不高于40℃。

(6) 自动扶梯的设计应考虑在电源故障、操作停机按钮、保护装置动作的情况下能当固定楼梯使用，而且不需要任何附加的防护措施。当自动扶梯停止使用时，乘客在梯级上跑动时不会发生任何滑动、颠簸、移动或震动。

3. 运输条件

(1) 供应商负责自动扶梯到安装现场的全部运输，包括运输过程中的中转和存放等事项。

(2) 除特殊情况外，自动扶梯原则上全部在地面运输和吊装。

(3) 供应商应根据各自动扶梯安装位置，制定详细的运输方案和说明。

4. 安装条件

自动扶梯的中间支撑数量应根据自动扶梯的提升高度确定。提升高度小于等于5.5m不设中间支承，提升高度大于5.5m而小于等于10m设一个中间支承，提升高度大于10m设两个中间支承。

5. 配电条件

(1) 需承担紧急疏散任务的自动扶梯供电电源为一级负荷供电。

(2) 不参与紧急疏散的自动扶梯供电电源为二级负荷供电。

(3) 站台至站厅使用的自动扶梯电源切换箱一般设置在站台三角房内。

(4) 站厅出入口使用的自动扶梯电源切换箱一般设置在自动扶梯下工作点附近的侧墙上。

6. 排水条件

(1) 土建施工阶段须在自动扶梯下底坑预埋排水管，排水管直径至少为DN150mm。

(2) 自动扶梯下底坑应设置合理的排水坡度，以防下底坑积水。

(3) 站厅至出入口使用的自动扶梯下部对应集水坑内应至少设置两台水泵，水泵应具备自动启动排水条件。

(4) 集水坑单台水泵流量应大于排水管流入集水坑的能力。

(5) 站台至站厅使用的自动扶梯也应考虑排水条件。

7. 运行能力

(1) 一年365天，自动扶梯的运行能力应满足每天20个小时连续运行的要求。

(2) 自动扶梯的运行能力应满足在任何3小时间隔内，持续重载时间至少为1小时。

(二) 基本性能

1. 基本条件

(1) 自动扶梯须能在规定的工作环境内安全、平稳地在任一方向持续运行。

(2) 自动扶梯的设计须保证从工程竣工验收之日起20年内不需要对桁架、导轨、主驱动轴、驱动链、梯级链、驱动主机及布线进行调整或更换。

(3) 设计标准须基于每年对自动扶梯进行一次详细检查和全面保养，每半年对自动扶梯进行一次全面检查的要求。而且，定期进行的日常清洁和保养工作须在待机期间进行。

(4) 为使控制室值班人员能监视自动扶梯的工作状态，自动扶梯应向弱电系统提供运行状态、故障和报警信号。

2. 基本技术

(1) 自动扶梯的设计应符合《自动扶梯和自动人行道的制造与安装安全规范》的要求。

(2) 自动扶梯的设计须综合考虑防火、防灰尘、防垃圾积聚和便于清洁和常规保养的需求。

(3) 城市轨道交通使用的自动扶梯应采用公共交通重载型，该型号的自动扶梯应具有高安全性和高可靠性，能适应轨道交通载荷特性仍具备长期工作的条件。

(4) 自动扶梯的部件在正常使用和维护情况下，应满足整机20年无大修的要求。

(5) 自动扶梯的使用环境条件，应允许乘客手拉行李箱或小型手拉行李车随人上自动扶梯。

(6) 自动扶梯的桁架及金属结构部件须整体热镀锌处理，镀锌厚度均匀，且应具有40年以上防锈寿命。

(7) 自动扶梯的梯级链轮应采用滚轮外置结构。

(8) 室外使用的自动扶梯上下盖板应装设专用锁，专用锁应能防止非工作人员打开自动扶梯上下盖板。当上部或下部检修空间的盖板被打开时，控制室应发出报警声响，且显示检修盖板被打开的自动扶梯编号。

(9) 室外使用的自动扶梯应设置防水措施，并加装油水分离器。

(10) 所有自动扶梯在停止运行的情况下，除非正在进行维护或发生特殊故障，否则应可以作为固定楼梯供乘客上下使用。

3. 节能减排

(1) 自动扶梯节能由变频器实现。自动扶梯上无乘客时，能自动转入节能速度慢速运行。

(2) 自动扶梯的节能转换,应可以通过设置在自动扶梯两端的转换开关方便地切除或联上。

(3) 自动扶梯判断有无乘客的传感器,应采用雷达和光栅实现立体感应,一般安装位置在自动扶梯上下水平端。也可采用其他感应方式,但不可以造成系统的频繁性误动作。

(4) 自动扶梯判断有无乘客的传感器,应动作灵敏不能有盲区,其作用范围须可调,一般应在乘客离梳齿板 1.5m 左右时起作用。

(5) 自动扶梯变频转换开关的工作寿命不应低于变频器的工作寿命。

(6) 自动扶梯变频器应保证两种速度转换良好,须确保两种速度之间的转换对乘客是安全的。工作人员能使用钥匙开关将节能速度断开,使自动扶梯以额定速度运行。

(7) 自动扶梯变频器可以通过控制柜内的控制开关切除,使自动扶梯在工频状态下运行。

(8) 自动扶梯的随机资料,应包含节能运行的设计原理图、主电路图、相关说明、变频器类型、变频器型号和变频器功率等材料。

二、基本参数

(一) 参数配置

1. 参数选择

(1) 额定速度为 0.65m/s。

(2) 工作速度:0.5m/s 和 0.65m/s,两种运行速度可根据使用需求调整。

(3) 当自动扶梯上无乘客时,自动转入节能速度运行。

(4) 维修速度为 0.10~0.20m/s。

(5) 水平梯级数量:上端部 4 块(水平长度不小于 1.6m),下端部 3 块(水平长度不小于 1.2m)。

(6) 梯级名义宽度为 1000mm。

(7) 实际运行速度和额定速度之间的允许最大偏差为±5%。

(8) 扶手带的运行速度相对于梯级的速度允差为 0~+2%。

2. 载荷

(1) 自动扶梯的每级外露梯级均匀承重不小于 120kg。

(2) 自动扶梯的桁架支撑结构承担的载荷,须考虑自动扶梯的自重和上下两端支撑的重量。

3. 尺寸和间隙

(1) 扶手中心线之间的距离须不大于 1457mm。

(2) 包括扶手带在内的扶手转向端,距梳齿板的齿根部的纵向水平距离不应小于 600mm。

(3) 倾斜部分的梯级棱边,距扶手带顶面垂直高度须不低于 900mm,但不超过 1100mm。

(4) 自动扶梯上下端部,扶手转向端到扶手带入口处的水平距离应不小于 300mm,扶手带入口距离盖板的高度不低于地板 100mm 且不大于 250mm。

(5) 梯级与围裙板之间的间隙，在任何一侧均不得超过 4mm，且在任何情况下，梯级与围裙板之间两侧的间隙之和不得超过 6.5mm。

(6) 任何载荷情况下，梯级踏面与梳齿的啮合深度，须符合有关规范相关条款规定。

4. 噪音和震动

(1) 自动扶梯应运行平稳，无异常噪音。

(2) 在空载情况下，以额定速度运行的自动扶梯的噪音值，在上下端部地板上方 1m 处测量应不大于 65dB。

（二）电磁兼容性

1. 电磁兼容性一般要求

(1) 自动扶梯运行的电磁环境，须达到规范所列明的条款要求，且不能影响与其相邻的外界设备。

(2) 自动扶梯的设计，须考虑系统与系统之间及系统内部的电磁干扰，其设计须包含防止此类干扰发生的措施。

(3) 自动扶梯投入使用前须进行测试，确保自动扶梯内部没有影响安全运行的电磁干扰，且保证与其他接口专业的设备之间不存在此等类似的干扰。

(4) 自动扶梯供应商须与城市轨道交通其他接口专业协调，互相交换有关电磁兼容的资料及数据。协调不成的，建设单位应统筹管理。

(5) 使用单位在自动扶梯的使用过程中，无论在任何阶段发现与自动扶梯有关的电磁兼容问题，自动扶梯供应商必须负责协助处理。

(6) 自动扶梯的设计须确保任何对系统及设备的更改，不应减弱电磁兼容性能。

2. 电磁兼容性

(1) 供应商应保证所提供的所有设备对系统网络具有最小的无线频率干扰，并符合规范要求。

(2) 自动扶梯设计时须考虑主要干扰来源，包括配电系统、无线电系统、通信系统、高速处理器所推动的系统以及后备供电等设备的电磁兼容性。

(3) 自动扶梯至少须能承受来自辐射、感应、传导及静电放电等途径的干扰，供应商须采取各种可行方法来清除干扰对系统的影响。

三、主要部件寿命要求

1. 40 年内能正常工作的部件

桁架（包括焊在上面的导轨支承、驱动主机机座等）。

2. 25 年内能正常工作的部件

驱动主机（包括轴承，但不包括制动器上的摩擦件和电磁线圈）、梯级、梯级链、主驱动轴、梯级链张紧装置、导轨、导轨支架、扶手带驱动装置和电缆。

3. 12 年内能正常工作的部件

梯级链滚轮、梯级滚轮、梯级副轮。

4. 10 年内能正常工作的部件

PLC 控制板、变频器。

5. 8 年内能正常工作的部件

扶手带。

6. 商议部件

(1) 供应商可根据本型号自动扶梯的设计和实际使用经验，对全露天使用自动扶梯的梯级链、主驱动轴、梯级链张紧装置、导轨和扶手带驱动装置提出合理的使用寿命。

(2) 自动扶梯在正式投产前，供应商须填报详细的自动扶梯主要部件工作寿命，建设单位须对"寿命标准"加以确认。

(3) 自动扶梯的外购部件，应有制造厂对该部件的使用寿命承诺和实际使用寿命的相关证明。

第四节 自动扶梯主要部位技术要求

一、机房部分

(一) 上部机房

1. 驱动主机

(1) 自动扶梯驱动主机应选用使用成熟，并有运行良好记录的产品。

(2) 驱动主机与减速装置之间应采用联轴器连接，不得采用皮带等摩擦传动。

(3) 在各种载荷情况下驱动装置应运行平稳，无异常噪音、振动或摩擦，并适合在规定的环境条件下连续运行。

(4) 驱动装置和梯级之间应为多排链条传动，驱动链应可调，且应安装张紧架。

(5) 驱动装置底板应用钢结构完全封闭，以避免灰尘、杂物积聚。

(6) 驱动主机应为三相交流异步电机，该类型的电机应能适应在规定的环境条件下20小时连续工作。

(7) 驱动主机的工作方式，应满足 GB755—87 规定的连续工作型电机的技术要求。

(8) 驱动主机绕组应采用高等级的绝缘材料，在额定载荷情况下，温升应不超过100℃，不得使用石棉和 PVC 基绝缘材料制作。

(9) 驱动主机最大启动电流，应不超过满载工作电流的 3.5 倍，误差为+15%。

(10) 自动扶梯供应商应在上部机房设置梯级双向手动盘车装置，且盘车装置的结构形式不得采用手摇曲柄或多孔手轮。

(11) 盘车装置的操作说明牌应采用中英文两种文字表述，放置在盘车手把附近。

(12) 在电机轴两端或外壳上，应附有一个带指示箭头的中英文永久标签，说明旋转方向所代表的梯级"上"或"下"运行方向。

(13) 自动扶梯供应商配置的自动扶梯电机功率，应与自动扶梯的提升高度相匹配。

(14) 自动扶梯的驱动主机外壳应设置吊装环以便搬运。

2. 减速箱

(1) 自动扶梯供应商应保证自动扶梯在正常运行情况下，减速箱的所有工作面始终能得到有效的润滑。

(2) 自动扶梯供应商在减速箱设计时，应特别注意消除漏油的潜在可能性。

(3) 自动扶梯的减速箱上，应设置油表，以便维护人员能从外部清晰地看见减速箱内部的油量。

(4) 减速箱上应有低油量检测器，当减速箱内的油量降到预定水平时，检测器应发出警示。

3. 制动器

(1) 驱动装置应配置可靠的工作制动器。

(2) 在制动电路断开后，制动器应立即施加制动。

(3) 制动器的制动能力，应能匀减速停止额定速度满载荷运行的自动扶梯。

(4) 自制动装置开始工作起，自动扶梯的制动距离在运行方向上测量不超过1.3m。

(5) 自动扶梯的减速度制动过程应匀减速，不会给乘客造成危险的惯性冲击。

(6) 制动器单独工作应使自动扶梯停止运行，并使梯级保持静止，以保证自动扶梯可以作为固定楼梯使用，且不会发生任何滑动或抖动。

(7) 外部施加的持续压力，可使制动器保持在释放状态，持续压力撤销后，制动器恢复制动。

(8) 控制电路的设计，应具有电机反馈电流或改变电源电压的优先规定。当驱动装置制动器工作时，自动扶梯减速度应为匀减速，制动器输出的制动力应与自动扶梯上的乘客载荷相适应。

(9) 当自动扶梯启动运行时，如果制动器释放出现故障，或者在自动扶梯运行过程中，制动器由于某种原因不动作，供应商应对切断电源预定的时间做出规定。

(10) 供应商在制动器制造前，应向业主提供每种型号制动器的样品试验证明，以证明不同提升高度的自动扶梯所配置的制动器，在空载和满载荷情况下，通过调整可满足规范对制动距离的要求。

4. 附加制动器

(1) 每部自动扶梯均应配置可靠附加制动器。附加制动器安装在主驱动轴上。

(2) 附加制动器单独工作时，应能减速停止以额定速度运行的满载荷自动扶梯，并保持梯级静止，不允许出现倒转，应保证自动扶梯可以作为固定楼梯使用的安全保障，且不需要任何人工特别的锁止防护装置。

(3) 紧急制动器单独制动自动扶梯时，能使无载或带制动载荷下行的自动扶梯，在速度超过额定速度的1.4倍之前，使自动扶梯以有效减速度停止并保持静止。

(4) 工作制动器和附加制动器的制动不宜同时动作。当工作制动器和附加制动器必须同时制动时，其制动距离也应符合规范要求。

(5) 当自动扶梯驱动链破断，附加制动器单独对自动扶梯制动时，应能保证乘客安全。

(6) 自动扶梯应安装制动器松闸监测装置，当制动器未打开时，自动扶梯不能启动。

(7) 附加制动器工作时，应有一个机械操作装置同时切断驱动主机供电电源。

(8) 附加制动器动作和卡死后，自动扶梯不能自动恢复到正常工作状态。在附加制动器动作但不卡死状态下，在所有故障排除后，工作人员能够重新启动自动扶梯。附加制动器的设计应不需要使用任何专用工具进行复位。

(9) 附加制动器的设计应便于调整、维修和部件更换。金属与金属卡盘式制动器不得作为附加制动器使用。

5．控制柜

(1) 每台自动扶梯均应内置有所有电气控制装置的控制柜。柜体为厚度不小于 2mm 的碳钢板焊接结构，控制柜安装在自动扶梯上桁架内，且易于维修。

(2) 控制柜门应为可锁闭式铰接门，密封严密以防水和灰尘进入。控制柜门应安装机械锁，且需要使用工具才能打开。

(3) 电源切换箱到自动扶梯控制柜的连接电缆管线、电缆与控制柜的连接均由供应商负责。

(4) 控制柜应有一个状态或故障指示板，以及能向弱电系统提供规定信号和数据交换的附属装置。

(5) 接触器和继电接触器的设计，应保证不管衔接在任何位置，动断触点和动合触点都不能同时闭合。

(6) 如果一个动断触点（常闭触点）中的一个闭合，则全部动合触点断开。

(7) 如果一个动合触点（常开触点）中的一个闭合，则全部动断触点断开。

(8) 控制线应整齐清晰地布置在电缆套管内，所有接线端子和电缆应有永久识别标识。

(9) 所有动力电缆端子应与控制电缆端子有效隔离，控制电路的设计应便于各种部件更换和安装，部件内配件的设计和制造应可互换。

(10) 所有保护套、罩、管和铠装应可靠有效接地，并具有充分的保护措施，以防止保险丝或断路器对地或相间产生拉弧。

(11) 控制柜内应提供超载、断相和错相保护装置，这些保护装置中的任何一个动作，都应断开控制电路和驱动主机的电源。

(12) 所有插接式连接器都应极性化，以避免反接。

(13) 安装在控制柜门上的仪表连接线，应为符合规定的软芯电缆，连线长度和规格应适当。连线应采取铠装或套软管方式进行保护，以避免机械损坏。为便于将仪表从控制柜门上取下进行维修，连接线应有一定的富余。

(14) 控制柜内应有照明装置，用于控制部件的维修和检查。照明装置的控制应与柜门联锁，当柜门关上锁闭时，照明装置应自动关闭。

(15) 控制柜的安装位置应充分考虑本地区的气候条件。室外使用的自动扶梯，应考虑夏天强烈阳光直射下的温度以及控制柜的最高工作温度。

6．变频器

(1) 变频器采用全变频驱动，功率因数不应低于 0.95。

(2) IP 防护等级不应低于 IP54，功率不应小于驱动主机功率。

(3) 变频器应采用国际著名品牌。

7．主驱动轴

(1) 主驱动轴应采用高质量的钢材制造，且易装卸。

(2) 主驱动轴应具有较高的抗扭刚度，以支撑梯级链齿轮、驱动链齿轮、扶手带驱动链齿轮和紧急制动的扭力，并连接坚固。

（3）主驱动链齿轮和梯级链齿轮应选用合适材料制造。

（4）主驱动轴应采用自定心滚柱轴承支撑在两端。主驱动轴和轴箱的设计应易于轴承的拆卸和安装。

（5）供应商应注意梯级链节、链齿轮直径和齿数间的关系，最大限度减少磨损和噪音。

（6）主驱动轴上的链轮焊接应进行无损检测。

（7）主驱动轴轴承应具有可靠的防尘设计。对于室外使用的自动扶梯应能有效防止泥沙侵入。

（二）下部机房

1. 梯级链张紧装置

（1）梯级链张紧装置的设计结构应在任何载荷情况下，借助压缩弹簧连续自动保持梯级链的正常张紧。张紧装置应设置在桁架下端机房内，由桁架支撑，带有压缩弹簧调整螺栓，易接近调整。

（2）张紧装置宜采用梯级链回转链轮张紧装置。该装置装有两个梯级链回转链轮，回转链轮安装在滚柱轴承支撑的普通轴上。张紧装置支撑轮应与张紧链轮张紧方向平衡，张紧装置与支架之间应无不正常摩擦。

（3）梯级链张紧装置在现场安装时，位置应尽可能靠近自动扶梯下工作点。

（4）张紧装置应有指示盘和指针，用以显示张紧装置的初始设定位置或由于链条磨损的位移距离。指示盘应由一个不锈钢游标刻度尺和指针组成，安装在桁架一侧，易接近。

（5）张紧装置轴焊接部分应进行无损检测。

（6）张紧架支座需做喷漆等防腐处理。

2. 集油盘

（1）集油盘应由厚度不小于1.5mm厚的镀锌钢板制成，集油盘应设置在桁架的下面，每边梯级链的下面也应设置。

（2）集油盘的设计应能有效收集滴下的链条润滑油，并汇集到一个储油池内。储油池应易清空。

（3）减速箱、驱动链和其他有润滑油滴下的运动部件下面，应设置集油盘。这些集油盘如果被可靠固定在防护装置或桁架内，则应安装排油塞，以便排空集油盘内的集油。

3. 储尘盘

（1）储尘盘应由厚度不小于1.5mm不锈钢板制成，储尘盘边缘设计应易收集从梯级上掉下的尘土杂物等。储尘盘装在桁架底部上下水平部分的梯级翻转处。这些储尘盘一边为铰接，另一边由弹簧夹锁住，易于日常清洁。

（2）由镀锌钢板制成的无孔底板应设置在整个桁架结构下面。板的上表面应平整，安装在无任何污物集聚点或排水障碍处。接头处应重叠或焊接在一起，以防油或水在接头处渗漏。

（3）为便于把底板上的尘土和杂物碎片清除下来并集存在梯级回转处下部，自动扶梯下部机房应配置一个与梯级外形一样的"扫帚"。在正常维修期间，"扫帚"可以替代一个梯级，自动扶梯以维修速度向上运行，这把"扫帚"就能很容易把扫下的垃圾积存在梯级回转处下部。"扫帚"的设计应能使它通过两端梳齿。"扫帚"也可以采用其他方式的垃圾自动清理功能设计，但必须能满足将梯级上的尘土和杂物碎片清除的功能要求。

4. 盖板

（1）盖板应具有最少1小时的防火能力，并覆盖端部桁架区域。盖板由桁架支撑，并能打开进入下面的机房。

（2）维修空间应为铰链盖板，盖板需设置一个安全装置，打开盖板时，自动扶梯停止运行，盖板上应提供适当的锁止装置，以保证地板盖打开后位置固定。盖板应能锁闭，具有防盗功能。

（3）盖板应为刚性结构，能承受 $6000N/m^2$ 的压力而不会产生永久变形。

（4）盖板一般采用铝合金材料制作，表面应防滑、耐磨，盖板应易更换。

（5）对于室外使用的自动扶梯，盖板应进行防水、防腐和防滑处理，且具有防盗报警功能。

5. 盖板边框和承重板

（1）盖板和梳齿板的盖板边框，应采用不锈钢或铝合金制作，边框强度应满足国标要求。

（2）盖板与盖板边框间的间隙，应满足桁架膨胀和安装误差要求。该间隙在盖板边框两端应不超过20mm。

（3）盖板安装完成后，盖板与边框的缝隙应填补充实。

6. 梳齿和梳齿板

（1）梳齿和梳齿板应装在自动扶梯上下端地板上，梳齿的设计与梯级踏面上的齿槽应精确啮合。梳齿与齿槽啮合间隙应依照规定进行调整。

（2）梳齿应为压铸铝合金，结构上应易于在紧急情况下使用专用工具迅速拆除。

（3）梳齿类型不应超过三种，即标准梳齿、左方向梳齿和右方向梳齿。每种类型的梳齿片都能安装在每块梳齿板上。

（4）梳齿片的设计应能在有异物夹入梳齿和梯级踏面之间时，个别梳齿有可能变形或折断，但不会影响其他梳齿与梯级踏面齿槽的正确啮合。

（5）当有异物夹入梳齿和梯级踏面之间时，在不能移动情况下，可能会造成梯级、梳齿或梳齿板支撑结构损坏，梳齿板安全装置应动作，并使自动扶梯停止运行。

（6）梳齿板应安装在上下端地板上，采用不锈钢防滑纹表面。梳齿板应坚固地安装在支撑结构上。

（7）导向装置应安装在自动扶梯上下端盖板下面，用以引导梯级运行，保证梳齿与梯级踏面齿槽的正确啮合，无刮擦。

二、桁架系统

（一）支承系统

1. 桁架

（1）为便于运输到现场，自动扶梯桁架应分段设计。

(2) 桁架应为轧制型钢焊接结构，所有接头的焊缝应连续防腐，焊接工作只能由有资质的焊工承担，焊工应有相应的资质证书。

(3) 桁架分段间应采用刚性连接，连接螺栓必须保证足够的强度并经过防锈防腐蚀处理。

(4) 在桁架的每端应有一处可供人站立的空间，沿自动扶梯中心线最小边不小于0.5m，以便于工作人员进入机房，机房内应设置爬梯。维修空间应确保所有的电器控制设备（如控制柜及变频柜）不抽出的情况下，控制柜及变频柜的门可以方便打开并进行正常维修和维护。

(5) 桁架两端的顶部和底部，应安装两块标记自动扶梯中心线的指示板。

(6) 自动扶梯桁架采用4～5mm厚的钢板密封。桁架若为方钢，内部应进行防腐处理。每段桁架应要求整体热浸锌处理。

(7) 桁架的上下水平段均开有排水孔，室外使用的自动扶梯的下部应设油水分离器。

2. 导轨

(1) 支撑梯级和梯级链轮的工作轨应连续，轧钢结构工作面厚度至少为5mm。任意两导轨支架之间的间距应不大于1.3m。导轨面应平整光滑，所有接头在导轨工作面处应为斜接头。

(2) 导轨系统的构造，应能使水平梯级在上下两端水平运行到梳齿前。

(3) 导轨系统应包括安装在上部曲线导轨系统上，用以卸去梯级链轮上载荷的梯级链卸载导轨，卸载导轨由特殊尼龙材料制成。梯级链卸载导轨应可调整，以保证梯级链轮在轨面上平稳运行、无异常噪音和任何可觉察的冲击。对于提升高度超过10m的自动扶梯，回转导轨侧也应安装同样的卸载导轨系统。

(4) 导轨建议采用Q235碳钢，且需镀锌处理，镀锌厚度不低于$50\mu m$。每个导轨接头都应牢固地支撑在桁架上。尤其在曲线处，在规定载荷情况下，导轨应能承受比导轨表面计算载荷高20%的荷载，导轨接头两个断面应无挠曲或位移。

3. 梯级

(1) 梯级应选用成熟并已有多年运营良好记录的产品。梯级应为整体设计，由耐磨防蚀铝合金压铸制成。梯级上应有清晰的铸造年月日期。

(2) 压铸梯级的铸造材料应为未使用过的原材料，且应提供原材料的产地和化学成分证明。

(3) 梯级静载试验必须符合规定。

(4) 每级梯级都应配置梯级防上跳装置，用以防止梯级在正常位置翘起。

(5) 梯级踢脚和踏面应有相同的匹配齿槽。梯级踏面齿槽应与梯级运行方向平行。

(6) 踢脚和踏面在临近围裙板处不应为凹槽边，梯级边与围裙板之间的间距应符合规定。

(7) 踏面上应有一个3mm宽的横向槽。该槽应为铣槽或其他方式加工形成，距梯级边缘约30mm，用以表示梯级间的分断位置。

(8) 每级梯级在工厂应按有关喷漆规范进行静电喷涂，无光面漆，以减少眩目。

(9) 应对梯级踢脚的整个表面和踏面的凹槽进行喷漆。每级梯级两边和后边镶嵌黄色胶条，用以标明梯级分界。

（二）回转系统

1. 梯级链

（1）梯级链应选用成熟并已有10年或10年以上的运营良好记录的产品。两条梯级链长度应互相匹配，梯级链应由优质钢制成。由链板、销轴、衬套、梯级轴和梯级轮、链轮组成的组合结构应满足不同提升高度的合约载荷要求。

（2）销轴、衬套设计应充分润滑，以保证研磨面之间的磨损最少。梯级链润滑方式，应采用润滑油或润滑脂进行润滑。梯级链底部应提供润滑油收集装置，防止润滑油溢漏在桁架或梯级上。室外使用的自动扶梯，应提供不锈钢链罩以防止雨水直接滴落到梯级链上。

（3）在自动扶梯上下端，应提供由适当材料制成的梯级链导向装置，用以引导梯级链，保证梯级边缘与围裙板之间的间隙不超过规定的运行间隙。

（4）梯级链的部件应可互换而不影响连接。

（5）每台自动扶梯的梯级链的链板外表面须有制造商名字、商标，类型识别标识，生产序列号、批号永久标识。

（6）梯级链轴应能承受90kg的载荷施加在轴中间位置而不会造成永久性折弯变形的力。梯级链轴应为一个梯级一个，以便梯级链系统可以不带梯级运行而方便清洁和检查。

（7）供应商应保证每条梯级链尺寸适当，最终寿命计算能证明梯级链的尺寸与自动扶梯提升高度一致，计算书应提交建设单位审查。

（8）自动扶梯的操作手册中应有梯级链的替换标准。

（9）如果在开始运行后5年里，发现梯级链有不正常磨损或裂纹，供应商应在最短的时间内免费予以更换。

2. 梯级轮

（1）梯级轮应选用成熟并已有多年的运营良好记录的产品。

（2）梯级轮和梯级链轮应为高分子材料，轮毂装在永久润滑滚珠轴承上。室外使用的自动扶梯的轴承应能防水，两侧应带有防尘盖。

（3）梯级和梯级链轮直径应足够大，以保证在导轨面上不打滑。

（4）梯级轮的轮缘应有足够的厚度和宽度，以防止变形影响运行。

（5）更换梯级链轮不需要拆卸梯级链的任何部件，梯级链轮为外置式。

（6）梯级轮的压铸轮毂上应有铸造年月日期。

三、扶手系统

（一）扶手装置

1. 扶手带

（1）每部自动扶梯应有两条V型断面扶手带，安装在自动扶梯两边扶手装置上。

（2）扶手带应由内部设置防伸纤维和加强钢丝的高级防火合成橡胶制成。扶手带内侧应采用防水合成纤维制作。外侧采用表面经过抛光处理的黑色防火合成橡胶，极限破断力不小于25kN。

(3) 每条扶手带应只有一个硫化接头,且已在工厂连接完成。

(4) 扶手带的驱动导向装置,应与扶手带外形匹配。扶手带应具有足够的侧向刚性,不能轻易脱离扶手装置。

(5) 由于自动扶梯在干燥的环境运行会产生静电积聚,因此,自动扶梯应安装有效的去静电装置,且去静电装置应采用铜质材料制作。

2. 扶手带驱动装置

(1) 扶手带应为单极链条驱动,具有最小运转摩擦,设计时应尽可能保证扶手带的最大使用寿命。扶手带的驱动方向应与梯级运转方向相同,其运行速度与梯级运行速度偏差为+2%。

(2) 扶手带驱动轮应设置在自动扶梯回转端部,每个驱动轮应由一条连接到主驱动轴上的单排驱动链,驱动链安全系数必须大于5。驱动V型扶手带的驱动装置应采用V型槽轮缘。

(3) 驱动轮的轴承应采用永久润滑密封滚珠轴承。

(4) 驱动轮的支撑应有足够刚性,并连接到桁架主结构上,以防止意外扭曲变形。

(5) 扶手带驱动装置的支座需采取喷漆等防腐措施。

3. 扶手带导向装置

(1) 在自动扶梯上端部,应安装一个可调节扶手带张紧的装置。该装置的设计,应保证只需拆除少量护壁板即可易于接近调整装置的要求。

(2) 自动扶梯需配置扶手带过度张紧、拉长、断带保护装置和扶手带与梯级相对速度检测装置。

(3) 扶手带导向装置应固定在扶手装置盖板上,以确保扶手带按规定的路径运行。扶手带导向装置,应采用不锈钢结构或其他许可材料制造,导轨拼接处应保证平齐光滑。

(4) 自动扶梯上部和下部曲线段,应安装减少扶手带内层摩擦和防止断裂的装置。

(5) 扶手带及其驱动装置、导向装置和驱动系统的设计,应不会造成扶手带表面温度过高。

(6) 每部自动扶梯都应有完整的不锈钢扶手装置,包括扶手盖板、扶手导向、护壁板、围裙板和外板。

(7) 供应商应向建设单位提交详细的扶手带导向装置的设计图纸。在得到批准后,供应商应制作一个扶手带导向装置的模型,说明其设计结构。

(二) 扶手装饰

(1) 扶手盖板应由厚度不小于2mm的不锈钢板制成。表面纹理方向应与自动扶梯运行方向一致。所有尖边应倒圆。

(2) 扶手盖板应贴住外围结构。

(3) 扶手盖板装配基准线应由供应商与土建承包商一起确定。

(4) 扶手盖板外侧与土建装修墙面之间留出大约15mm的间隙,用以调节自动扶梯吊装误差和装修墙面的平面误差。

(5) 两部并行安装的自动扶梯间的扶手盖板应无纵向接缝。扶手盖板和延伸盖板间的所有横向接缝,应与外包板从上到下的接缝平行一致,接缝应平直、光滑、无尖锐毛口。

（6）盖板和延伸板的支撑应坚固牢靠，支撑框架应固定在桁架结构上。在两个支撑中间施加1500N的力垂直压在$0.9m^2$的面积上，造成的变形不得超过4mm。

（7）应特别注意盖板的设计，须保证扶手带底边与盖板面间的间隙在曲线段不能引起任何对手指的潜在伤害。

（8）在水平段盖板与曲线段盖板之间切线接缝处间隙，应采用不锈钢板或其他批准的材料制成的保护装置覆盖。

（9）在盖板的任何地方，扶手导向装置都应限制在扶手带内，扶手带内侧与导向表面之间的间隙应不超过4mm，两边间隙之和不应大于8mm。

四、安全保护装置的通用性要求

（1）安全开关、安全装置和安全电路的应用、设计、工作和使用条件类型，应符合相关标准和规范规定。

（2）安全开关下应采用自复位型，另有特殊要求的除外。

（3）自复位安全开关，应当在造成其动作原因排除后自动复位，不需要人工进行复位。

（4）安全装置应采用自动防故障型，其中一个安全装置动作或一个安全电路断开，应立即切断驱动主机电源，工作制动器应使自动扶梯停止运行。

（5）安全开关的动作，应采用机械分离来实现。供应商在设计时，应最大限度降低部件故障引起短路的危险。

（6）安全电路中使用的手拔插接型连接器的设计，应为接口不正确即不能采用插接连接方式。

五、安全开关类保护装置的设置

（一）超速保护装置

（1）每部自动扶梯均应安装一个超速保护装置。在自动扶梯运行速度超过额定速度的20％或该装置发生故障时，都应使自动扶梯停止运行。

（2）超速保护装置动作后，应经人工复位确认，方可重新开启自动扶梯。

（3）自动扶梯运行速度超过额定运行速度的40％前，自动扶梯的附加制动器应启动保护。

（二）防逆转保护装置

（1）防逆转保护装置应能防止自动扶梯在任何情况下，出现与预设运行方向相反的运行情况。

（2）防逆转保护装置能在梯级从预设运行方向的反方向运行时，使自动扶梯停止运行。

（3）防逆转保护装置的动作，应能使制动器停止自动扶梯。

（4）防逆转保护装置动作后，应经人工复位确认，方可重新开启自动扶梯。

（三）欠速保护装置

（1）每部自动扶梯均应安装欠速保护装置。

(2) 当自动扶梯的运行速度降到正常运行速度的80%时，欠速保护装置应使自动扶梯停止运行。

(3) 欠速保护装置动作后，应能使制动器停止自动扶梯。

（四）主驱动链断链保护装置

(1) 主驱动链断链保护装置，用于探测主驱动链过度松弛下垂或出现故障。

(2) 主驱动链断链保护装置的设计和安装位置，应能在主驱动链任何位置发生破断时都能立即检测到。

(3) 无论自动扶梯运行方向如何，主驱动链断链保护装置动作，应能立即使附加制动器工作。

(4) 防逆转保护装置动作后，应经人工复位确认，方可重新开启自动扶梯。

（五）梯级链断链保护装置

(1) 梯级链断链保护装置，应能确保一条或者两条梯级链在任何地方断链时，都能使自动扶梯停止运行。

(2) 梯级链断链保护装置，应能检测到梯级链张紧装置在两个方向上的任何不正常移动。

(3) 梯级链断链保护的工作原理需要在随机文件内附带。

（六）梯级防塌陷保护装置

(1) 一台自动扶梯应至少安装两个梯级防塌陷保护装置，且两个梯级防塌陷保护装置都应安装在自动扶梯的两端。

(2) 梯级防塌陷保护装置，应能检测到梯级任一部分超过10mm的断裂或塌陷，同时，还应能检测到梳齿的啮合在断裂或塌陷处不能啮合的状态。

(3) 梯级防塌陷保护装置动作后只能人工复位，安装位置应易让维修人员从机房接近复位。

（七）围裙板安全装置

(1) 围裙板安全装置，应安装在自动扶梯每一边上下端和倾斜段围裙板的后面。

(2) 围裙板安全装置，应能检测到梯级与围裙板之间的不正常压力，宜安装在围裙板两个支架之间。

(3) 围裙板安全装置动作后，应采用人工复位或通过设置在控制柜上的人工复位开关复位。

（八）紧急停止按钮

(1) 紧急停止按钮应安装在自动扶梯上下两端的回转面上，按钮基座应为3mm厚不锈钢板制成。

(2) 紧急停止按钮的表层颜色应选用红色。

(3) 紧急停止按钮动作并复位后，应由工作人员在所有故障排除后，重新启动自动扶梯。

(4) 提升高度超过12m的自动扶梯，在两个工作点的中间倾斜段，每侧扶手装置上应增加一个紧急停止按钮。

（九）紧急制动安全开关

（1）每部自动扶梯，应设置一个检测附加制动器工作的紧急制动器安全开关，当这个开关动作时应切断驱动主机的供电电源。

（2）紧急制动安全开关实施紧急制动时，应发出一个故障信号。

（3）紧急制动安全开关应安装在上机房，且应确保工作人员能从桁架里进行人工复位。

（十）扶手带入口安全保护装置

（1）自动扶梯扶手带的每一个入口处，都应安装一个扶手带入口安全保护装置，用来防止手指或其他物体被带入扶手带导致人员受伤，或导致自动扶梯的某些部件损坏。

（2）扶手带入口安全保护装置，应采用阻挡橡胶、尼龙刷或其他形式，用以阻止任何试图接触和进入扶手带入口的物体。

（十一）扶手带断带保护装置

自动扶梯的每条扶手带，都应安装一个扶手带断带保护装置，用以检测到扶手带不正常张紧、松弛或断裂时，使自动扶梯停止运行。

（十二）扶手带速度检测装置

（1）自动扶梯的每条扶手带，都应安装一个电子速度检测装置，用以检测扶手带运行速度与梯级实际运行速度的同步差。

（2）如果扶手带运行速度与梯级实际运行速度的同步差超出允许的限制范围，该检测装置应能自动将信息反馈至值班室。

（3）扶手带速度检测装置，应具有可调整延迟停止运行的时间特性，用以防止外部因素造成的自动扶梯无故停止运行。

（十三）扶手带驱动链安全装置

每部自动扶梯须在其下端为每个扶手带驱动链设置一个扶手带驱动链安全装置，用来检测扶手带驱动链故障。

（十四）梳齿板安全装置

（1）每个梳齿板两边应设置两个安全装置，在任何物体夹在梯级与梳齿啮合处时，使自动扶梯停止运行。

（2）梳齿板安全装置，在梳齿受到垂直和水平两个方向上的力时动作。

（3）梳齿板安全装置动作的垂直和水平方向的力应适中。当梳齿板安全装置动作时，梳齿应仍能保持与梯级踏面啮合。

（4）该安全装置设置为自动复位，也可通过设置在控制柜上的人工复位开关复位。

（十五）电机安全保护装置

（1）电机应有过载或短路保护装置，电机安全保护装置应能保护电机的每一相绕组。电机安全保护装置动作后，应切断电机供电电源，并且只能由专业技术人员将其恢复到正常工作状态。

（2）如果过载保护装置是靠检测电机绕组温度升高实现，电机安全保护装置可以在故障排除后，电机绕组温度充分降低的情况下自动复位，但不能自动重新启动自动扶梯。

（3）电机安全保护装置应设置相序保护，在自动扶梯控制柜内应设有一个相序保护装置。当自动扶梯在运行过程中发生供电电源错相、断相时，自动扶梯停止运行。

（4）自动扶梯静止状态下发生错相、断相时，自动扶梯应被禁止启动。

（5）自动扶梯控制柜上，应设一个指示灯来显示发生错相、断相故障。该指示灯应保持到故障排除后才能熄灭。

（十六）漏电保护装置

（1）自动扶梯应配置一个漏电保护装置或剩余电流保护装置。

（2）漏电保护装置应能保证任何金属件一旦有接地漏电危险发生，立即停止自动扶梯运行，并切断自动扶梯的供电电源。

（3）只有专业技术人员人工复位漏电保护装置后，自动扶梯才能恢复运行。

（十七）梯级缺失安全装置

（1）自动扶梯上下端部梳齿板后，应安装两个梯级缺失安全装置，用以检测自动扶梯在运行过程中梯级的缺失。

（2）梯级缺失安全装置动作后，只能由专业技术人员现场复位。只要自动扶梯在维修状态，就不能启动自动扶梯。

（十八）地板安全装置

（1）地板安全装置应安装在自动扶梯上下两端的每块铰接地板下。

（2）当盖板打开时应使自动扶梯停止运行，且应发出报警声，并将报警情况传输至值班室。

（十九）制动片安全装置

（1）每台自动扶梯都应安装工作制动片安全装置。

（2）制动片安全装置检测到制动片的厚度影响自动扶梯安全运行时，制动片安全装置的报警信息应在故障显示板上显示，用以提醒维修人员注意。

（3）制动片安全装置检测到磨损制动片的厚度小于临界厚度值时，该安全装置应停止自动扶梯。经专业技术人员现场处置后，自动扶梯方可重新启动使用。

（二十）工作制动器安全检测装置

（1）每台自动扶梯应安装用以保证工作制动器能正常工作的制动器安全检测装置。

（2）如果在自动扶梯正常运行期间或启动开始前，工作制动器不能正常工作，故障显示板上应显示故障信号，且自动扶梯应停止运行。

（二十一）防梯级上冲安全装置

（1）自动扶梯上下端部应安装防梯级上冲安全装置。

（2）当一个梯级在从倾斜段到水平段之间的过渡段翘起或错位时，防梯级上冲安全装置应使自动扶梯停止运行。

六、附属安全装置的设置

(一) 检修控制盒

(1) 每台自动扶梯应配备一个结构坚固、采用抗摔材料制成的便携式检修控制盒。

(2) 检修控制盒应包括两个方向、一个"点动"和一个"正常"自闭式防水按钮,用以操作自动扶梯在维修速度下进行检查或维修。"点动"操作,只有在同时按住一个方向点动按钮和一个正常按钮时才动作。

(3) 检修控制盒上还应有一个"按下－停机,拉起－运行"的红色蘑菇头式紧急停止开关。操作这个开关应切断驱动电机电源,使自动扶梯停止运行。

(4) 检修控制盒连接线上的插头应防摔,软电缆应有足够的长度,可以确保在每端机房内工作。

(二) 检修插座

(1) 在自动扶梯上下水平段机房内适当位置应设置带盖防水型维修盒插座。

(2) 附加插座应设置在倾斜段控制盒连接电缆能达到的地方。

(3) 检修控制盒插入插座时,自动扶梯的钥匙启动开关失效,且自动扶梯在任何情况下都不能以额定速度运行。同时,自动扶梯应向弱电系统发出自动扶梯处于"维修状态"指示信号,但不发送上下行和故障信号。

(4) 检修插座控制电路应设置联锁,确保在任何时候只能有一个插座可使用。

(三) 控制电路

自动扶梯控制电路应有一个转换开关可自动进行维修操作转换。

(四) 停机开关

每台自动扶梯均应配备"按下－停机,拉起－运行"的红色蘑菇头式停止开关,并确保在任何位置操作停机开关应能使自动扶梯停止运行。

(五) 手动盘车轮控制开关

(1) 手动盘车采用手动盘车装置。

(2) 供应商应配置手动盘车轮装置,在进行手动盘车时,手动盘车轮控制开关应能切断电机供电电源。

(六) 启动钥匙开关

(1) 在自动扶梯上下端部,应设置一个钥匙操作启动开关。

(2) 启动钥匙开关应为弹簧回转型,钥匙拔出后只能处于"关"或"中性"位置。

(3) 工作人员操作启动钥匙开关,自动扶梯应按设定方向运行。

(4) 每台自动扶梯应配置两套同样的钥匙,且每把钥匙都通用于同项目所有的自动扶梯。

(5) 每个启动钥匙开关都应有一个永久的标识指示自动扶梯运行的方向。

(七) 机房停止开关

(1) 在自动扶梯上下端,每个机房内至少应设置一个停止开关。

(2) 当机房停止开关处于"停止"位置时,自动扶梯应停止运行。

(3) 机房停止开关在置于非"运行"位置前，任何操作都不能启动自动扶梯。

(4) 机房停止开关应设置为红色"按下－停机，拉起－运行"蘑菇头式开关。

(5) 机房停止开关的连接线应放置在尺寸合适的镀锌管槽内。

（八）故障指示板

(1) 供应商应在自动扶梯上机房，或邻近自动扶梯的指定位置提供一个故障指示板，监视自动扶梯的运行状态和情况。

(2) 故障指示板的位置应易于接近，便于供应商和维修人员快速确认自动扶梯的故障。

(3) 故障指示板应能连续进行故障诊断、事件记录和定期进行统计分析，包括每天、每周和每月的故障信息。

(4) 故障指示板应有足够的内存用来储存自动扶梯的运行数据。

(5) 故障指示板应能显示一定时间内的运行小时数、停机小时数、使用率、故障记录总数、发生的故障类型、数据和时间。

(6) 故障指示板应提供电子文件下载装置，并能利用笔记本电脑对长期收集到的信息数据独立进行单个项目和综合统计分析。

(7) 故障指示板既可以与控制电路集成在一起安装在控制柜前面板上，也可以单独安装到邻近自动扶梯的其他地方。

(8) 为了避免因故障或电源中断造成数据丢失，故障指示板应采用非易失方式存储数据，并保证正在写入的数据不会丢失。

(9) 故障指示板显示界面应便于查看，便于维修人员识别。

(10) 为保证系统保持良好的工作状况，故障指示板应具有自诊断和测试程序。

（九）弱电系统远程监视和控制

(1) 弱电系统远程监视和控制，能让值班人员通过设置在值班室内的集成工作站，监视自动扶梯的运行和故障情况。紧急情况下对自动扶梯的控制，可在集成工作站上实现。

(2) 供应商应在自动扶梯内提供必要的干触点与弱电系统硬线接口，用于向值班室传输自动扶梯的运行、故障和停止等信号。

（十）梯级下部照明

自动扶梯上下端部进出口处，应设置绿色荧光条形梯级下部照明，用于识别梯级和梳齿板间以及水平段梯级之间的分界。

（十一）荧光照明装置

(1) 荧光照明装置应为白色，并由镇流器、启动装置、针式灯座、绿色荧光灯管和电缆组成。

(2) 每部自动扶梯上下每端梯级下面，应至少设置一套照明装置。

(3) 荧光照明装置的安装位置，应能保证在整个梯级宽度上、梯级与梳齿板间以及水平段梯级之间的分界清晰可见。

(4) 荧光照明装置应安全地固定在支架上，支架的支撑应不少于两个。

(5) 当自动扶梯运行时，上下端的照明装置都应工作。

(6) 荧光照明装置发生故障时，应不影响自动扶梯正常运行。

(7) 在荧光照明装置电路发生接地故障时，上级断路器应断开供电电源。

（十二）护壁板

(1) 护壁板应采用厚度不小于 1.5mm 的不锈钢板制作，安装时应采用适当材料在其背面加固。

(2) 护壁板的结构应有足够的强度和硬度。所有边都应倒圆角或倒钝角。

(3) 护壁板间接头应齐平，表面不应有剥离，拼接高差不得超过 3mm。

(4) 护壁板的所有组装应尽可能隐蔽固定。在采用弹簧夹固定的地方，其结构强度应符合用 500N 的力垂直压在固定点上，护壁板板面下陷不能超过 3mm。

(5) 护壁板安装时应特别注意拼接的贴合度，应防止在使用中发生震动或共振现象。

(6) 为方便专业技术人员对桁架内的设备进行维修和检查，护壁板在整个倾斜段和在上下曲线段应易于单块移开。

(7) 应特别注意防止护壁板移动和脱落，固定护壁板不得采用外露螺栓。

（十三）外包板

(1) 在没有结构墙环绕的自动扶梯桁架位置，自动扶梯的外表面应用外包板包裹，包裹位置应包括自动扶梯侧面和桁架下面。

(2) 外包板应采用与护壁板相同的不锈钢材料制作。

(3) 所有外包板应安全固定在桁架上，但应能拆卸，便于专业技术人员更换和检查桁架内的部件。

(4) 供应商应特别注意，外包板和护壁板的安装应美观协调。

(5) 自动扶梯底部所有可视部分均应安装外包板进行封闭。

(6) 外包板水平宽度超过规范规定的宽度时，为防止小孩爬上下滑，每隔 2.5m 设一个凸起的防滑装置。如果两台自动扶梯并列布置，中间的总宽度超出规范标准时，也应加设置凸台。

(7) 外包板及凸台应使用不锈钢材料制作，支撑和加固时不允许用木板或其他可燃材料。

(8) 外包板的接缝应平整无明显缝隙，倾斜段接缝与斜面垂直，弯曲段不能有接缝。

(9) 不锈钢制件上的保护膜应在投入使用时才去除。

（十四）外露链条保护装置

(1) 桁架内外露的链条、驱动和运转部件都应用可拆卸的镀锌钢板进行保护。

(2) 链条和齿轮无论有没有保护都应提供集油槽或盘，以便承接滴落的润滑油。

(3) 集油槽或盘应附在保护装置上。集油盘的设置应便于接近，且易于排放掉所存积的润滑油。

(4) 如果采用金属丝网作为外露链条保护装置，则丝网结构应能防止手指接触到运转部件。

第三章 城市轨道交通电梯和自动扶梯招投标管理

第一节 招标投标一般规定

一、招标投标的定义

招标投标是指采购人提出货物、工程、服务或一些权利出让的条件,邀请众多的出卖人或者权利受让人参加,并按照规定的程序从中选择交易对象的一种市场行为。其中采购人或者权利让与人叫招标人,响应招标邀请的众多出卖人或权利受让人叫投标人。

二、招标投标的特点

招标投标通常表现为一种采购行为,招标人就货物、工程或者服务向投标人实施采购,并支付采购费用或者报酬,投标人通过竞争取得供货资格,提供货物、工程或服务,并获得相应的收益。

招标投标的过程是一个订立合同的过程,是具有民事权利能力和民事行为能力的当事人,实现一定的经济目的、明确双方权利义务关系而订立合同的过程。依法进行的招标投标活动,必须经历招标、投标、开标、评标和中标几个阶段。

招标投标的过程,就是一个完整的订立合同的过程,因此招标投标除受招标投标法的规范和约束之外,还应遵循《中华人民共和国合同法》确定的原则和要求。

三、招标投标的基本原则

招标投标应遵循公平、公正和诚实信用的原则,招标投标合法权益受法律保护。

四、招标

招标属于要约邀请,即招标人希望他人向自己发出要约的意思表示,这种要约邀请既可以在公开招标时向不特定的人发出,也可以在邀请招标时向特定的人发出。

(一) 招标的形式

根据《中华人民共和国招标投标法》(以下简称《招标投标法》)规定,招标有公开招标和邀请招标两种形式。

1. 公开招标

《招标投标法》规定,公开招标是招标人以招标公告方式邀请不特定的法人或者其他组织投标。按照竞争程度，分国际竞争性招标和国内竞争性招标。

1）国际竞争性招标

国际竞争性招标是指在国际范围内进行公开招标，国内、国际合格的法人或者其他组织都可以竞争投标的招标方式。国际竞争性招标，要求制作完整的英文标书，国内外登标。国际竞争性招标是用国际组织或者外国政府贷款、援助资金的项目招标采购的主要形式。国际组织和外国政府对其贷款、援助资金的招标原则和条件大多有专门规定。

2）国内竞争性招标

国内竞争性招标是指在国内进行公开招标，国内合格的法人或者其他组织都可以竞争投标的招标方式。在国内进行公开招标，可用中文编写招标文件，主要在国内媒体上发布招标公告。目前，我国大部分招标都是以国内竞争性招标的形式进行的。

2. 邀请招标

《招标投标法》规定，邀请招标是指招标人以投标邀请书的方式邀请特定的法人或者其他组织投标。邀请招标主要是：

（1）采购价值较低，与公开招标所需的费用与时间不成比例；

（2）采购标的的技术要求复杂或者有特殊的专门性质，只能从有限范围的供应或承包商处获得；

（3）有其他不适于采用公开招标的理由的，也可采用邀请招标。

（二）招标的条件

招标人的资格条件是指招标人自行办理招标必须具备的条件。根据《招标投标法》的规定，招标人可以自行办理招标事宜，也可以委托招标代理机构办理招标事宜。招标人自行办理招标事宜的，需要具有编制招标文件和组织评标的能力；招标人如果委托招标代理机构办理招标事宜的，招标代理机构也必须具备法定招标条件。《招标投标法》对招标代理机构的条件有明确规定。

招标项目的条件是指招标项目在招标前必须具备的要求，如履行相关手续和落实建设资金等。

（三）招标代理机构

招标代理机构是指依法设立、从事招标代理业务并提供相关服务的社会中介组织。在我国，随着各种法规制度的设立和完善，为适应招标投标活动的需要，各种专职的招标代理机构陆续成立，代理采购实体进行招标投标活动，为采购实体获得良好经济效益发挥了重要作用。

1. 招标代理机构的特点

招标投标活动是一项技术性、专业性和政策性很强的工作，有一套完整复杂的程序，全过程的每一个环节都需要精心策划、周密组织。因此，并不是所有招标人都具备从事招标工作的条件和能力。

为提高招标的效益，保证项目质量，保障招标投标活动的顺利进行，客观上需要一种熟悉招标投标法律规范、了解招标投标专业知识、掌握招标投标信息的专门机构从事招标投标业务，特别是一些规模巨大、技术复杂、涉及领域宽阔、关系到国计民生的重大招标项目，更需要具有组织管理严密、专业力量雄厚、技术装备先进、掌握系统信息并具有良好社会信誉的专门机构进行。

2. 招标代理机构的权利

（1）组织招标的具体活动。

（2）要求采购单位和投标人提供招标投标的有关资料。

（3）按国家有关规定收取招标服务费。

（4）依法享有的其他权利。

3. 招标代理机构的义务

（1）遵守国家法律、法规，维护国家利益和社会公共利益。

（2）维护招标人和投标人的合法权益。

（3）受招标人委托编制招标文件。

（4）向合格的投标人发售招标文件。

（5）根据招标人委托，严格按照有关法律法规程序组织评标。

（6）做好招标投标过程中的保密工作。

（7）接受国家有关部门的监督和检查。

4. 招标代理机构与招标人的关系

《招标投标法》规定，招标代理机构应当在招标人委托的范围内办理招标事宜，并遵守《招标投标法》中关于招标人的规定。

招标人和招标代理机构之间是委托代理关系，招标人是委托人，招标代理机构是受托人。招标代理机构以招标人的名义，在招标人委托的范围内从事招标工作，招标代理机构的行为所产生的法律后果由招标人负责。

招标人可以通过书面的形式授权招标机构从事招标事务，授权范围应予以确定。招标人也可以与招标代理机构订立招标委托代理合同，合同应包括招标人与招标代理机构各自的权利和义务、委托招标的标的和要求、付酬标准，以及双方违反委托代理合同的解决途径等事项。

五、投标

投标属于要约，即投标人希望和招标人订立合同的意思表示。该意思表示必须符合两个条件，一是内容具体、确定，二是表明经受要约人承诺，要约人即受该意思表示约束。

六、开标与评标

开标与评标属于招标人对投标这种要约做出判断，决定是否做出承诺和决定对哪一个投标人的要约做出承诺的过程。

七、中标

中标属于承诺，招标人同意接受投标人要约的全部条件，并愿意缔结合同的意思表示。

第三章 城市轨道交通电梯和自动扶梯招投标管理

第二节 招标管理

一、招标筹备

(一) 技术基础工作

技术基础工作又称电梯和自动扶梯项目工程设计或使用设计工作，关系到电梯和自动扶梯选用是否合理。技术基础准备工作主要有以下几点。

(1) 确定电梯和自动扶梯参数。根据建筑物用途，确定电梯和自动扶梯的主要参数、服务方式、台数和布置等。

(2) 确定电梯和自动扶梯档次。根据建筑物的用途与电梯和自动扶梯的主要参数确定所需的档次，并使之与建筑物的总投资概算相符。

(3) 确定电梯和自动扶梯的种类和功能。根据建筑物的用途和电梯的档次，确定电梯的种类和功能，并使之与建筑物的服务水平相符。

(二) 编制用户需求书

用户需求是指招标人对招标货物及服务的要求。招标人应根据电梯和自动扶梯项目的工程设计，编制用户需求书。用户需求书应包括供货数量、工作环境条件、产品基本要求、主要技术参数和技术性能、功能要求、主要部件、重要安全装置、包装、运输、安装调试、质保服务、商业培训等内容。

二、招标前准备

(一) 商务准备

1. 付款方式的确定

根据业主或招标人自身的项目经济情况确定付款方式。例如，业主资金较为充裕，预付款可以适当多付，减轻供应商的资金压力，降低供应商的资金成本，相对也就有利于降低电梯的投标价格。

2. 服务方式的确定

如果业主使用维护力量较强，那么对于服务的时间、要求等方面就可以相对低一些，如有些单位可以按照惯例保修 1 年，有些单位要求保修 1.5 年或 2 年不等。总之，业主应根据自身的条件、要求设定相应的商务条件。当然，这些商务条件都会对投标报价有一定的影响。

(二) 编制招标文件

招标是一种规范性、法律性较强的活动，招标文件是整个招标活动的要求和指引。招标人（或业主）将所有的技术要求、商务要求及招标投标活动的安排，通过招标文件向投标人进行传递。投标人购买了招标文件后，要按照招标文件的要求做出完整的应答，并按照招标文件的要求参与整个招标投标活动。

招标文件的编写非常重要，直接影响整个招标投标活动。如果招标文件能详细充分地反映业主的需求,能体现"公开、公平、公正"的原则,能完全符合有关法律法规,那么整个招标过程就可以在合理、合法的条件下顺利进行,最终获得满意的招标结果;反之,如果招标文件存在严重缺陷,则可能出现或大或小的问题,甚至导致整个招标活动的失败。招标人(或业主)如对招标工作不够熟悉,编制招标文件的工作可委托专业的招标代理机构负责。

三、招标文件组成

(一)招标邀请函

招标邀请函,是招标人邀请有关制造厂商或代理商,对招标人(或业主)所需标的物进行投标的文件。主要应包含本次招标的标的物的基本描述,招标的时间安排,投标保证金数额,招标人联系地址、电话、传真等内容。

(二)投标人须知

投标人须知,顾名思义就是招标人把本次招标的有关约定、安排、合格投标人的条件、投标文件的构成以及如何编制投标文件等内容知会所有已领取或购买招标文件的投标人。也就是说,投标人对本次招标必须知道的有关内容都在此投标人须知中。投标人须知通常包括如下内容。

(1)项目基本情况说明。

(2)标的物范围。

(3)合格投标人的定义。

(4)合格的货物及服务。

(5)需要投标人注意的特殊事项,例如如何踏勘现场等。

(6)招标文件的构成,例如招标文件的内容构成、招标人如何对招标文件进行澄清等。

(7)编制投标文件的方法。为了使招标能够顺利进行,必须清晰地告知投标人如何编制投标文件和编制投标文件时应注意的事项。包括如何报价、投标文件至少应包括的内容、投标文件如何响应招标文件、必须提供的资格证明文件、货物证明文件、业绩证明材料、投标保证金的缴纳证明以及投标文件的签署和包装等。

(8)投标文件的递交。主要是递交投标文件的要求,如把时间、地点及方式等清晰地告知投标人。投标文件的递交有非常严格的程序要求,招标人必须拒绝收取迟到的投标文件。

(9)开标和评标。为了做到公开、公平、公正,招标人必须把开标的程序内容、评标的程序内容、评标办法、评标标准、废标条件等内容列明于招标文件。

(10)其他内容。投标人须知还可包括如何授予及签订合同等其他告知投标人的事项。

(三)合同书编制

合同书格式一般应包括付款条件、交货期和质保期等重要条款,必须根据业主的具体情况在招标文件的合同书格式中反映,让投标人据此计算资金成本,进行合理的投标报价。

安装合同是招标人(或业主)与投标人在签订供货合同时附带的合同,它对整个安装过程进行约定。例如,电梯由谁来安装、谁来调试、货物由谁来保管、安装工作如何界定,以及当地监督检验机构的验收工作由谁来申报与组织等。业主一般是通过安装合同来完善补充供货合同。

四、投标文件格式

一般招标文件都有投标文件格式要求这一部分内容，这是为了使投标人能更好地、更规范地对招标文件做出有效的响应并编制投标文件而设置的。一般来说，应包括投标报价格式、商务响应格式和技术响应格式要求等内容。

（一）投标报价格式

投标报价格式需要有投标总价、单价、备品备件价格、专用工具价格、安装费用以及服务费用等内容。

（二）商务响应格式

商务响应格式一般包括法人代表授权书、投标人的资格证明文件和投标人介绍等商务响应文件。

（三）技术响应格式

技术响应格式一般包括所投产品一览表、技术要求、功能配置、备件清单、交付质量、售后服务、质保期内外的服务，有些还要求投标文件需有技术方案和技术建议书等内容。技术响应格式一般是对招标文件用户需求书的响应。投标时，有的内容需要投标人自己组织应答并提出建议，有的内容是对用户需求书的响应。这一部分内容将是评技术标时的依据，不管是招标方还是投标方都要认真对待。

五、招标基本步骤

（一）招标平台的概念

随着《招标投标法》等法律及各种地方性法规的设立和实施，为进一步规范招标投标工作的开展，各地都设立相关的招投标管理机构（招标平台）对招投标活动进行相应的管理。特别是政府投资的项目，一般都要求采取招标投标的形式进行采购，在政府有关部门的监管下进入交易市场进行运作。

（二）招标平台的选择

招标人应根据当地的有关规定，在规定的招标平台进行招标投标活动。进入招标平台，一般需要招标人提交符合招标条件的相关证明及申报材料，如立项批准、规划许可、资金证明等。

（三）制作并发布招标公告或投标邀请书

制作并发布招标公告或投标邀请书是招标活动的第一个环节，标志着正式招标活动的开始。

1. 招标公告的制作

（1）招标公告是指招标人普遍地告之不特定的法人或其他组织招标人的招标意愿和招标内容，并希望其获取招标文件、参加投标的通知和公告。

（2）招标公告须与其招标的目的一致，要能够完整清楚地表明招标人希望潜在投标人投标的意愿，并要为潜在的投标人提供必要的信息。因此，招标公告主要应载明招标人的名称和地址、招标项目的性质、数量、实施地点和时间以及获得招标文件的办法等事项，以方便潜在投标人与招标人进一步取得联系，了解招标信息，领取招标文件，参与投标。招标公告还应说明投标人的基本条件。

2. 招标公告的发布

《招标投标法》规定，依法须进行招标的项目的招标公告，应当通过国家指定的报刊、信息网络或者其他媒体发布。招标人可根据项目情况及当地的有关规定，进行招标公告的发布。

3. 投标邀请书的制作和发布

（1）投标邀请书是指招标人对特定的法人或其他组织告知自己招标采购意愿和采购内容。《招标投标法》规定，招标人采用邀请招标方式的，应当向三个以上具备承担招标项目的能力、资信良好的特定的法人或者其他组织发出投标邀请书。

（2）投标邀请书的内容与招标公告相似，同样应当载明招标人的名称和地址、招标项目的性质、数量、实施地点和时间以及获取招标文件的办法等事项。投标邀请书只向特定的对象发布。

六、投标人资格预审

当前国内电梯和自动扶梯市场竞争激烈，制造商良莠不齐，市场规范性有待建立，在招标工作中对投标人进行资格预审是很有必要的。

（一）资格预审的目的

资格预审是招标人对潜在投标人的资质条件、能力和业绩情况等进行预先审查，以剔除不具备相应资格的供应商或承包商，以提高招标效率。

（二）资格预审的适用

资格预审并不是所有招标项目的必经程序。对于采购标的价值较高、项目实施比较复杂、专业性强、技术要求高或者国家对投标人的资格条件有特殊规定的招标项目，一般可进行资格预审。而一般采购标的较小或者技术要求不太复杂的项目，可不进行资格预审。有的电梯和自动扶梯项目，投资额度大，产品水平要求高，要求制造商有很强的服务能力，此时对投标人进行资格预审是十分必要的。

（三）资格预审的方法

招标人进行资格预审，一般可以采用通过法或打分法进行。通过法是指招标人以其认为重要的审查条件，对每一潜在投标人逐一进行审核，最终确定投标人是否通过；打分法是指招标人根据审查细则及相应分数，对每一潜在投标人进行打分，然后计算其总得分并排序，取总得分排名靠前的若干名作为通过资格预审的投标人。应该根据招标项目对电梯和自动扶梯的技术和服务要求制定打分标准。

七、资格后审

就资格审查而言，除了资格预审以外，还有资格后审，即招标人在对投标文件进行评审时，也对投标人的资格进行审查。资格审查不合格的，不能中标。

八、招标答疑、澄清及修改

（一）现场踏勘

招标文件发出后，提交投标文件截止日前，招标人应根据项目的具体情况，组织投标人踏勘项目现场，以使投标人获得必要的信息，方便其编制投标文件，参与投标。电梯和自动扶梯项目的招标，踏勘现场尤为重要，可以让投标人了解施工现场是否达到招标文件规定的条件，施工现场环境、临时用地、临时设施搭建、建筑物土建、井道等情况是否与图纸相符，如何进行现场运输和吊装等。

（二）答疑

招标文件发出后，投标人对招标文件不清楚之处或需进一步了解的情况，可向招标人提出疑问，要求解答，招标人应予解答。

（三）招标文件的澄清、修改

《招标投标法》对招标文件的修改和澄清作了专门规定，招标人对已发出的招标文件进行必要的澄清或者修改的，应当在招标文件要求提交投标文件截止时间至少 15 日前，以书面形式通知所有招标文件收受人。该澄清或者修改的内容为招标文件的组成部分。

九、接受投标

（一）合理的时间要求

为保证投标人编制投标文件的时间，《招标投标法》规定，招标人应当确定投标人编制投标文件所需要的合理时间。但是，依法必须进行招标的项目，自招标文件开始发出之日起至投标人提交投标文件截止之日止，最短不得少于 20 日。

（二）投标文件的递交

招标人应按照招标文件规定的递交投标文件时间、截止投标时间、递交投标文件地点，接受投标人的投标。招标人在接受投标文件前，一般应检查投标人投标保证金是否提交，投标文件是否密封完好，以及其他招标文件中列明的须检查的内容。这里需要特别强调的是，对投标文件递交的截止时间的规定是非常严格的。《招标投标法》明确规定，在招标文件要求提交投标文件的截止时间后送达的投标文件，招标人应当拒收。不管是招标人还是投标人都必须严格遵守有关的法律法规。

第三节　投标管理

一、投标概述

（一）投标和投标人

投标是指企业或个人在竞争性招标过程中，向招标单位提交书面报价和技术方案等相关文件，争取中标的过程。投标通常是在招标公告发布后进行的，投标人需要根据招标文件的要求，制定相应的报价方案和技术方案，以及提供相关的资质和证明文件，以证明自己具有承担招标项目的能力和资格。

《招标投标法》规定,投标人是响应招标、参加投标竞争的法人或者其他组织。

(二) 投标人的权利和义务

投标人在投标过程中应当遵守诚实守信、公平竞争和保护商业机密等原则,以提高中标的机会,并为招标项目的顺利实施和完成做出贡献。

1. 投标人的权利

(1) 投标人有权获取招标文件,并了解招标项目的具体要求和条件。

(2) 投标人在参与投标过程中,有权就招标文件的条款和要求向招标人提出询问和意见,以便更好地了解和适应招标项目的要求。

(3) 投标人有权在公平竞争的基础上,按照招标文件的要求和规定,参与招标竞争,争取获得中标资格。

(4) 投标人有权要求招标人保护其商业机密,以保证投标人的商业利益不受侵犯。

2. 投标人的义务

(1) 投标人应仔细阅读招标文件,了解招标项目的具体要求和条件,并按照招标文件的要求和规定,制定报价方案和技术方案,以及提供相关的资质和证明文件。

(2) 投标人应当提交真实、准确、完整的投标材料,不得提供虚假或夸大其词的材料。

(3) 投标人应当保守商业机密和技术秘密,不得将招标文件和相关信息泄露给第三方。

(4) 投标人应当承担其报价方案和技术方案所承诺的全部责任,并按照招标文件的要求,履行中标后的合同义务。

3. 《招标投标法》规定的投标人必须禁止的行为

(1) 投标人不得相互串通投标报价,不得排挤其他投标人的公平竞争,损害招标人或者其他投标人的合法权益。

(2) 投标人不得与招标人串通投标,损害国家利益、社会公共利益或者其他人的合法权益。

(3) 禁止投标人以向招标人或者评标委员会成员行贿的手段谋取中标。

(4) 投标人不得以低于成本的报价竞标,也不得以他人名义投标或者以其他方式弄虚作假,骗取中标。

二、投标程序

(一) 投标前的准备

1. 研究招标文件

投标人应仔细阅读招标文件,了解招标项目的具体要求和条件,包括技术规格、报价细则、合同样本和验收标准等,以便制定符合要求的投标方案。

2. 了解竞争对手

了解竞争对手的优势和劣势,以及他们可能提供的产品和服务,以便制定更有竞争力的投标方案。

3. 确定投标策略

根据招标文件的要求和市场情况，确定投标策略，包括报价策略、技术方案和商业条件等，以提高中标的机会。

4. 制定投标计划

制定详细的投标计划，包括投标时间表、人员安排、资源调配和成本预算等，以确保投标工作的顺利进行。

5. 确定投标团队

确定投标团队成员，包括项目经理、技术专家、财务人员等，确保团队各成员的职责和工作任务明确。

6. 准备投标材料

根据招标文件的要求，准备投标材料，包括技术方案、报价方案、企业资质、经验证明等，并在递交投标书前进行审校，确保材料真实、准确、完整。

7. 进行投标答辩

在有需要的情况下，进行投标答辩，向招标单位展示投标方案的优势和特点，并回答招标单位的问题和疑虑。

（二）投标文件的编制

（1）认真研究招标文件。招标文件一般都列明了招标的工作范围、技术要求、主要商务条款、评标原则以及招标投标的重要注意事项等内容，因此，投标人应认真研究招标文件，按招标文件要求进行标项准备工作。

（2）在项目现场参加招标人组织的投标答疑会。投标人在研究投标文件及踏勘现场时，如存在疑问或不清晰之处，应及时以书面或其他形式向招标人或招标代理机构提出。

（3）收集价格信息，制定报价原则。在投标过程中，投标报价一般会占有较大比重，特别是当各投标人所投标货物技术差异性不大时，报价将成为重要因素，因此，制定合理恰当的报价原则，是投标成败的关键。

（4）在报价原则的基础上，计算完整的投标报价。

（5）对报价进行调整及确定。

（6）对投标资料汇总，形成投标文件。

（三）投标文件的组成

投标文件是投标人向招标人提交的文件，它是评判投标人是否符合招标要求的重要依据，通常包括以下内容。

1. 投标函

投标函是投标人向招标人表明决定参加该项目招标活动并投标的函件。投标函一般包括：表明愿意按照招标文件中的一切要求，提供招标设备及其技术服务；投标总报价；提交文件的份数；中标后愿意履行招标文件中规定的每一项要求，按期、按质、按量完成任务；投标人的地址，联系方法等内容。

2. 投标报价表

投标报价表应包括投标总价、设备总价、运杂费、保险费、安装调试费、服务费、备品备件费及其他费用等。

3. 法定代表人的授权书

法定代表人的授权书是投标人的法定代表人授权某人或某组织参加投标活动，全权代表处理投标活动中一切事宜的证明文件。

4. 投标人资质及能力证明文件

投标人资质及能力证明文件包括：企业营业执照或注册登记书复印件、企业简介、财务报表、资金财务状况、有关资质证明文件、企业组织架构、主要产品和生产能力、业绩及其他招标文件中要求提交的文件。

5. 投标设备方案说明

投标设备方案说明包括：投标设备的型号、规格、技术参数说明，投标设备的基本功能和特殊功能，投标设备的质量标准、检测标准、测试手段，对投标设备的设计、制造、安装、调试等方面采取的技术和组织措施，土建参数的提供和配合等。

6. 设备安装方案说明

设备安装方案说明包括：工程承包范围，工程能够达到的有关国家标准和验收规范，施工准备及配合，工程验收等。

7. 对招标文件商务条款的响应

对招标文件商务条款的响应包括：对商务条款的响应和差异的说明。

三、投标注意事项

（1）严格按招标文件要求编制投标文件。招标文件中往往对投标文件的格式要求做出了规定，如投标文件的份数、投标文件的签署、投标文件的包装和密封、有关文件的提交等，且这些要求往往会涉及废标条件，稍有疏忽，将会使投标人造成很大损失。

（2）按时、足额提交投标保证金。招标活动一般都会约定在规定的时间之前交纳一定数额的投标保证金。为防止意外发生，投标人可以提前交纳投标保证金，并及时向招标人或招标代理机构确认。

（3）重视投标答疑及招标人或招标代理机构发出的招标文件的澄清修改文件；参加投标答疑会，可以对投标的有关问题进行澄清；另外，招标人或招标代理机构发出的招标文件的澄清修改文件，往往涉及对招标文件的一些重大的修改，投标人须对这些文件保持密切注意，收到修改文件后，应及时向招标人或招标代理机构进行确认。

（4）对招标文件中的技术要求，投标人应做出符合或优于招标文件要求的响应；明显不符合技术规格、技术标准要求的，属于重大偏差，重大偏差往往会导致废标的产生。

（5）投标文件中的工作范围应严格符合招标文件要求。投标文件中的工作范围与招标文件有出入，属于对招标文件的不响应，同时也会影响投标报价，这些是投标人应非常注意的问题。

（6）投标报价应合理、完整。低于成本价投标当属废标之列；另外，投标报价的缺项、漏项也是投标文件中应该避免出现的情况。

四、投标文件的送达、出席开标会议

《招标投标法》规定，投标人应当在招标文件要求提交投标文件截止时间前，将投标文件送达投标地点。在招标文件要求提交投标文件的截止时间后送达的投标文件,招标人应当拒收。

开标会议一般都要求投标人代表或者投标人授权代表出席。投标人在整个投标过程中已经花费了大量的人力、物力,投标文件的递交是其中最后一个关键环节。但在实践中,往往有一些投标人对此重视不够,对递交投标文件途中可能发生的意外没有预留足够的时间,结果在投标截止时间后才送到,导致招标人拒收投标文件,使前期的所有工作付诸东流。

第四节 开标与评标管理

一、开标

开标是整个招标投标过程中比较重要的阶段,是充分体现招标投标公开性的一个阶段。所谓开标,就是招标人按照招标公告及招标文件规定的时间地点,在邀请所有投标人到场的情况下,将所有投标文件予以开封,并将投标人名称和投标报价当众宣布的过程。开标以后,投标人不得对投标文件的内容进行修改。整个开标过程应当记录,并存档备查。

(一)开标方式

开标由招标人或招标代理机构主持,一般应设主持人、唱标人、监标人、记录人等人员。所有投标人代表、招标人(或业主)代表和有关法律法规规定的人员等都应到场并签到。

(二)开标过程

(1)主持人宣布投标截止时间到,超过时间的投标文件将不予收取。同时宣布开标会议开始,请有关人员就位,并介绍情况。

(2)宣布开标及开标后的招标投标工作安排。

(3)检查投标文件的密封。《招标投标法》规定,开标时,由投标人或其推选的代表检查投标文件的密封情况,也可以由招标人委托的公证机构检查并公证。

(4)唱标。按投标顺序,依次开封投标文件,由唱标人读出投标人名称,投标报价及其他招标人认为必要的内容。唱标时,由监标人进行监督,记录人进行记录。

(5)唱标结束。由投标人、主持人、唱标人、监标人、记录人、公证人等对记录签字确认。

(6)如果需要的话,宣布投标过程澄清的时间及地点安排。

(7)宣布评标原则及评标纪律。

二、评标

评标是整个招标过程的核心和关键,它关系到招标人是否能通过招标,在"三公"(公平、公正、公开)原则下评审出一个最佳投标人。对投标人而言,则直接关系到每一个投标人能否中标的切身利益。

（一）评标原则

评标过程应保密，《招标投标法》规定，招标人应当采取必要的措施，保证评标在严格保密的情况下进行。主要可以采取如下措施：

（1）评标委员会的名单对外保密；

（2）评标地点应保密；

（3）评标应选择较安静、不受外界干扰的场所；

（4）任何单位和个人不得干预、影响评标过程和结果。

（二）评标委员会

1. 评标委员会的性质和组成

《招标投标法》规定，评标由招标人依法组建的评标委员会负责。依法必须进行招标的项目，其评标委员会由招标人的代表和有关技术、经济等方面的专家组成，成员为5人以上单数，其中技术、经济等方面的专家不得少于成员总数的三分之二。

2. 评标委员会专家的资格

（1）从事相关领域工作满8年。

（2）具有高级职称。

（3）具有同等专业水平。

3. 评标委员会专家的产生

（1）特殊招标项目可以由招标人直接确认。

（2）由招标人从国务院有关部门提供的专家名册的相关专业的专家名单中确定。

（3）由招标人从省、自治区、直辖市人民政府有关部门提供的专家名册的相关专业的专家名单中确定。

（4）招标人从招标代理机构的专家库内的相关专业的专家名单中确定。

4. 评标委员会制度

（1）回避制度。《招标投标法》规定，与投标人有利害关系的人不得进入相关项目的评标委员会，从而保证评标的公正性与公平性。

（2）名单保密制度。《招标投标法》规定，评标委员会名单在中标结果确定前应当保密。

5. 评标委员会成员应遵守的准则

（1）应当客观、公正地履行职务。

（2）必须遵守职业道德。

（3）不得私下接触投标人。

（4）不得透露评标的有关情况。

三、评标标准和方法

评标的标准和方法是衡量投标文件的尺度，是确定中标人的依据，投标人可据此进行项目设计，并编制投标文件。评标委员会应根据招标文件中列明的评标标准和方法，对投标文件进行评审和比较。招标文件以外的评标标准和方法不能作为评标的依据。

（一）评标标准

评标标准是评价每一份投标文件的准则，对每一份投标文件都应按同一标准进行评价。

（二）评标方法

评标方法包括经评审的最低价投标法、综合评估法、评议法或者法律、行政法规允许的其他评标方法。

1. 经评审的最低价投标法

经评审的最低价投标法一般适用于具有通用技术、性能标准或者招标人对其技术、性能没有特殊要求的招标项目。

具体做法为：评标委员会根据招标文件中规定的评标价格调整方法，以所有投标人的投标报价以及投标文件的商务部分做必要的价格调整。能够满足招标文件的实质性要求，并且经评审的最低投标价的投标推荐为中标候选人。

2. 综合评估法

不宜采用经评审的最低价投标法的招标项目，一般应当采用综合评估法进行评审。

具体做法为：评标委员会根据招标文件中的规定，可采取折算为货币的方法、打分的方法或其他方法，衡量投标文件是否最大限度满足招标文件中规定的各项评标标准。

3. 评议法

评议法即不量化评价指标，通过对投标单位的能力、业绩、财务状况、信誉、投标价格等内容进行定性的分析和比较，进行评议后，选择投标单位在各指标都较优良者为中标单位。也可以用表决的方法确定中标单位，但此种评标方法较少被采用。

鉴于电梯设备的特殊性，专业性和技术性强，综合评估法的评标方法比较适用。其中，打分的方法简便易行，折算为货币的方法较为繁复。

（三）评标内容

对投标文件的评估，可以包括技术评审、商务评价以及对投标报价的评审。

1. 技术评审

技术评审考虑的因素主要有以下几点。

（1）投标货物对招标文件的响应程度。主要是审查投标文件对招标文件所提出的主要技术要求、性能参数和供货范围等的响应程度。

（2）投标货物的技术水平。主要是评审投标人所投标货物的技术先进性、成熟性、电梯和自动扶梯的功能配置等。

（3）投标人的技术实力。一般包括对投标人设计能力和制造能力等的考评。

（4）投标人的服务能力。由于电梯和自动扶梯对服务的要求较高，因此对投标人的服务能力的评审尤为重要。一般可以从安装维修保养、服务机构、质量保证和服务响应时间等方面进行评审。

（5）其他。可以对交货时间的响应或其他招标人认为需要评审的技术因素等进行评审。

2. 商务评审

商务评审考虑的因素主要有以下几点。

（1）对招标文件商务部分的响应程度。招标文件一般已列明合同书格式或主要合同条款，评标时应考核投标文件对这些要求的响应程度，并评出优劣。

(2)业绩。主要评审投标人所报的其已完成的相同或类似项目的数量、规模，评审时以业绩较好的为优。

(3)信誉。投标人的信誉一般包括投标人的银行信用等级、政府部门做出的有关奖励或惩罚以及以往项目的完成情况等。

(4)企业运营状况。主要对投标人近几年的财务状况和企业的经营状况等方面进行评审。

（四）对投标报价的评审

(1)由评标委员会评审投标报价的合理性。投标报价是否涵盖了招标文件要求的所有内容，是否有缺项漏项。

(2)评审投标报价是否计算正确。投标文件中的大写金额和小写金额不一致的，以大写金额为准；总价金额与单价金额不一致的，以单价金额为准，但单价金额小数点有明显错误的除外。

(3)评审投标报价是否低于成本价。在评审过程中，评标委员会发现投标人的报价明显低于其他投标报价，使得其投标报价可能低于其个别成本的，应当要求该投标人做出书面说明并提供相关证明材料。投标人不能合理说明或者不能提供相关证明材料的，由评标委员会认定该投标人以低于成本报价竞标，其投标应以废标处理。

四、评标的程序

（一）评标的准备

评标委员会成员应当编制供评标使用的相应表格，认真研究招标文件，至少应了解和熟悉以下内容：

(1)标的目标；

(2)招标项目的范围和性质；

(3)招标文件中规定的主要技术要求、标准和商务条款；

(4)招标文件规定的评标标准、评标方法和在评标过程中考虑的相关因素；

(5)招标人或者其委托的招标代理机构应当向评标委员会提供评标所需的重要信息和数据。

（二）初步评审

初步评审，又称为符合性审查，评审组织者应逐项列出投标文件的全部投标偏差。投标偏差分为重大偏差和细微偏差。

1. 重大偏差

(1)没有按照招标文件要求提供投标担保或者所提供的投标担保有瑕疵。

(2)投标文件没有投标人授权代表签字或盖章和加盖公章。

(3)投标文件载明的招标项目完成期限超过招标文件规定的期限。

(4)明显不符合技术规格、技术标准的要求。

(5)投标文件载明的货物包装方式、检验标准和方法等不符合招标文件的要求。

(6)投标文件附有招标人不能接受的条件。

(7) 评标委员会认定投标人以低于成本报价竞标。
(8) 不符合招标文件中规定的其他实质性要求。
投标文件有上述情形之一的，应视为对招标文件未做出实质性响应。

2. 细微偏差

(1) 细微偏差指投标文件在实质上响应了招标文件要求，但在个别地方存在漏项或者提供了不完整的技术信息和数据等情况，并且这些遗漏或者不完整不会对其他投标人造成不公平的结果。细微偏差不影响投标文件的有效性。

(2) 评标委员会应当书面要求存在细微偏差的投标人在评标结束前予以补正。拒不补正的，在详细评审时可以对细微偏差作不利于该投标人的量化，量化标准应当在招标文件中规定。

(3) 评标委员会应当审查每一份投标文件是否对招标文件提出的所有实质性要求和条件做出响应。未能在实质上响应的投标，应作废标处理。

（三）详细评审

详细评审有几种做法，下面以电梯项目最为常用的打分法为例来说明详细评审的具体做法。

(1) 在招标开始前应制定"技术评审细则"和"商务评审细则"，一般随标书向投标人公布。

(2) 评标委员会应根据"技术评审细则"，对通过初步评审的投标文件逐一进行详细评审，并根据优劣程度进行打分。

(3) 评标委员会应根据"商务评审细则"，对通过初步评审的投标文件逐一进行详细评审，并根据优劣程度进行打分。

(4) 评标委员会应根据前述对投标报价的评审考虑因素，对通过初步评审的投标报价逐一进行评审，评审其投标报价是否合理，是否需要调整。

(5) 按照招标文件中所列明的程序和办法，对评标技术部分、商务部分、报价部分的评审结果进行统计。对各评委的打分一般应去掉最高分、最低分，然后求算术平均值；最后乘以相应的权重，相加得出每一位投标人的最终得分，作为确定中标候选人的依据。

五、评标委员会推荐中标候选人

（一）最低投标价法中标人的推荐

根据经评审的最低投标价法完成详细评审后，评标委员会应当拟定一份"标价比较表"，连同书面评标报告提交招标人。"标价比较表"应当载明投标人的投标报价、对商务偏差的价格调整和说明以及经评审的最终投标价。

（二）综合评标法中标人的推荐

根据综合评估法完成评标后，评标委员会应当拟定一份"综合评估比较表"，连同书面评标报告提交招标人。"综合评估比较表"应当载明投标人的投标报价、所做的任何修正、对商务偏差的调整、对技术偏差的调整、对各评审因素的评估以及对每一份投标的最终评审结果。

评标委员会在评标过程中发现问题，应当及时做出处理或者向招标人提出处理建议，并做书面记录。

评标委员会推荐的中标候选人应当限定在1～3人，并标明排列顺序。

（三）评标报告

评标委员会完成评标后，应当向招标人提出书面评标报告。评标报告应当如实记载以下内容。

（1）基本情况和数据表。

（2）评标委员会成员名单。

（3）开标记录。

（4）符合要求的投标一览表。

（5）废标情况说明。

（6）评标标准、评标方法或者评标因素一览表。

（7）经评审的价格或者评分比较一览表。

（8）经评审的投标人排序。

（9）推荐的中标候选人名单与签订合同前要处理的事宜。

（10）澄清、说明、补正事项纪要。

评标报告由评标委员会全体成员签字。对评标结论持有异议的评标委员会成员可以采用书面方式阐述其不同意见和理由。评标委员会成员拒绝在评标报告上签字，且不陈述其不同意见和理由的，视为同意评标结论。评标委员会应当对此做出书面说明并记录在案。

向招标人提交书面评标报告后，评标委员会即告解散。评标过程中使用的文件、表格以及其他资料应当即时归还招标人。

第五节　定　标　管　理

一、中标人的确定

中标人的投标应当符合下列条件之一：

（1）能够最大限度满足招标文件中规定的各项综合评价标准；

（2）能够满足招标文件的实质性要求，并且经评审的投标价格最低。但是投标价格低于成本的除外。

（一）确定中标人前的要求

在确定中标人之前，招标人不得与投标人就投标价格、投标方案等实质性内容进行谈判。

（二）使用国有资金投资或者国家融资的项目要求

使用国有资金投资或者国家融资的项目，招标人应当确定排名第一的中标候选人为中标人。排名第一的中标候选人放弃中标、因不可抗力提出不能履行合同，或者招标文件规定应当提交履约保证金而在规定的期限内未能提交的，招标人可以确定排名第二的中标候选人为中标人。排名第二的中标候选人因前款规定的同样原因不能签订合同的，招标人可以确定排名第三的中标候选人为中标人。招标人可以授权评标委员会直接确定中标人。

二、中标通知书

依据《招标投标法》规定，中标人确定后，招标人应当向中标人发出中标通知书，并同时将中标结果通知所有未中标的投标人。

中标通知书是指招标人在确定中标人后，向中标人发出的通知其中标的书面凭证。中标通知书应告知中标人招标项目已经由其中标，并确定签订合同的时间、地点。中标通知书对招标人和中标人具有法律约束力。中标通知书发出后，招标人改变中标结果或者中标人放弃中标的，应当承担法律责任。

投标人提交了投标保证金的，招标人或招标代理机构应当在发出中标通知书后一定时间内，尽快退还给投标人。

三、履约保证金

招标文件要求中标人提交履约保证金的，中标人应当提交履约保证金。

履约保证金是招标人要求投标人在接到中标通知书后，提交的保证履行合同各项义务的担保。如果中标人毁约，招标人便可以持履约保证到有关单位去索取保证金。

履约担保一般有银行保函或现金。银行保函是指由商业银行开具的担保证明。在投标人没有实施合同或者未履行合同义务或者违约时，招标人有条件或无条件对银行保函进行收兑。

履约保证金额的大小取决于招标项目的类型与规模，但大体上应能保证中标人违约时，招标人所受损失得到补偿。

四、招标采购合同签订

招标人和中标人应当自中标通知书发出之日起 30 日内，按照招标文件和投标人的投标文件订立书面合同。招标人和中标人不得再订立背离合同实质性内容的其他协议。

五、招标采购合同及形式

招标采购合同，是指招标人和中标人依照招标文件和中标人的投标文件，订立的确定招标人和中标人之间的权利和义务关系的协议。招标采购合同具有以下特征。

（1）招标采购合同的主体是招标人和中标人。
（2）招标采购合同的标的是招标项目。
（3）招标采购合同的内容是招标人和中标人在履行招标项目过程中的权利和义务。
（4）招标人和中标人应当依照招标文件和中标人的投标文件订立招标采购合同。

六、合同谈判及澄清

招标人应当按照招标文件提供的合同版本与中标人签订合同。在准备合同时，应将招标文件和投标文件的相关内容整合进合同文本中,以合同条款或合同附件的形式出现,从而使整个合同与招标投标过程中的有关内容相符。

在实践中往往存在招标人提出微小的调整或偏差,这就需要通过合同谈判及澄清来解决这些问题和偏差,使得最终签订的合同比较完善,令合同双方都满意。

第四章 城市轨道交通电梯和自动扶梯安装与运行管理

第一节 电梯与自动扶梯安装现场检查与确认

电梯和自动扶梯安装是一个复杂的工程，需要经过多个环节的严格施工，其实质是装配的过程，且该装配是现场组装。需要专业的安装队伍，该队伍需要掌握理论、技术，有一定的实践经验，需要按照规范要求进行施工，确保电梯和自动扶梯的质量和安全性能符合规范要求。

一、电梯井道和机房检查

电梯井道和机房的安装前检查是非常重要的一个环节，其目的是确保电梯井道和机房的安装符合要求，保证电梯的安全和稳定运行。

（一）电梯井道检查内容

（1）检查电梯井道的结构是否符合设计规范要求，如井道尺寸、墙壁平整度、地面平整度等。

（2）检查电梯井道的通风、照明、防火等设施是否符合要求。

（3）检查电梯井道内的电缆、管道等是否安装牢固，是否符合规范要求。

（4）检查电梯井道内的防护栏杆、门等是否安装牢固，是否符合规范要求。

（二）机房的安装前检查

（1）检查机房的结构是否符合设计规范要求。

（2）检查机房内的电缆、管道等是否安装牢固，是否符合规范要求。

（3）检查机房内的通风、照明、防火等设施是否符合要求。

（4）检查机房内的电源、空调等设备是否符合要求。

（三）检查方法

在进行电梯井道和机房的安装前检查时，应按照设计规范和相关要求进行检查。检查可以采用实地勘查、测量和检测等方式进行。

（四）检查要求

在进行电梯井道和机房的安装前检查时，应严格按照要求进行。对于发现的问题要及时处理，确保电梯井道和机房的安装符合规范要求，以保证电梯的安全和稳定运行。

二、自动扶梯井道和运输通道检查

（一）自动扶梯井道检查内容

自动扶梯井道的主要尺寸有提升高度、井道宽度、井道的水平投影长度、基坑的尺寸以及中间支撑柱的位置和尺寸等。

1. 提升高度

提升高度是自动扶梯安装的主要尺寸，井道提升高度的偏差应在安装许可范围内。

2. 井道宽度

井道宽度将直接影响自动扶梯能否安装，一般要求井道在整个水平投影范围内都应比自动扶梯的桁架宽出一定范围。

3. 井道的水平投影长度

井道的水平投影长度是指自动扶梯上下两个支撑点的水平距离，其误差将改变支撑点的位置，水平投影长度的误差只允许为正偏差。

4. 基坑的尺寸

上下基坑的尺寸影响自动扶梯的安装。由于各供应商的自动扶梯结构形式及机房里部件的布置不同，对上下基坑的深度和长度要求也不同。但为了保证有足够的安装空间，一般要求上下基坑的深度和长度只能大于安装布置图的规定，即只允许正偏差。

5. 中间支撑柱的位置和尺寸

（1）自动扶梯在超过一定的提升高度之后，须在中间增加一组或几组支撑柱，以保证自动扶梯桁架的支撑能力。

（2）自动扶梯安装时，供应商在检查中间支承的高度是否符合要求的同时，还应检查每组中间支撑柱两支撑点之间的距离是否符合要求。若不合格，则应将存在问题上报建设单位，由建设单位协调土建单位修改。

（二）运输通道检查

安装现场运输通道的设置必须严格按照规范要求进行，并采取必要的安全措施，以确保安全运输和安装。自动扶梯在安装前需要经过运输，因此，需要在安装现场设置合适的运输通道，以确保自动扶梯安全、高效的运输。

1. 通道的宽度

运输通道的宽度应该符合规范要求，并便于自动扶梯的运输。

2. 通道的高度

运输通道应该满足自动扶梯的高度要求，并确保不会受到任何限制。

3. 通道的路面

运输通道的路面必须平整、坚固、无障碍物和坑洼，以避免自动扶梯在运输过程中发生意外。

4. 通道的弯曲度

运输通道的弯曲度应该符合规范要求，以确保自动扶梯能够顺利地运输。

5. 通道的标识

自动扶梯的运输通道应该标明通道的起点和终点，以及运输中注意事项等信息。

6. 通道的保护

自动扶梯的运输通道需要设置足够的隔离设施，并采取必要的安全措施，以确保人员和自动扶梯的安全。

三、发运通知与装箱单核对

在电梯和自动扶梯安装项目管理中，发运通知和装箱单是非常重要的文件，对于保证电梯和自动扶梯安装工程的顺利进行和安装质量具有重要意义。

（一）发运通知包含的内容和要求

（1）发运日期：核对发运日期是否与计划一致。
（2）发运地点：核对发运地点是否与计划一致。
（3）运输方式：核对运输方式是否与计划一致。
（4）运输公司：核对电梯和自动扶梯运输公司是否符合要求。
（5）检验日期：核对电梯和自动扶梯检验日期是否符合要求。

（二）装箱单包含的内容和要求

（1）型号：核对电梯和自动扶梯型号是否正确，是否与订单一致。
（2）数量：核对数量是否正确，是否与订单一致。
（3）零部件清单：核对各部件是否齐全，是否与订单一致。
（4）包装方式：核对电梯和自动扶梯的包装方式是否符合要求，能否保证运输安全。
（5）重量和体积：核对电梯和自动扶梯的重量和体积是否符合要求，是否能够满足运输要求。

四、开箱检查

在电梯和自动扶梯安装工程中，开箱检查是非常重要的一个环节，其目的是验证设备的型号、规格、数量和零部件等是否与合同及订单一致，以及确定是否有损坏或缺失。

（一）开箱检查的内容

（1）验证电梯和自动扶梯设备的型号、规格、数量是否与合同及订单一致。
（2）检查电梯和自动扶梯设备及其零部件是否有损坏或缺失。
（3）检查电梯和自动扶梯设备及其零部件的包装是否完好，并符合运输要求。
（4）核对电梯和自动扶梯设备及其零部件的清单是否齐全，是否与实际情况相符。
（5）检查电梯和自动扶梯设备及其零部件的标识是否齐全、正确、清晰且不易脱落。

（二）开箱检查记录

（1）检查记录表：记录电梯和自动扶梯设备及其零部件的型号、规格、数量和检查结果等信息。
（2）损坏报告单：记录电梯和自动扶梯设备及其零部件的损坏情况，包括损坏的数量、位置和原因等信息。
（3）零部件清单：记录电梯和自动扶梯设备及其零部件的清单，包括名称、型号和数量等信息。

(4) 包装清单：记录电梯和自动扶梯设备及其零部件的包装清单，包括包装数量、大小和重量等信息。

五、货物交接单

货物交接单是在货物物流运输环节中，作为物品转移的凭证，记录货物交接的时间、地点、双方名称、货物名称和数量以及有关附加条件等内容。其主要内容包括以下几个方面。

(1) 电梯和自动扶梯信息：包括货物名称、数量、规格、品质等。
(2) 发货方和收货方信息：包括双方的名称、地址、联系方式等。
(3) 交接时间和地点：记录货物交接的时间和地点。
(4) 运输方式：记录货物的运输方式，包括运输工具、运输路线等。
(5) 有关附加条件：包括运输保险、运输费用、货物检验和货物包装等附加条件。

第二节　电梯与自动扶梯的安装质量管理

一、电梯和自动扶梯的安装施工组织

（一）施工组织方案

施工组织方案是指在工程建设过程中，依照工程项目的特点和要求，编制的施工组织、协调、管理等方案，以达到科学、合理、高效的施工目的。施工组织方案是施工项目管理的重要组成部分，对于确保施工项目在质量、进度、安全等方面的顺利进行具有非常重要的意义。电梯和自动扶梯安装施工中涉及的起重吊装及起重机械的拆装、脚手架搭设等属于危险性较大的分部分项工程的范围，需要编制专项施工方案。

（二）施工组织方案编制

施工组织方案编制应当包括以下内容。

(1) 工程概况：危险性较大的工程概况和特点、施工平面布置、施工要求和技术保证条件。
(2) 编制依据：相关法律、法规、规范性文件、标准、规范及施工图设计文件、施工组织设计等。
(3) 施工计划：施工进度计划、材料与设备计划。
(4) 施工工艺技术：技术参数、工艺流程、施工方法、操作要求、检查要求等。
(5) 施工安全保证措施：组织保障措施、技术措施、监测监控措施等。
(6) 施工管理及作业人员配备和分工：施工管理人员、专职安全生产管理人员、特种作业人员、其他作业人员等。
(7) 验收要求：验收标准、验收程序、验收内容、验收人员等。
(8) 应急处置措施。
(9) 计算书及相关施工图纸。

（三）施工组织方案专家论证

对于超过一定规模的危险性较大的工程，施工单位应当组织召开专家论证会对专项施工方案进行论证。实行施工总承包的，由施工总承包单位组织召开专家论证会。专家论证前，专项施工方案应当通过施工单位审核和总监理工程师审查。

1. 专家论证会的组成

（1）专家。

（2）建设单位项目负责人。

（3）相关项目技术员。

（4）总承包单位和分包单位技术负责人，或授权委派的专业技术人员及项目负责人。

（5）监理单位项目总监理工程师及专业监理工程师。项目技术负责人、专项施工方案编制人员、项目专职安全生产管理人员及相关人员。

2. 专家组成员构成

专家应当从地方人民政府住房城乡建设主管部门建立的专家库中选取，人数不得少于5名。与本工程有利害关系的人员不得以专家身份参加专家论证会。

3. 专家论证的主要内容

（1）专项施工方案内容是否完整、可行。

（2）施工方案计算书、验算依据和施工图是否符合有关标准规范。

（3）施工方案是否满足现场实际情况，并能够确保施工安全。

4. 论证报告

专项方案经论证后，专家组应当提交论证报告，对论证的内容提出明确的意见，并在论证报告上签字。经专家组论证后结论为"通过"的，施工单位可参考专家意见自行修改完善；结论为"修改后通过"的，专家意见要明确具体修改内容，施工单位应当按照专家意见进行修改，并履行有关审核和审批手续后方可实施，修改情况应及时告知专家组。

（四）施工组织方案实施

（1）施工单位应当在施工现场显著位置公告危险性较大的工程名称、施工时间和具体责任人员，并在危险区域设置安全警示标志。

（2）专项施工方案实施前，编制人员或者项目技术负责人应当向施工现场管理人员进行方案交底。施工现场管理人员应当向作业人员进行安全技术交底，并由双方和项目专职安全生产管理人员共同签字确认。

（3）施工单位应当严格按照专项施工方案组织施工，不得擅自修改专项施工方案。因规划调整、设计变更等原因确需调整的，修改后的专项施工方案应当按照《危险性较大的分部分项工程安全管理规定》重新审核和论证。涉及资金或者工期调整的，建设单位应当按照约定予以调整。

（4）施工单位应当对危险性较大（危大）工程施工作业人员进行登记，项目负责人应当在施工现场履职。项目专职安全生产管理人员应当对专项施工方案实施情况进行现场监督，对未按照专项施工方案施工的，应当要求立即整改，并及时报告项目负责人，项目负责人应当及时组织限期整改。施工单位应当按照规定对危大工程进行施工监测和安全巡视，发现危及人身安全的紧急情况，应当立即组织作业人员撤离危险区域。

（5）监理单位应当结合危大工程专项施工方案编制监理实施细则，并对危大工程施工实施专项巡视检查。监理单位发现施工单位未按照专项施工方案施工的，应当要求其进行整改。情节严重的，监理单位应要求施工单位停工，并通知建设单位。施工单位拒不整改或者不停止施工的，监理单位应当及时报告建设单位和工程所在地住房城乡建设主管部门。

（6）对于按照规定需要进行第三方监测的危大工程，建设单位应当委托具有相应勘察资质的单位进行监测。监测单位应当编制监测方案。监测方案由监测单位技术负责人审核签字并加盖单位公章，报送监理单位后方可实施。监测单位应当按照监测方案开展监测，及时向建设单位报送监测成果，并对监测成果负责；发现异常时，及时向建设、设计、施工、监理单位报告，建设单位应当立即组织相关单位采取处置措施。

（7）对于按照规定需要验收的危大工程，施工单位、监理单位应当组织相关人员进行验收。验收合格的，经施工单位项目技术负责人及总监理工程师签字确认后，方可进入下一道工序。危大工程验收合格后，施工单位应当在施工现场明显位置设置验收标识牌，公示验收时间及责任人员。

（8）危大工程发生险情或者事故时，施工单位应当立即采取应急处置措施，并报告工程所在地住房城乡建设主管部门。建设、勘察、设计、监理等单位应当配合施工单位开展应急抢险工作。危大工程应急抢险结束后，建设单位应当组织勘察、设计、施工、监理等单位制定工程恢复方案，并对应急抢险工作进行评估。

（9）施工、监理单位应当建立危大工程安全管理档案。施工单位应当将专项施工方案及审核、专家论证、交底、现场检查、验收及整改等相关资料纳入档案管理。监理单位应当将监理实施细则、专项施工方案审查、专项巡视检查、验收及整改等相关资料纳入档案管理。

二、施工质量控制策划

（一）质量控制策划依据

质量控制策划的主要依据是：招标文件、施工合同、项目的质量目标、施工标准规范、法律法规、规章、设计文件、BIM模型、设备说明书、顾客的明示要求、现场环境及气候地质条件、施工资源、以往的经验和教训等。

（二）质量控制策划组织

施工质量控制策划一般由项目技术负责人负责组织，各专业技术人员、质量人员参加，在充分理解施工合同、设计图纸、现场条件、施工标准和法规要求的基础上进行。

施工质量控制策划程序：首先对与产品有关的要求和与顾客有关的要求进行识别，明确质量控制标准和质量目标，对影响施工质量的因素加以分析，确定施工所需的资源、所采取的控制措施、所要求的验证和所需的记录等，最后形成项目的施工质量控制计划。

（三）质量控制策划方法

施工质量是各施工环节中产品自身特性与过程能力及影响因素相互作用的结果，因此，施工质量控制实质上就是对各施工环节的过程能力和质量影响因素进行系统管理的过程。对该过程的策划有按施工质量形成阶段进行策划、按施工质量影响因素进行策划、按工程施工层次进行策划等三种方法。

1. 按施工质量形成阶段进行策划

通常把施工质量形成阶段划分为施工准备阶段（事前）、施工阶段（事中）和竣工验收阶段（事后）等三个阶段。

（1）施工准备阶段质量控制策划，是指对工程项目正式开始施工前的各项准备工作及其质量影响因素进行控制策划，是实施质量预控的关键。

（2）施工阶段质量控制策划，是指针对工程项目施工过程中投入的各种生产要素及各种作业活动的实施状态和结果所进行的控制策划，是质量形成的重要阶段。

（3）竣工验收阶段质量控制策划，是指针对施工过程所形成的具有独立使用功能的最终产品及其质量的控制策划，是验证施工质量符合要求的最终环节。

2. 按施工质量影响因素进行策划

通过对施工阶段、施工作业环节的质量因素进行分析，找出各种因素对工程质量的具体影响并进行质量控制策划。

3. 按工程施工层次进行策划

根据工程项目划分，按照检验批，分项、分部（子分部）工程，单位工程（子单位）的层次，对质量控制进行策划。

（四）质量控制策划方法的选择

对于整体工程或综合工程的质量控制策划，宜按施工阶段来进行。对关键过程、特殊过程或技术质量要求较高的过程，可按质量影响因素进行详细策划。也可以将三种策划方法结合起来进行，策划输出的结果是施工质量控制计划、施工组织设计、施工方案和专题措施。

（五）质量控制策划主要内容

1. 按施工阶段策划的主要内容

通常把施工阶段分为施工准备阶段（事前）、施工过程阶段（事中）和交工验收阶段（事后）三个阶段。明确每个阶段的控制项目和策划的内容。

2. 按质量影响因素策划的主要内容

1）人员控制策划

（1）对项目管理人员的控制策划，包括项目管理岗位设置、岗位职责、工作标准及目标要求，人员的学历、年龄、专业、职称、执业资格、工作经验等。

（2）对操作者的控制策划，包括人员数量、专业、技术等级、岗位证书、操作经验、身体状况、培训教育计划和技能考核确认等。

2）施工机械设备、检测设备控制策划

（1）对施工机械的控制策划，包括机械设备需求计划、设备维护保养、工装设备、施工工具等。

（2）对检测设备的控制策划，包括检测器具需求计划、检测设备台账、检定证明文件及标识、检测器具精度及完好状况、设备检定计划等。

3）施工方法控制策划

（1）对施工组织方法的控制策划，包括施工组织设计、项目划分、施工进度计划、分包工程和施工总平面布置等。

（2）对施工技术方法的控制策划，包括施工方案、专题措施、技术交底、作业指导书、设计文件、技术复核、新技术应用、竣工等。

（3）对工程质量检验方法的控制策划，包括施工质量标准、产品防护、检验试验质量控制点、隐蔽工程、见证点、关键工程、特殊过程、产品标识与追溯、不合格品、纠正预防措施、质量记录、质量验收、质量保修等。

4）环境控制策划

（1）对施工管理环境的控制策划，包括质量保证体系、组织机构及岗位设置、质量管理制度等。

（2）对施工作业环境的控制策划，包括施工现场水电供应、现场照明、道路交通、施工工作面、施工顺序、周围环境等影响质量的内容。

（3）对现场自然环境的控制策划，包括天气气候、地下水位、地质结构、扬尘及大气污染物等。

（六）按工程施工层次进行策划

1. 施工层次划分

通常按标准要求将一个工程项目划分为单位工程、分部工程、分项工程、检验批等层次。

2. 质量目标分解

将工程的总体目标和要求在不同层次上进行分解，对每个层次的质量特性和影响因素分别进行分析策划，通过下一层质量来保证上一层质量目标的实现，最终确保整个工程项目的质量。

三、质量计划的实施

施工质量控制策划的结果是形成质量控制计划，其主要内容包括：关键过程和特殊过程、质量控制点、检验和试验计划。

（一）关键过程和特殊过程

1. 关键过程

关键过程指对工程质量起决定性作用的过程。一般包括：形成关键或重要质量特性的过程；施工难度大、质量不稳定的过程；出现问题易造成重大损失的过程。

2. 特殊过程

特殊过程指对形成的过程产品是否合格，不易或不能经济地进行验证的过程。对特殊过程的控制，应采取适当的确认手段，以证实该过程能够到达预期的结果。

（二）质量控制点

施工质量控制点是指施工过程中需要进行重点控制的对象或实体。质量控制点具有动态特性，它是对施工期间需要重点控制的质量特性、关键部位、薄弱环节以及主导因素等采取特殊的管理措施和方法，实行强化管理，使工序处于良好控制状态，确保达到规定的质量要求。

1. 质量控制点设置原则

（1）对产品（过程）的可靠性、安全性有严重影响的关键特性、关键部件或重要影响因素。

（2）工序质量不稳定，易出现不合格的项目。

（3）施工技术难度大、施工条件困难的部位或环节。

（4）质量标准或质量精度要求高的施工项目。

（5）对施工质量有影响的施工工序或部位。

（6）采用新技术、新工艺、新材料施工的部位或环节。

（7）影响工期、质量、成本、安全、材料消耗等重要因素的环节。

（8）应进行的试验项目。

2. 质量控制点的实施要求

（1）应将控制点及其控制措施向施工班组进行交底，使施工人员了解操作要点。

（2）质量控制点明确的相关控制人员应在现场进行检查、指导和验收。

（3）施工人员应严格按作业指导书进行操作，确保每个环节的施工质量。

（4）应按规定做好质量控制点的检查并保存记录，取得第一手数据。

（5）对获得的数据应进行统计分析，不断改进工作质量和实物质量，确保质量控制点验收合格。

（6）应做好质量控制点的沟通与告知。

（三）检验和试验计划

检验和试验计划是指以文字或列表的形式，对施工过程所应进行的检验和试验工作进行策划，是指导施工过程开展各项检验试验活动的依据，是施工质量控制计划的一个重要组成部分。

检验和试验计划的内容包括检验部位、检验试验项目、检验时机、负责人、检验方法、检验数量、检验工具等。

四、质量检验

（一）质量检验分类

1. 按质量检验目的划分

质量检验按检验的目的，通常可分为施工过程质量检验、质量验收检验和质量监督检验三种方式。

（1）施工过程质量检验是由施工单位组织对施工过程各阶段实施的检验，一般包括自检、互检、专检以及企业内部主管部门的检验等项目检验方式。

（2）质量验收检验是针对检验批、分项工程、分部工程、单位工程及隐蔽工程所进行的质量验收，一般由施工单位申请，建设单位或监理单位参加验收。

（3）质量监督检验是由独立的质量监督部门对施工质量停止点、监检点进行的检验，一般由质量监督站、质量技术监督局、供电局或公安消防等部门实施。

2. 按施工阶段划分

按施工阶段通常分为进货检验、过程检验和最终检验三种。

(1) 进货检验主要对原材料、半成品、零部件及工程设备的检验，包括原材料检查验收、材料复验、材料报检等。

(2) 过程检验是在施工期各方所进行的检验，包括质量控制点检验、隐蔽工程检验、关键特殊过程检验、一般过程试验，以及检验批、分项工程、分部工程验收等。

(3) 最终检验是竣工验收阶段的质量检验，包括单位工程验收、联动试车、质量监督检查核定等。

（二）质量检验的主要依据

施工质量检验主要依据有关的施工质量的法律、法规，施工质量验收标准规范、规程、施工合同，设计文件、图纸，产品技术文件，企业内部标准等。

（三）质量检验的内容

施工过程质量检验的内容主要包括以下几个方面。

(1) 人员的配置、人员持证情况、持证项目。

(2) 施工设计文件和工艺文件编审和执行情况。

(3) 原材料、半成品、零部件及设备质量控制情况。

(4) 质量标准配备及执行情况。

(5) 质量控制点、检验和试验计划设置及执行情况。

(6) 工序质量检验、隐蔽工程控制情况。

(7) 纠正措施制定与实施情况。

(8) 质量记录管理情况。

(9) 实物质量控制情况。

(10) 检验批、分项工程、分部工程质量验收。

（四）施工质量"三检制"

施工质量的三级检查制度，简称"三检制"，即操作者的"自检"，施工人员之间的"互检"（交接检）和专职质量检验人员的"专检"相结合的一种检验制度。

1. 自检

自检是指由施工人员对自己的施工作业或已完成的分项工程进行自我检验，实施自我控制、自我把关，及时消除异常因素，以防止不合格产品进入下道作业。

2. 互检

互检是指同组施工人员之间对所完成的作业或分项工程进行互相检查，或是本班组的质量检查员的抽检，或是下道作业对上道作业的交接检验，是对自检的复核和确认。

3. 专检

专检是指质量检验员对分部、分项工程进行检验，用以弥补自检、互检的不足。

（五）"三检制"的实施程序

(1) 工程施工工序完工后，由施工现场负责人组织质量"自检"；自检合格后，报请项目经理部，组织上下道工序"互检"；互检合格后由现场施工人员报请质量检查人员进行"专检"。

(2) "自检"记录由施工现场负责人填写并保存，"互检"记录由领工员负责填写并保存，"专检"记录由各相关质量检查人员负责填写并保存。

（六）质量监督检验

质量监督检验是指建设工程主管部门依据有关法律法规和工程建设强制性标准，对工程实体质量和工程建设、勘察、设计、施工、监理单位和质量检测等单位的工程质量行为实施监督。

1. 质量监督检验的内容

（1）执行法律法规和工程建设强制性标准的情况。
（2）抽查涉及工程主体结构安全和主要使用功能的工程实体质量。
（3）抽查工程质量责任主体和质量检测等单位的工程质量行为。
（4）抽查主要建筑材料、建筑构配件的质量。
（5）对工程竣工验收进行监督。
（6）组织或者参与工程质量事故的调查处理。
（7）定期对本地区工程质量状况进行统计分析。
（8）依法对违法违规行为实施处罚。

2. 电梯和自动扶梯监督检验

（1）电梯和自动扶梯安装、改造、维修的施工单位，应当在施工前将拟进行的电梯和自动扶梯设备安装、改造、维修情况书面告知当地的特种设备安全监督管理部门，办理监督检验手续和监督检验约定后方可施工。

（2）电梯和自动扶梯施工过程中监督检验单位对工程质量及管理过程实施监督，项目结束后出具监督检验报告。

五、质量验收

质量验收应在施工单位质量检验合格的基础上，由参与工程项目建设的有关单位共同对工程施工质量进行抽样复验，对质量合格与否做出书面确认。分项、分部、单位工程的质量验收，应按照所划分的检验批、分项、子分部、分部、子单位、单位工程依次进行。

（一）检验批验收

由专业监理工程师组织施工单位项目专业质量检查员、专业工长等进行验收。

（二）分项工程验收

在施工单位自检的基础上，由建设单位专业技术负责人（监理工程师）组织施工单位专业技术质量负责人进行验收。

（三）分部（子分部）工程验收

在各分项工程验收合格的基础上，由施工单位向建设单位提出报验申请，由建设单位项目负责人（总监理工程师）组织施工单位和监理、设计等有关单位项目负责人及技术负责人进行验收。

（四）单位（子单位）工程验收

单位工程完工后，由施工单位向建设单位提出报验申请，由建设单位项目负责人组织施工单位、监理单位、设计单位等项目负责人进行验收。

（五）隐蔽工程验收

隐蔽工程是指工程项目建设过程中，某一道工序所完成的工程实物，被后一工序形成的工程实物所隐蔽，而且不可逆向作业的工程。由于隐蔽工程被后续工序隐蔽后，其施工质量就很难检验及认定，所以在工程具备隐蔽条件时，施工单位进行自检，并在隐蔽前 48 小时以书面形式通知建设单位（监理单位）或工程质量监督、检验单位进行验收。通知内容包括隐蔽验收的内容、隐蔽方式、验收时间和地点等。

六、质量不合格的管理

（一）不合格品

不合格品是指不符合现行质量标准的产品，经过检验和试验判定，产品质量与相关技术要求和施工图纸、规程、规范相偏离，不符合接收准则。不合格品包括不合格原材料、不合格中间产品和不合格制成品。

（二）不合格品的处置

1. 不合格品的处置程序

（1）当发现不合格品时，应及时停止该工序的施工作业或停止材料使用，并进行标识隔离。

（2）已经发出的材料应及时追回。

（3）属于业主提供的设备材料，应及时通知业主和监理。

（4）对于不合格的原材料，应联系供货单位提出更换或退货要求。

（5）已经形成半成品或制成品的过程产品，应组织相关人员进行评审，提出处置措施并实施。

2. 不合格品的处置方法

（1）返修处理：工程质量未达到规范、标准或设计要求，存在一定缺陷，但通过修补或更换器具、设备后，可使产品满足预期的使用功能，可以进行返修处理。

（2）返工处理：工程质量未达到规范、标准或设计要求，存在质量问题，但通过返工处理可以达到合格标准要求的，可对产品进行返工处理。

（3）不做专门处理：某些工程质量虽不符合规定的要求，但经过分析、论证、法定检测单位鉴定和设计等有关部门认可，对工程或结构使用及安全影响不大，经后续工序可以弥补的或经检测鉴定虽达不到设计要求，但经原设计单位核算，仍能满足结构安全和使用功能的，也可不做专门处理。

（4）降级使用：工程质量缺陷按返修方法处理后，无法保证达到规定的使用要求和安全要求，又无法返工处理，可做降级使用处理。

（5）报废处理：当采取上述方法后，仍不能满足规定的要求或标准，则必须报废处理。

第三节 电梯安装与安全管理

一、电梯井道安装要求

电梯应由井道壁、底板和井道顶板与周围分开。电梯井道应为电梯专用，井道内不得装设与电梯无关的设备、电缆等。井道内允许装设采暖设备，但不能用蒸气和高压水加热。采暖设备的控制与调节装置应装在井道外面。

电梯井道按其封闭情况，可分为全封闭井道和部分封闭井道。电梯设置的井道有围壁时，井道是指围壁内的区域；无围壁时，井道是指距电梯运动部件 1.50m 水平距离内的区域。

（一）全封闭井道设置要求

建筑物中，要求井道有助于防止火焰蔓延，电梯井道应由无孔的墙、底板和顶板完全封闭起来，只允许有下述开口。

(1) 层门开口。
(2) 通往井道的检修门、井道安全门以及检修活板门的开口。
(3) 火灾情况下，气体和烟雾的排气孔。
(4) 通风孔。在没有相关的规范或标准情况下，井道顶部的通风口面积至少为井道截面积的 1%。
(5) 井道与机房或与滑轮之间必要的功能性开口。
(6) 用于井道防护、多台电梯之间隔板上的开孔。

（二）部分封闭井道设置要求

在不要求井道在火灾情况下用于防止火焰蔓延的场合，如与瞭望台、竖井、塔式建筑物联结的观光电梯等，井道不需要全封闭，但要提供以下安全防护措施。

(1) 只有在充分考虑环境或位置条件后，才允许电梯在部分封闭井道中安装。
(2) 在人员可正常接近电梯处，围壁的高度应足以防止人员遭受电梯运动部件危害，同时还应防止直接或用手持物体触及井道中电梯设备而干扰电梯的安全运行。
(3) 在层门侧的高度不小于 3.50m。
(4) 其余侧，当围壁与电梯运动部件的水平距离为最小允许值 0.50m 时，高度不应小于 2.50m；若该水平距离大于 0.50m 时，高度可随着距离的增加而减少；当距离等于 2.0m 时，高度可减至最小值 1.10m。

（三）检修门、井道安全门和检修活板门的安装要求

(1) 通往井道的检修门、井道安全门和检修活板门，除了因使用人员的安全或检修需要外，一般不应采用。
(2) 检修门的高度不得小于 1.40m，宽度不得小于 0.60m。
(3) 井道安全门的高度不得小于 1.80m，宽度不得小于 0.35m。
(4) 检修活板门的高度不得大于 0.50m，宽度不得大于 0.50m。

(5) 检修门、井道安全门和检修活板门均应装设用钥匙开启的锁。当上述门开启后，不用钥匙亦能将其关闭和锁住。

(6) 检修门与井道安全门即使在锁住的情况下，不用钥匙也应能从井道内部将门打开。

(7) 只有检修门、井道安全门和检修活板门均处于关闭位置时，电梯才能运行。

(8) 检修门、井道安全门和检修活板门均应无孔，并应具有与层门一样的机械强度，且应符合相关建筑物防火规范的要求。

（四）井道壁、底面和顶板的安装要求

1. 井道结构的荷载要求

(1) 井道结构应符合国家建筑规范的要求，并应至少能承受主机施加的荷载。

(2) 井道结构应能承受轿厢偏载情况下安全钳动作瞬间经导轨施加的荷载。

(3) 井道结构应能承受缓冲器动作产生的荷载。

(4) 井道结构应能承受由防跳装置作用以及轿厢装卸载所产生的载荷。

2. 井道壁的强度

为保证电梯的安全运行，用一个 300N 的力均匀分布在 $5cm^2$ 的圆形或方形面积上，垂直作用在井道壁的任一点上，井道壁应具有下列强度：

(1) 无永久变形；

(2) 弹性变形不大于 15mm。

3. 底坑底面的强度

(1) 底坑的底面应能支撑每根导轨的作用力（悬空导轨除外）：由导轨自重再加上安全钳动作瞬间的反作用力。

(2) 轿厢缓冲器支座下的底坑地面应能承受满载轿厢静载 4 倍的作用力。

(3) 对重缓冲器支座下（或平衡重运行区域）的底坑底面应能承受对重（或平衡重）静载 4 倍的作用力。

（五）面对轿厢入口的层门与电梯井道壁的安装要求

(1) 由层门和面对轿厢入口的井道壁或部分井道壁组成的组合体，应在轿厢整个入口宽度上形成一个无孔表面。

(2) 每个层门地坎下的电梯井道壁应形成一个与层门地坎直接连接的垂直表面，它的高度不应小于 1/2 的开锁区域加上 50mm，宽度不应小于门入口的净宽度再两边各加 25mm。

(3) 每个层门地坎下的电梯井道壁与层门地坎直接连接的垂直表面应是连续的，由光滑而坚硬的材料构成。

(4) 每个层门地坎下的电梯井道壁与层门地坎直接连接的垂直表面，应能承受垂直作用于其上任何一点均匀分布在 $5cm^2$ 圆形或方形截面上的 300N 的力，应无永久变形，弹性变形不大于 10mm。

（六）轿厢与对重下部空间的防护的安装要求

(1) 如果轿厢与对重（或平衡重）之下确有人能够到达的空间，井道底坑的底面至少应按 $5000N/m^2$ 载荷设计。

(2) 对重（或平衡重）上装设安全钳。

(3) 对重缓冲器安装须一直延伸到坚固地面上的实心桩墩。

(4) 电梯井道不得设置在人们能到达的空间上面。

（七）井道内防护的安装要求

(1) 对重（或平衡重）的运行区域应安装刚性隔障防护，该隔障从电梯底坑地面上不大于0.30m处向上延伸到至少2.50m的高度。其宽度应至少等于对重（或平衡重）宽度再两边各加0.10m。

(2) 在装有多台电梯的井道中，不同电梯的运动部件之间应设置隔障。这种隔障应至少从轿厢、对重（或平衡重）行程的最低点延伸到最低层站楼面以上2.50m高度，宽度应能防止人员从一个底坑通往另一个底坑。

(3) 如果轿厢顶部边缘和相邻电梯的运动部件之间的水平距离小于0.50m，这种隔障应该贯穿整个井道，其宽度应至少等于该运动部件或运动部件的需要保护部分的宽度每边各加0.10m。

（八）顶层空间和底坑

1. 曳引驱动电梯的顶部间距

(1) 当对重完全压在它的缓冲器上时，轿厢导轨长度应能提供不小于$0.1+0.035v^2$（m）的进一步的制导行程。

(2) 符合规范要求的轿顶最高面积的水平面，与位于轿厢投影部分井道顶最低部件的水平面之间的自由垂直距离不应小于$1.0+0.035v^2$（m）

(3) 井道顶的最低部件与固定在轿厢顶上的设备的最高部件之间的自由垂直距离，不应小于$0.3+0.035v^2$（m）。

(4) 井道顶的最低部件与导靴或滚轮、曳引绳附件和垂直滑动门的横梁或部件的最高部分之间的自由垂直距离不应小于$0.1+0.035v^2$（m）。

(5) 轿厢上方应有足够的空间，该空间的大小以能容纳一个不小于0.50m×0.60m×0.80m的长方体为准，任一平面朝下放置即可。对于用曳引绳直接系住的电梯，只要每根曳引绳中心线距长方体的一个垂直面（至少一个）的距离均不大于0.15m，则悬挂曳引绳和它的附件可以包括在这个空间内。

(6) 当轿厢完全压在它的缓冲器上时，对重导轨长度应能提供不小于$0.1+0.035v^2$（m）的进一步的制导行程。

(7) 对具有补偿绳并带补偿绳张紧轮及防跳装置（制动或锁闭装置）的电梯，计算间距时，$0.035v^2$这个值可用张紧轮可能的移动量（随使用的绕法而定）再加上轿厢行程的1/500来代替。考虑到钢丝绳的弹性，替代的最小值为0.20m。

(8) 曳引驱动电梯的顶部间距除满足以上要求外，规范另有规定的，从其规定。

2. 强制驱动电梯的顶部间距

(1) 轿厢从顶层向上直到撞击上缓冲器时的行程不应小于0.50m，轿厢上行至缓冲器行程的极限位置时应一直处于有导向状态。

(2) 符合规范要求的轿顶最高面积的水平面，与位于轿厢投影部分井道顶最低部件的水平面之间的自由垂直距离不应小于1m。

(3) 井道顶的最低部件与固定在轿厢顶上的设备的最高部件之间的自由垂直距离部件不应小于0.30m。

(4) 导靴或滚轮、曳引绳附件和垂直滑动门的横梁或部件的最高部分之间的自由垂直距离不应小于0.10m。

(5) 轿厢上方应有足够的空间，该空间的大小以能容纳一个不小于0.50m×0.60m×0.80m的长方体，任一平面朝下放置即可。对于用钢丝绳、链直接系住的电梯，只要每根钢丝绳或链的中心线距长方体的一个垂直面（至少一个）的距离均不大于0.15m，则悬挂钢丝绳或链及其附件可以包括在这个空间内。

(6) 当轿厢完全压在缓冲器上时，平衡重（如果有的话）导轨的长度应能提供不小于0.30m的进一步的制导行程。

(7) 井道下部应设置底坑，除缓冲器座、导轨座以及排水装置外，底坑的底部应光滑平整，底坑不得作为集水坑使用。

(8) 在导轨、缓冲器、栅栏等安装竣工后，底坑不得漏水或渗水。

3. 底坑安装要求

(1) 当轿厢完全压在缓冲器上时，底坑中应有足够的空间，该空间的大小以能容纳一个不小于0.50m×0.60m×1.0m的长方体为准，任一平面朝下放置即可。

(2) 当轿厢完全压在缓冲器上时，底坑底和轿厢最低部件之间的自由垂直距离不小于0.50m。下述两个物体之间的水平距离在0.15m之内时，这个距离最小可减少到0.10m：

① 垂直滑动门的部件、护脚板和相邻的井道壁；

② 轿厢最底部件和导轨。

(3) 底坑内应安装停止装置，该装置应在打开门去底坑时和在底坑地面上容易接近。

(4) 底坑内应安装电源插座和井道灯的开关，该开关在开门去底坑时应易于接近。

二、机房和滑轮间安装要求

(一) 机房和滑轮间安装安全管理总则

(1) 电梯驱动主机及其附属设备和滑轮应设置在一个专用房间内，该房间应有实体的墙壁、房顶、门和（或）活板门，只有经过批准的人员（维修、检查和营救人员）才能接近。

(2) 机房或滑轮间不应用于电梯以外的其他用途，也不应设置非电梯用的线槽、电缆或装置。但这些房间可设置：

① 杂物电梯或自动扶梯的驱动主机；

② 该房间的空调或采暖设备，但不包括以蒸气和高压水加热的采暖设备；

③ 火灾探测器和灭火器，具有高的动作温度，适用于电气设备，有一定的稳定期且有防意外碰撞的合适的保护。

(3) 导向滑轮的安装要求如下。

① 导向滑轮可以安装在井道的顶层空间内，其条件是它们位于轿顶投影部分的外面，并且检查、测试和维修工作能够安全地从轿顶或从井道外进行。

② 为对重（或平衡重）导向的单绕或复绕的导向滑轮可以安装在轿顶的上方，其条件是从轿顶上能完全安全地触及它们的轮轴。

（二）通往机房和滑轮间的通道以及梯子的安装要求

（1）安装永久性电气照明装置，以获得适当的照度。

（2）任何情况均能完全、方便地使用，而不需经过私人房间。

（3）通往机房和滑轮间的通道不应高出楼梯所到平面4m。

（4）梯子应牢固地固定在通道上而不能被移动。

（5）梯子高度超过1.50m时，其与水平方向夹角应在65°～75°之间，并不易滑动或翻转。

（6）梯子的净宽度不应小于0.35m，其踏板深度不应小于25mm。对于垂直设置的梯子，踏板与梯子后面墙的距离不应小于0.15m；踏板的设计载荷应为1500N。

（7）靠近梯子顶端，至少应设置一个容易握到的把手。

（8）梯子周围1.50m的水平距离内，应能防止来自梯子上方坠落物的危险。

（三）机房的结构和设备安装要求

1. 强度和地面

（1）机房结构应能承受预定的载荷和力。

（2）机房要用经久耐用和不易产生灰尘的材料建造。

（3）机房地面应采用防滑材料，如抹平混凝土、波纹钢板等。

2. 机房内设备安装尺寸要求

（1）机房应有足够的尺寸，以允许人员安全和容易地对有关设备进行作业，尤其是对电气设备的作业。

（2）工作区域的净高不应小于2m。

（3）在控制屏和控制柜前有一块净空面积。该区域深度，从屏、柜的外表面测量时不小于0.70m；宽度，为0.50m或屏、柜的全宽，取两者宽度中的大者。

（4）为了对运动部件进行维修和检查，在必要的地点以及需要人工紧急操作的地方要有一块不小于0.50m×0.60m的水平净空面积。

（5）供活动的净高度不应小于1.80m。

（6）通往机房的净空场地的通道宽度不应小于0.50m，在没有运动部件的地方，此值可减少到0.40m。

（7）电梯驱动主机旋转部件的上方应有不小于0.30m的垂直净空距离。

（8）机房地面高度不一且相差大于0.50m时，应设置楼梯或台阶，并设置护栏。

（9）机房地面有任何深度大于0.50m，宽度小于0.50m的凹坑或任何槽坑时，均应盖住。

3. 门和检修活板门安装尺寸要求

（1）通道门的宽度不应小于0.60m，高度不应小于1.80m，且门不得向房内开启。

（2）供人员进出的检修活板门，其净通道尺寸不应小于0.80m×0.80m，且开门后能保持在开启位置。

（3）所有检修活板门，当处于关闭位置时，均应能支撑两个人的体重。每个人按在门的任意0.20m×0.2m面积上1000N的作用力，门应无永久变形。

(4) 检修活板门除非与可收缩的梯子连接外，不得向下开启。如果门上装有铰链，应属于不能脱钩的型式。

(5) 当检修活板门开启时，应有防止人员坠落的措施。

(6) 门或检修活板门应装有带钥匙的锁，它可以从机房内不用钥匙打开。只供运送器材的活板门，只能从机房内部锁住。

4. 其他要求

(1) 楼板和机房地板上的开孔尺寸，在满足使用前提下应减到最小。

(2) 为了防止物体通过位于井道上方的开口，包括通过电缆用的开孔坠落的危险，必须采用圈框，此圈框应凸出楼板或完工地面至少 50mm。

(3) 如果滑轮间内有霜冻和结露的危险，应采取预防措施以保护设备。

(4) 在滑轮间内靠近入口的适当高度处应设置一个照明开关，以控制滑轮间的照明。

三、层门安装安全要求

（一）层门安装安全管理通则

进入轿厢的井道开口处应装设无孔的层门。门关闭后，门扇之间及门扇与立柱、门楣和地坎之间的间隙应尽可能小。

（二）动力驱动门安装安全管理

(1) 阻止关门力不应大于 150N，这个力的测量不得在关门行程开始的 1/3 之内进行。

(2) 层门及其刚性连接的机械零件的动能，在平均关门速度下的测量值或计算值不应大于 10J。

(3) 阻止折叠门开启的力不应大于 150N。

（三）层门锁紧和闭合的安装要求

(1) 在正常运行时，应不能打开层门（或多扇层门中的任意一扇），除非轿厢在该层门的开锁区域内停止或停站。

(2) 开锁区域不应大于层站地平面上下 0.2m。

(3) 在用机械方式驱动轿门和层门同时动作的情况下，开锁区域可增加到不大于层站地平面上下的 0.35m。

(4) 如果一个层门或多扇层门中的任何一扇门开着，在正常操作情况下，应不能启动电梯或保持电梯继续运行，然而可以进行轿厢运行的预备操作。

(5) 在开锁区域内，在满足规范要求的情况下，允许电梯在相应的楼层高度处进行平层和再平层。

(6) 轿厢运动前应将层门有效地锁紧在闭合位置上，但层门锁紧前，可以进行轿厢运行的预备操作。

(7) 轿厢应在锁紧元件啮合不小于 7mm 时才能启动。

(8) 证实门扇锁闭状态的电气安全装置的元件，应由锁紧元件强制操作而没有任何中间机构，应能防止误动作，必要时可以调节。

(9) 对铰链门，锁紧应尽可能接近门的垂直闭合边缘处。即使在门下垂时，也能保持正常。

(10) 锁紧元件及其附件应是耐冲击的，应用金属制造或金属加固。

(11) 锁紧元件的啮合应能满足在沿着开门方向作用 300N 力的情况下，不降低锁紧的效能。

(12) 当门锁触点放在盒中时，盒盖的螺钉应为不可脱落式的。在打开盒盖时，它们应仍留在盒或盖的孔中。

(13) 每个层门均应能从外面借助于一个符合规范要求的开锁三角孔相配的钥匙将门开启。

(14) 在一次紧急开锁以后，门锁装置在层门闭合下，不应保持开锁位置。

(15) 在轿门驱动层门的情况下，当轿厢在开锁区域之外时，层门无论何种原因而开启，则应安装一种装置（重块或弹簧）能确保该层门自动关闭。

四、轿厢与对重安装要求

（一）轿厢高度

(1) 轿厢内部净高度不应小于 2m。

(2) 使用人员正常出入轿厢入口的净高度不应小于 2m。

（二）护脚板

(1) 每一轿厢地坎上均须装设护脚板，其宽度应等于相应层站入口的整个净宽度。护脚板的垂直部分以下应成斜面向下延伸，斜面与水平面的夹角应大于 60°，该斜面在水平面上的投影深度不得小于 20mm。

(2) 护脚板垂直部分的高度不应小于 0.75m。

（三）轿壁、轿厢地板和轿顶的安装要求

(1) 轿厢应由轿壁、轿厢地板和轿顶完全封闭，只允许有下列开口：

① 使用人员正常出入口；

② 轿厢安全窗和轿厢安全门；

③ 通风孔。

(2) 轿壁、轿厢地板和轿顶应具有足够的机械强度，包括轿厢架、导靴、轿壁、轿厢地板和轿顶的总成也须有足够的机械强度，以承受在电梯正常运行、安全钳动作或轿厢撞击缓冲器的作用力。

(3) 轿壁应具有这样的机械强度，即用 300N 的力均匀地分布在 $5cm^2$ 的圆形或方形面积上，沿轿厢内向轿厢外方向垂直作用于轿壁的任何位置上，轿壁应满足以下要求：

① 无永久变形；

② 弹性变形不大于 15mm。

(4) 距轿厢地板 1.10m 高度以下若使用玻璃轿壁，则应在高度 0.90m 至 1.10m 之间设置一个扶手，这个扶手应牢固固定。

(5) 轿门安装要求。

① 轿门应是无孔的。载货电梯除外，载货电梯可以采用向上开启的垂直滑动门，这种门可以是网状的或带孔的板状形式。网或板孔的尺寸，在水平方向不得大于 10mm，垂直方向不得大于 60mm。

② 除必要的间隙外，轿门关闭后应将轿厢的入口完全封闭。

③ 门关闭后，门扇之间及门扇与立柱、门楣和地坎之间的间隙应尽可能小。对于乘客电梯，此运动间隙不得大于 6mm；对于载货电梯，此间隙不得大于 8mm。由于磨损，间隙值允许达到 10mm。如果有凹进部分，上述间隙从凹底处测量。

④ 电梯由于任何原因停在靠近层站的地方，为允许乘客离开轿厢，在轿厢停止并切断开门机（如有）电源的情况下，应有可能从层站处用手开启或部分开启轿门。

⑤ 如层门与轿门联动，从轿厢内用手开启或部分开启轿门以及与其相连接的层门。

⑥ 当乘客在轿门关闭过程中，通过入口时被门扇撞击或将被撞击，一个保护装置应自动地使门重新开启。

（四）安全钳的安装要求

1. 安全钳安装总则

（1）轿厢应装有能在下行时动作的安全钳，在达到限速器动作速度时，甚至在悬挂装置断裂的情况下，安全钳应能夹紧导轨使装有额定载重量的轿厢制停并保持静止状态。

（2）若电梯额定速度大于 0.63m/s，轿厢应采用渐进式安全钳；若电梯额定速度小于或等于 0.63m/s，轿厢可采用瞬时式安全钳。

（3）若轿厢装有数套安全钳，则它们应全部是渐进式的。

（4）若额定速度大于 1m/s，对重（或平衡重）安全钳应是渐进式的；其他情况下，可以是瞬时式的。

2. 安全钳动作

（1）轿厢和对重（或平衡重）安全钳的动作应由各自的限速器来控制。

（2）若额定速度小于或等于 1m/s，对重（或平衡重）安全钳可借助悬挂机构的断裂或借助一根安全绳来动作。

（3）不得用电气、液压或气动操纵的装置来操纵安全钳。

（4）轿厢空载或者载荷均匀分布的情况下，安全钳动作后轿厢地板的倾斜度不应大于其正常位置的 5%。

3. 安全钳释放

（1）安全钳动作后的释放需经称职人员进行。

（2）只有将轿厢或对重（或平衡重）提起，才能使轿厢或对重（或平衡重）上的安全钳释放并自动复位。

4. 安全钳结构要求

（1）禁止将安全钳的夹爪或钳体充当导靴使用。

（2）如果安全钳是可调节的，则其调整后应加封记。

（五）限速器的安装要求

1. 限速器的动作要求

操纵轿厢安全钳的限速器的动作应发生在速度至少等于额定速度的 115%，但应小于下列各值。

（1）对于除了不可脱落滚柱式以外的瞬时式安全钳为 6.8m/s。

(2) 对于不可脱落滚柱式瞬时式安全钳为 1m/s。

(3) 对于额定速度小于或等于 1m/s 的渐进式安全钳为 1.5m/s。

(4) 对于额定速度大于 1m/s 的渐进式安全钳为 $\left(1.25v+\dfrac{0.25}{v}\right)$ m/s。

(5) 对于额定载重量大、额定速度低的电梯,应专门为此设计限速器。

(6) 限速器上应标明与安全钳动作相应的旋转方向。

(7) 限速器应是可接近的,以便于检查和维修。

(8) 限速器动作前的响应时间应足够短,不允许在安全钳动作前达到危险的速度。

(9) 限速器应能够从轿顶或从底坑接近限速器进行检查和维护。

(10) 限速器动作后,提升轿厢、对重(或平衡重)能使限速器自动复位。

(11) 如果从井道外用远程控制的方式使限速器的电气部分复位,应不会影响限速器的正常功能。

2. 限速器绳的安装要求

(1) 限速器应由限速器钢丝绳驱动。

(2) 限速器绳的最小破断载荷与限速器动作时产生的限速器绳的张力有关,其安全系数不应小于 8。对于摩擦型限速器,则宜考虑摩擦系数 $\mu_{max}=0.2$ 时的情况。

(3) 限速器绳的公称直径不应小于 6mm。

(4) 限速器绳轮的节圆直径与绳的公称直径之比不应小于 30。

(5) 限速器绳应用张紧轮张紧,张紧轮(或其配重)应有导向装置。

(6) 在安全钳作用期间,即使制动距离大于正常值,限速器绳及其附件也应保持完整无损。

(7) 限速器绳应易于从安全钳上取下。

(六) 轿厢上行超速保护装置安装要求

(1) 该装置包括速度监控和减速元件,应能检测出上行轿厢的速度失控。

(2) 该装置设置的运行速度上下限应符合规范要求,并应能使轿厢制停,或至少使其速度降低至对重缓冲器的设计范围。

(3) 该装置应能在没有那些在电梯正常运行时控制速度、减速或停车的部件参与下,达到规范规定的要求,除非这些部件存在内部的冗余度。

(4) 该装置在动作时,可以由与轿厢连接的机械装置协助完成,无论此机械装置是否有其他用途。

(5) 该装置应作用于轿厢或对重或钢丝绳系统(悬挂绳或补偿绳)或曳引轮(例如直接作用在曳引轮,或作用于最靠近曳引轮的曳引轮轴上)。

(6) 该装置动作后,应由称职人员使其释放。

(7) 该装置释放时,应不需要接近轿厢或对重。

(8) 该装置释放后,应处于正常工作状态。

(9) 如果该装置需要外部的能量来驱动,当能量没有时,该装置应能使电梯制动并使其保持停止状态,带导向的压缩弹簧除外。

五、导轨、缓冲器安装要求

(一) 导轨安装要求

1. 导轨安装总则

(1) 导轨及其附件和接头应能承受施加的载荷和力,以保证电梯安全运行。

(2) 应保证轿厢与对重(或平衡重)的导向。

(3) 导轨变形应限制在一定范围内,在此范围内不能出现门的意外开锁,安全装置的动作应不受影响,移动部件应不会与其他部件碰撞。

(4) 导轨与导轨支架在建筑物上的固定,应能自动地或采用简单调节方法对因建筑物的正常沉降和混凝土收缩的影响予以补偿。

(5) 应防止因导轨附件的转动造成导轨的松动。

2. T型导轨的最大计算允许变形

(1) 对于装有安全钳的轿厢、对重(或平衡重)导轨,安全钳动作时,在两个方向上均为5mm。

(2) 对于没有安全钳的对重(或平衡重)导轨,在两个方向上为10mm。

(二) 轿厢、对重(或平衡重)的导向安装要求

(1) 轿厢、对重(或平衡重)各自应至少由两根刚性的钢质导轨导向。

(2) 对于没有安全钳的对重(或平衡重)导轨,可使用成型金属板材,它们应作防腐蚀保护。

(三) 轿厢与对重缓冲器安装要求

(1) 缓冲器应设置在轿厢和对重的行程底部极限位置。

(2) 轿厢投影部分下面缓冲器的作用点应设一个一定高度的障碍物(缓冲器支座)。

(3) 对缓冲器,距其作用区域的中心0.15m范围内有导轨和类似的固定装置,不含墙壁,则这些装置可认为是障碍物。

(4) 强制驱动电梯除在轿厢和对重的行程底部极限位置安装缓冲器外,还应在轿顶上设置能在行程上部极限位置起作用的缓冲器。

(5) 蓄能型缓冲器(包括线性和非线性)只能用于额定速度小于或等于1m/s的电梯。

(6) 耗能型缓冲器可用于任何额定速度的电梯。

(7) 缓冲器是安全部件,应根据规范要求进行验证。

(8) 缓冲器可能的总行程应至少等于相应于115%额定速度的重力制停距离的两倍。

六、电气设备安装要求

(一) 电气安全装置安装要求

(1) 除规范有要求,电气装置不应与电气安全装置并联安装。

(2) 与电气安全回路上不同点的连接只允许用来采集信息。

(3) 内、外部电感或电容的作用不应引起电气安全装置失灵。

(4) 一个电气安全装置发出的信号,不应被同一电路中设置在其后的另一个电气安全装置发出的外来信号所改变,以免造成危险后果。

(5) 在含有两条或更多平行通道组成的安全电路中，一切信息，除奇偶校验所需要的信息外，应仅取自一条通道。

(6) 记录或延迟信号的电路，即使发生故障，也不应妨碍或明显延迟由电气安全装置作用而产生的电梯驱动主机停机。

(7) 内部电源装置的结构和布置，应防止由于开关作用而在电气安全装置的输出端出现错误信号。

(二) 安全触点安装要求

(1) 安全触点的动作，应由断路装置将其可靠地断开，甚至两触点熔接在一起也应断开。

(2) 安全触点的设计应尽可能减小由于部件故障而引起的短路危险。

(3) 当所有触点的断开元件处于断开位置时，且在有效行程内，动触点和施加驱动力的驱动机构之间无弹性元件（例如弹簧）施加作用力，即为触点获得了可靠的断开。

(4) 如果安全触点的保护外壳的防护等级不低于 IP4X，则安全触点应能承受 250V 的额定绝缘电压；如果其外壳防护等级低于 IP4X，则应能承受 500V 的额定绝缘电压。

(5) 如果保护外壳的防护等级不高于 IP4X，则其电气间隙不应小于 3mm，爬电距离不应小于 4mm，触点断开后的距离不应小于 4mm；如果保护外壳的防护等级高于 IP4X，则其爬电距离可降至 3mm。

(6) 对于多分断点的情况，在触点断开后，触点之间的距离不得小于 2mm。

(三) 安全电路安装要求

(1) 如果某个故障（第一故障）与随后的另一个故障（第二故障）组合导致危险情况，那么最迟应在第一故障元件参与的下一个操作程序中使电梯停止。

(2) 只要第一故障仍存在，电梯的所有进一步操作都应是被禁止的。

(3) 如果两个故障组合不会导致危险情况，而它们与第三故障组合就会导致危险情况时，那么最迟应在前两个故障元件中任何一个参与的下一个操作程序中使电梯停止。

(4) 如果存在三个以上故障同时发生的可能性，则安全电路应设计成有多个通道和一个用来检查各通道的相同状态的监控电路。

(5) 对于两通道的情况，最迟应在重新启动电梯之前检查监控电路的功能。如果功能发生故障，电梯重新启动应是被禁止的。

(6) 在冗余型安全电路中，应采取措施尽可能限制由于某一原因而在一个以上电路中同时出现故障的危险。

(7) 当电气安全装置为保证安全而动作时，应防止电梯驱动主机启动或立即使其停止运转，制动器的电源也应被切断。

(8) 电气安全装置应直接作用在控制电梯驱动主机供电的设备上。若由于输电功率的原因使用了继电接触器控制电梯驱动主机，则它们应视为直接控制电梯驱动主机启动和停止的供电设备。

(9) 操作电气安全装置的部件，应能在连续正常操作产生机械应力条件下，正确地起作用。

第四节　自动扶梯安装与安全管理

一、安全要求和（或）保护措施

(一) 支撑结构（桁架）和围板安装

1. 支撑结构（桁架）和围板安装通则

(1) 除使用者可踏上的梯级、踏板或胶带以及可接触的扶手带部分外，自动扶梯的所有机械运动部分均应完全封闭在无孔的围板或墙内，用于通风的孔除外。

(2) 在外装饰板上任意点垂直施加 250N 的力作用在 $25cm^2$ 面积上，外装饰板不应产生破损或导致缝隙的变形。固定件应设计成至少能够承受两倍的围板自重。

(3) 如果采取了对公众不会产生危险的措施（如房间门上锁、只允许被授权的专业人员进入），机械运动部分可不设围板。

(4) 积聚的杂物（如润滑脂、油、灰尘、纸等）存在火灾的风险，因此应能清扫自动扶梯内部。

(5) 通风孔的设置或布置应符合规范要求。此外，一根直径为 10mm 的刚性直杆应不能穿过围板且不能穿过通风孔触及任何运动部件。

(6) 任何设计成可被打开的外装饰板（如为清扫目的）应设置一个符合安全要求的电气安全装置。

2. 自动扶梯倾斜角安装要求

自动扶梯的倾斜角不应大于 30°。当提升高度不大于 6m 且名义速度不大于 0.50m/s 时，倾斜角允许增至 35°。

3. 检修盖板和内部入口安装

(1) 检修盖板和楼层板应只能通过钥匙或专用工具开启。

(2) 如果检修盖板和楼层板后的空间是可进入的，即使上了锁也应能从里面不用钥匙或工具把检修盖板和楼层板打开。

(3) 检修盖板和楼层板应是无孔的，检修盖板应同时符合其安装所在位置的相关要求。

4. 支撑结构的载荷

(1) 自动扶梯支撑结构的载荷，应至少为自动扶梯的自重加上 $5000N/m^2$ 的载荷。

(2) 对于公共交通型自动扶梯，根据 $5000N/m^2$ 的载荷计算或实测的最大挠度不应大于支承距离的 1/1000。

(二) 梯级、踏板、胶带安装要求

1. 梯级、踏板、胶带安装通则

(1) 在自动扶梯的载客区域，梯级踏面应是水平的，允许在运行方向上有 ±1° 的偏差。

(2) 自动扶梯的名义宽度不应小于 0.58m，也不应大于 1.10m。

2. 梯级和踏板安装要求

(1) 梯级高度不应大于 0.24m。

(2) 梯级深度不应小于 0.38m。

(3) 梯级踏面和踏板的表面应具有沿运行方向的且与梳齿板的梳齿相啮合的齿槽。

(4) 梯级踢板表面应做成合适的楞齿，齿形表面应光滑；梯级踏面的前端，应与相邻梯级踢板的齿槽相啮合。

(5) 齿槽的宽度不应小于 5mm，也不应大于 7mm。

(6) 齿槽的深度不应小于 10mm。

(7) 齿的宽度不应小于 2.5mm，也不应大于 5mm。

(8) 梯级踏面、梯级踢板或踏板，其两侧边缘不应是齿槽。

(9) 梯级踏面与踢板的交接处应消除锐角。

3. 胶带的安装要求

(1) 胶带应具有沿运行方向的且与梳齿板的梳齿相啮合的齿槽。

(2) 齿槽的宽度不应小于 4.5mm，也不应大于 7mm。该宽度应在胶带的踏面上测量。

(3) 齿槽的深度不应小于 5mm。

(4) 齿的宽度不应小于 4.5mm，也不应大于 8mm。该宽度应在胶带的踏面上测量。

(5) 胶带的两侧边缘不应是齿槽，胶带的拼接应保证其踏面的连续一致性。

二、驱动与制动装置安装要求

(一) 驱动主机安装

1. 驱动主机安装通则

一台驱动主机不应驱动一台以上的自动扶梯。

2. 速度

(1) 在额定频率和额定电压下，梯级、踏板或胶带沿运行方向空载时所测得的速度与名义速度之间的最大允许偏差为±5%。

(2) 自动扶梯倾斜角不大于 30°时，自动扶梯的名义速度不应大于为 0.75m/s。

(3) 自动扶梯倾斜角大于 30°但不大于 35°时，自动扶梯的名义速度为 0.50m/s。

3. 工作制动器与梯级、踏板或胶带驱动装置之间的连接

(1) 工作制动器与梯级、踏板或胶带驱动装置之间的连接应优先采用非摩擦传动元件。

(2) 所有驱动元件静力计算的安全系数不应小于 5。如果采用三角传动皮带，不应少于 3 根。

(3) 手动盘车装置不允许采用曲柄或多孔手轮。

(二) 工作制动器

1. 工作制动器总体要求

(1) 工作制动器在动力电源失电或制电路失电的情况下应能自动工作。

(2) 工作制动应使用机-电式制动器或其他制动器来完成；如果不采用机-电式工作制动器，则应安装符合规范要求的附加制动器。

(3) 机-电式制动器应持续通电保持正常释放。制动器电路断开后，制动器应立即制动。

(4) 制动力应通过一个（或多个）带导向的压缩弹簧来产生。

(5) 供电的中断应至少由两套独立的电气装置来实现，这些电气装置可以是切断驱动主机供电的装置。当自动扶梯停机时，如果这些电气装置中的任何一个未断开，自动扶梯应不能重新启动。

2. 工作制动器的制动载荷和制停距离

(1) 自动扶梯制动荷载应按照表 4-1 的要求确定。

表 4-1　自动扶梯制动荷载

梯级名义宽度/m	每个梯级上的制动载荷/kg
小于等于 0.60	60
大于 0.60 小于等于 0.80	90
大于 0.80 小于等于 1.10	120

(2) 自动扶梯制停距离应按照表 4-2 要求确定。

表 4-2　自动扶梯制停距离

自动扶梯名义速度/（m/s）	制停距离范围/m
0.50	0.20～1.00
0.65	0.30～1.30
0.75	0.40～1.50

注：不包括端点数值。

3. 超速保护和非操纵逆转保护

(1) 自动扶梯应在速度超过名义速度的 1.2 倍之前自动停止运行。如果采用速度限制装置，该装置应能在速度超过名义速度的 1.2 倍之前切断自动扶梯的电源。

(2) 如果自动扶梯的设计能防止超速，则可不考虑安装超速保护和非操纵逆转保护。

（三）梯级、踏板和胶带的驱动

(1) 自动扶梯的梯级应至少用两根链条驱动，梯级的每侧应不少于一根。

(2) 当使用一根以上链条时，可假定各链条平均承受载荷。

(3) 胶带应由滚筒驱动并能连续和自动地张紧，不允许采用拉伸弹簧作为张紧装置。如果采用重块张紧时，一旦悬挂装置断裂，重块应能安全地被截住。

三、扶手装置安装要求

（一）扶手安装要求

1. 扶手安装通则

自动扶梯的两侧应装设扶手装置。

2. 扶手的尺寸设置

(1) 扶手带顶面距梯级前缘或踏板表面或胶带表面之间的垂直距离，不应小于 0.90m，也不应大于 1.10m。

(2) 扶手装置应没有任何部位可供人员正常站立。

(3) 扶手装置如果存在人员跌落的风险，应采取适当措施阻止人员爬上扶手装置外侧。

(4) 自动扶梯的外盖板上应装设防爬装置，防爬装置位于地平面上方（1000＋50）mm。下部与外盖板相交，平行于外盖板方向上的延伸长度不应小于1000mm，并应确保在此长度范围内无踩脚处。该装置的高度应至少与扶手带表面齐平。

(5) 当自动扶梯与墙相邻，且外盖板的宽度大于125mm时，在上下端部应安装阻挡装置防止人员进入外盖板区域。当自动扶梯为相邻平行布置，且共用外盖板的宽度大于125mm时，也应安装这种阻挡装置。

(6) 当自动扶梯和相邻的墙之间装有接近扶手带高度的扶手盖板，且建筑物（墙）和扶手带中心线之间的距离大于300mm时，应在扶手盖板上装设防滑行装置。该防滑行装置应包含固定在扶手盖板上的部件，与扶手带的距离不应小于100mm，并且防滑行装置之间的间隔距离不应大于1800mm，高度不应小于20mm；该装置应无锐角或锐边。

(7) 扶手装置应能同时承受静态600N的侧向力和730N的垂直力，这两个力均匀分布在扶手带导向系统顶部同一位置1m的长度上。

(8) 朝向梯级、踏板或胶带一侧的扶手装置部分应光滑、齐平。如果压条或镶条的装设方向与运行方向不一致，其凸出高度不应大于3mm，且应坚固并具有圆角或倒角的边缘；此类压条或镶条不允许装设在围裙板上。

(9) 护壁板之间的间隙不应大于4mm，其边缘应呈圆角或倒角状。

(10) 在护壁板表面任何部位，垂直施加一个500N的力作用于$25cm^2$的面积上，不应出现大于4mm的缝隙和永久变形。

(11) 如果采用玻璃做成护壁板，该种玻璃应是钢化玻璃。单层玻璃的厚度不应小于6mm；当采用多层玻璃时，应为夹层钢化玻璃，并且至少有一层的厚度不应小于6mm。

(12) 两护壁板下部各点之间的水平距离不应大于其上部对应点间的水平距离。

（二）围裙板安装要求

1. 围裙板本体安装要求

(1) 围裙板应垂直、平滑且是对接缝的。

(2) 围裙板上缘或内盖板折线底部或围裙板防夹装置刚性部分的底部与梯级前缘的连线、踏板或胶带踏面之间的垂直距离不应小于25mm。

(3) 在围裙板的最不利部位，垂直施加一个1500N的力于$25cm^2$的方形或圆形面积上，其凹陷不应大于4mm，且不应由此而导致永久变形。

(4) 围裙板安装时，应降低梯级和围裙板之间滞阻的可能性。

2. 围裙板防夹装置的安装要求

(1) 围裙板防夹装置由刚性和柔性部件组成。

(2) 从围裙板垂直表面的突出量应最小为33mm，最大为50mm。

（3）在刚性部件突出区域施加900N的力，该力垂直于刚性部件连接线并均匀作用在一块$6cm^2$的矩形面积上，不应产生脱离和永久变形。

（4）刚性部件应有18mm到25mm的水平突出，并具有符合规定的强度；柔性部件的水平突出应为最小15mm，最大30mm。

（5）倾斜区段，围裙板防夹装置的刚性部件最下缘与梯级前缘连线的垂直距离应在25mm和30mm之间。

（6）过渡区段和水平区段，围裙板防夹装置的刚性部件最下缘与梯级表面最高位置的距离应在25mm和55mm之间。

（7）刚性部件的下表面应与围裙板形成向上不小于25°的倾斜角，其上表面应与围裙板形成向下不小于25°的倾斜角。

（8）围裙板防夹装置边缘应倒圆角。紧固件和连接件不应突出至运行区域。

（9）围裙板防夹装置的末端部分应逐渐缩减并与围裙板平滑相连。围裙板防夹装置的端点应位于梳齿与踏面相交线前（梯级侧）不小于50mm、最大150mm的位置。

（10）围裙板防夹装置下方的围裙板宜采用合适的材料或合适的表面处理方式。

（三）扶手转向端安装要求

（1）包括扶手带在内的扶手转向端，距梳齿与踏面相交线的纵向水平距离不应小于0.60m。

（2）在出入口，扶手带水平部分的延伸长度自梳齿与踏面相交线起不应小于0.30m。

（3）对于倾斜式自动人行道，如果出入口不设置水平段，其扶手带延伸段的倾斜角可与自动人行道的倾斜角相同。

（四）梯级、踏板或胶带与围裙板的安装要求

（1）自动扶梯或自动人行道的围裙板设置在梯级、踏板或胶带的两侧，任何一侧的水平间隙不应大于4mm，在两侧对称位置处测得的间隙总和不应大于7mm。

（2）如果自动人行道的围裙板位于踏板或胶带之上，则踏面与围裙板下端间所测得的垂直间隙不应大于4mm。踏板或胶带的横向摆动不应在踏板或胶带的侧边与围裙板垂直投影间产生间隙。

（五）扶手带系统安装要求

1. 扶手带系统安装通则

（1）每一个扶手装置的顶部应装有运行的扶手带，其运行方向应与梯级、踏板或胶带相同。在正常运行条件下，扶手带的运行速度相对于梯级、踏板或胶带实际速度的允许偏差为0%～+2%。

（2）自动扶梯运行时，当扶手带速度偏离梯级、踏板或胶带实际速度大于15%且持续时间大于15秒时，该装置应使自动扶梯停止运行。

2. 扶手带入口的安装要求

（1）扶手带在扶手转向端入口处的最低点与地板之间的距离不应小于0.10m，也不应大于0.25m。

（2）扶手转向端顶点到扶手带入口处之间的水平距离不应小于0.30m。如果大于规范允许的偏差值，则扶手带进入扶手装置时，与水平方向的夹角不应小于20°。

四、出入口安装要求

(一) 出入口安装的表面特性

(1) 自动扶梯在出入口区域应具有一个安全的立足面,该面从梳齿板齿根部起测量的纵深距离应不小于 0.85m。

(2) 自动扶梯梯级在出入口处应有导向,使其从梳齿板出来的梯级前缘和进入梳齿板的梯级后缘应有一段不小于 0.8m 长的水平移动距离。如果自动扶梯的名义速度大于 0.50m/s 但小于 0.65m/s 或提升高度大于 6m,该水平移动距离不应小于 1.2m;如果名义速度大于 0.65m/s,该水平移动距离不应小于 1.6m。

(3) 在水平运动区段内,两个相邻梯级之间最大允许的高度差为 4mm。

(二) 梳齿板安装要求

(1) 梳齿板应安装在两端出入口处,以方便使用者出入。梳齿板应易于更换。

(2) 梳齿板的梳齿应与梯级、踏板或胶带的齿槽相啮合,在梳齿板踏面位置测量梳齿的宽度不应小于 2.5mm。

(3) 梳齿板的端部应为圆角,其形状应做成使其在与梯级、踏板或胶带之间造成挤夹的风险尽可能降至最低。

(4) 梳齿板的梳齿应具有在使用者离开自动扶梯时不会绊倒的形状和斜度。

(5) 梳齿板或其支撑结构应为可调式的,以保证正确啮合。

(6) 梳齿板应设计成当有异物卡入时,梳齿在变形情况下仍能保持与梯级或踏板正常啮合,或者梳齿断裂。

(7) 如果梳齿板与梯级或踏板发生碰撞时,自动扶梯应自动停止运行。

(三) 机房、驱动站和转向站安装要求

(1) 机房、驱动站和转向站只允许放置自动扶梯维修和检查所必需的设备。

(2) 如果在机房、驱动站和转向站内安装防止意外损坏的火灾报警器、直接灭火用的设备和喷洒头等消防器具,须保证这些器具不会对以上空间的维修作业产生附加风险。

(3) 在机房,尤其是在桁架内部的驱动站和转向站内,应具有一个没有任何永久固定设备的、站立面积足够大的空间。站立面积不应小于 $0.3m^2$,其较小一边的长度不应小于 0.5m。

(4) 如果因维修需要,必须移动或提升控制柜,则应安装合适的提升附件,如吊环螺栓、手柄。

(5) 当主驱动装置或制动器装在梯级、踏板或胶带的载客分支和返回分支之间时,在工作区段应提供一个水平的立足平台,其面积不应小于 $0.12m^2$,最小边长度不应小于 0.3m。

五、电气设备安装要求

(一) 电动机保护安装要求

(1) 直接与电源连接的电动机应进行短路保护。

(2) 直接与电源连接的电动机应采用手动复位的自动断路器进行过载保护，该断路器应切断电动机的所有供电。

(3) 当过载检测取决于电动机绕组温度升高时，则保护装置可在绕组充分冷却后自动地闭合，但只是能在满足规范规定的安全条件下才可能再启动自动扶梯。

(4) 当自动扶梯的驱动电动机是由电动机驱动的直流发电机供电时，发电机的驱动电动机应设置过载保护。

（二）主开关安装要求

(1) 在驱动主机附近、转向站中或控制装置旁，应设置一个能切断电动机、制动器释放装置和控制电路电源的主开关。

(2) 主开关不应切断电源插座或检查和维修所必需的照明电路的电源。

(3) 当辅助设备（如加热装置、扶手照明和梳齿板照明）分别单独供电时，应能单独地切断。各相应开关应位于主开关近旁并应有明显的标志。

(4) 定义的主开关应能采用挂锁或其他等效方式锁住或使其处于"隔离"位置，以确保不会出现误操作。主开关的控制机构应在打开门或活板门后能迅速且方便地操纵。

(5) 主开关应有切断自动扶梯在正常使用情况下最大电流的能力。

(6) 如果几台自动扶梯的各主开关设置在一个机房内，则各台自动扶梯主开关应易于识别。

（三）电气配线安装要求

(1) 为了保证足够机械强度，安全回路导线的名义截面积不应小于 0.75mm^2。

(2) 如果自动扶梯的主开关或其他开关断开后，一些连接端子仍然带电，则它们应与不带电端子明显地隔开，并且当带电端电压大于 50V 时，应标注适当标记。

(3) 为保证机械防护的连续性，电缆防护套应引入开关和设备的壳体内，或在电缆端部应有适当的保护套管。

(4) 设置在安全相关电路中的、不用工具即可拔出的连接器件和插装式装置应设计成在重新插入时绝不会插错的连接方式。

(5) 如果连接端子偶然短路可能导致自动扶梯产生危险状态，则应完全地予以分离。

（四）电气安全装置安装要求

1. 电气安全装置通用要求

(1) 内、外部电感或电容的影响不应引起安全电路失效。

(2) 安全电路输出的信号不应被同一电路中设置在其后的另一个电气装置发出的外来信号所改变，以免造成危险后果。

(3) 内部动力电源装置的结构和布置，应防止由于转换作用而在电气安全装置的输出端出现错误的信号。自动扶梯运行或电网上其他设备引起的电压峰值，不应对电子元件产生不允许的干扰。

2. 安全开关安装要求

(1) 安全开关的动作应使其触点强制地机械断开，甚至两触点熔接在一起也应强制地机械断开。

(2) 当所有触点断开元件处于断开位置时，且在有效行程内，动触点和驱动机构之间无弹性元件施加作用力，即为触点获得强制的机械断开。

(3) 安全开关安装时，不得改变在设计上设置的为减少由于部件故障而引起的短路危险。

(4) 如果安全开关保护外壳的防护等级不低于 IP4X，则安全开关应能承受 250V 的额定绝缘电压；如果其外壳防护等级低于 IP4X，则应能承受 500V 的额定绝缘电压。

(5) 外壳防护等级低于 IP4X 时，其电气间隙不应小于 3mm，爬电距离不应小于 4mm。断开后触点之间的距离不应小于 4mm。

(6) 对于有多个分断点的情况，断开后触点之间的距离不应小于 2mm。

(7) 导电材料的磨屑，不应导致触点短路。

第五节　电梯与自动扶梯试运转

一、试运转的组织

试运转是电梯和自动扶梯安装完毕后进行的一项重要工作，其目的是确保电梯和自动扶梯的性能和安全达到国家标准和规定要求。试运转的工作内容可以分为三大阶段：施工阶段（预试车中单机试车开始起）、试车阶段、试运转阶段。试运转的组织主要由以下几个方面组成。

（一）试运转的组织方案

试运转前需要制定试运转方案，明确试运转的具体方法、步骤、时间和人员等，以及试运转期间的安全管理措施。

（二）试运转的组织安全

试运转前，试运转的组织者需确认电梯和自动扶梯的安全条件，如电源、接地、保护装置、制动装置、导轨、链条、防护装置等应当符合国家标准和规定要求。

（三）试运转的人员组织

试运转人员应当具备相应的资质和技能，能够熟练掌握电梯和自动扶梯的操作方法和试运转程序，以及熟悉电梯和自动扶梯的安全管理措施和应急处理方法。

（四）试运转的环境组织

试运转环境应当符合国家标准和规定要求，如温度、湿度、照明、通风等应当符合要求，确保试运转的准确性和可靠性。

（五）试运转组织的保障措施

试运转期间需要采取相应的安全保障措施，如设置安全警示标志、派遣专人监护、实行工作票管理和建立应急救援预案等。

二、试运转前应具备的条件

(一) 试运转前的中间验收要求

(1) 设备及其附属装置、管路和管线系统等均应全部施工完毕。施工记录及资料应齐全，符合要求。

(2) 设备的清洗、检查、隐蔽、精平和几何精度经检验合格；管路、管线系统检查合格。

(3) 润滑、液压、冷却、水、气（汽）、电气（自动化仪表）控制等附属装置均应按系统检验合格，并符合试运转要求。

(二) 试运转前应具备的资源条件

(1) 试运转需要的能源、介质、润滑油脂、材料、工机具、检测仪器、安全防护设施及用具等均应符合试运转的要求。

(2) 设备及周围环境应清扫干净，设备附近不得进行粉尘或噪声较大的作业。

(3) 消防道路畅通，消防设施的配置应符合要求。

(三) 试运转前须完成的技术组织工作

(1) 试运转方案和应急预案已编制并获得批准。

(2) 试运转组织已经建立，分工明确，责任清晰。

(3) 参加试运转的人员应熟悉设备构造、性能和设备技术条件，熟悉试运转方案，掌握操作规程及试运转的具体步骤和操作方法。

三、试运转前应完成的主要工作

(1) 设备及其附属装置安装及内部处理的全部工作已完成，并经有关单位检查确认。

(2) 电气系统供电和配电系统正常运行，工作照明、事故照明和局部照明已投用，并经有关单位检查确认。

(3) 控制系统和自动控制系统调节器有关参数的计算和预置的全部工作已完成。

(4) 设计文件和规范规定的安装调试的全部工作已完成，经有关部门检查确认。

四、试运转前的技术资料要求

(1) 相关资料及文件齐全，手续完备。

(2) 试运转方案已批准，参加试运转人员培训考试合格，持证上岗，掌握操作要领和事故处理方法。

(3) 试运转前必须建立 HSE 及消防管理机构、各种规章制度，安全操作所需工器具齐备，消防设施已齐全。

第六节　单体试运行与综合联调的要求与实施

一、单体试运行的主要范围及目的

（一）单体试运行的主要范围

（1）单体试运行的主要范围包括：驱动装置、传动装置或单台动设备及其辅助系统（如电气系统、润滑系统、液压系统、气动系统、冷却系统、加热系统、监测系统等）。

（2）控制系统（如设备启停、换向、速度等自动化仪表就地控制，计算机 PLC 程序远程控制，联锁、报警系统等）安装结束均要进行单体试运行。

（二）单体试运行的目的

单体试运行主要考核单台动设备的机械性能，检验动设备的制造、安装质量和设备性能等是否符合规范和设计要求。

二、单体试运行前必须具备的条件

（一）单机试车的各方责任

单机试车时，建设单位、设计单位、总承包单位、施工单位责任分工须明确。

（二）验收合格

试运行设备及其附属装置、管线已按设计文件的内容和有关规范的质量标准全部安装完毕并验收合格。

（三）施工过程资料应齐全

（1）产品合格证书或复验报告。

（2）施工记录、隐蔽工程记录和各种检验、试验合格文件。

（3）与单机试运行相关的电气和仪表调校合格资料。

（四）资源条件已满足

（1）试运行所需要的动力、介质、材料、机具、检测仪器等符合试运行的要求并确有保证。

（2）对人可能造成伤害的机械设备的危险部位，相应的安全设施和安全防护装置设置完善。

（3）试运行方案已经批准。

（4）试运行组织已经建立，操作人员经培训合格，熟悉试运行方案和操作规程，能正确操作。

（5）试运行动设备周围的环境应清扫干净，不应有粉尘；试运行动设备周围没有较大的噪声。

三、单体试运行要求

（一）安全措施
(1) 划定试运行区域，无关人员不得进入。
(2) 单体试运行必须包括保护性联锁和报警等自控装置。

（二）工艺技术措施
(1) 机械设备试运行前，应先完成所涉及的电气和操作控制系统调试、润滑系统调试、液压系统调试、气动和冷却系统调试、加热系统调试以及机械设备动作试验。
(2) 试运行系统与其他系统需要隔离时，应设置盲板。

（三）组织管理规定
(1) 必须按照设备说明书、试运行方案和操作方法进行指挥和操作，严禁违章操作，防止事故的发生。
(2) 对大功率机组启动时间间隔，应符合有关规范或说明书的规定。
(3) 指定专人进行测试，做好记录。

四、空负荷试运行后应该处理的事项

(1) 切断电源和其他动力源。
(2) 放气、排水、排污和防锈涂油。
(3) 空负荷试运行后，应对润滑剂的清洁度进行检查，清洗过滤器；必要时更换新的润滑剂。
(4) 拆除试运行中的临时装置或恢复临时拆卸的设备部件及附属装置。
(5) 清理和清扫现场，将机械设备盖上防护罩。
(6) 整理试运行各项记录。

五、综合联调目的

综合联调是在各设备、系统设备供应商单项调试的基础上，将所有系统作为一个整体，根据工程的运营需求，对各系统间联动关系、相应的功能及技术性能进行调试和验证的所有活动。综合联调的目的是验证所有系统是一个有机的整体，其内部各系统能协调工作，以保证项目运营目标的实现。

六、综合联调前置条件

（一）中间交接已完成
(1) "三查四定"（三查：查设计漏项、查未完工程、查工程质量隐患。四定：对查出的问题，定任务、定人员、定时间、定措施）的问题整改消缺完毕，遗留的尾项已处理完毕。

(2) 影响投料的设计变更项目已施工完毕。

(3) 现场清洁，施工用临时设施已全部拆除，无杂物，无障碍。

(二) 质量验收合格

试运行范围内的工程已按设计文件规定的内容全部建成，并按施工验收规范的标准检验合格。

(三) 单体试运行全部合格

试运行范围内的设备，除必须留待投料试运行阶段进行试车外，单体试运行已全部完成并合格。

(四) 工艺系统试验合格

(1) 试运行范围内的设备和管道系统的内部处理及耐压试验、严密性试验已经全部合格。

(2) 试运行范围内的电气系统和仪表装置的检测系统、自动控制系统、联锁及报警系统等符合规范规定。

(五) 管理要求已完善

(1) 试运行方案和生产操作规程已经获得批准。

(2) 供应商的生产管理机构已经建立，各级岗位责任制已经制定，有关生产记录报表已配备。

(3) 试运行组织已经建立，参加试运行人员已通过安全生产考试。

(4) 试运行方案中规定的工艺指标、报警及联锁整定值已确认并下达。

(六) 资源条件已满足

(1) 试运行现场有碍安全的设备、场地、走道处的杂物，均已清理干净。

(2) 试运行所需燃料、水、电、气（汽）等可以确保稳定供应，各种物资和测试仪表、工具均已齐备。

七、电梯和自动扶梯综合联调项目与功能要求

(一) 环境与设备监控系统综合联调项目要求

环境与设备监控系统负责对电梯和自动扶梯系统的状态监视。电梯系统传送设备状态到车站环境与设备监视系统。

1. 电梯综合联调

(1) 电梯系统负责将需要监控的状态信息，如运行、停止、正常状态、锁梯状态、检修状态、消防运行以及故障状态等信号，传送给环境与设备监控系统。

(2) 供应商提供接口，并配合与环境与设备监控系统之间的接口调试。

(3) 电梯和环境与设备监控系统之间采用通信接口，两个系统的接口界面在电梯控制柜接线端子排。

(4) 环境与设备监控系统承包商负责敷设传输信号所需的电缆至电梯控制柜，电梯系统承包商负责电梯端的接线。

2. 自动扶梯综合联调

(1) 自动扶梯供应商负责将需要监控的状态信息（地铁部分出入口自动扶梯监控上行、下行，故障停梯，左、右扶手带对梯级的速度偏差，踏板防盗，维修状态等 7 种监视信号）传送给环境与设备监控系统。

(2) 自动扶梯供应商负责提供接口，配合两个系统之间的接口调试。

(3) 接口界面在自动扶梯控制柜接线端子排（自动扶梯控制柜设置于自动扶梯上机舱处）。

(4) 环境与设备监控系统承包商负责敷设传输信号所需的电缆至自动扶梯控制柜，自动扶梯系统承包商负责自动扶梯段的接线。

（二）电梯与火灾报警系统综合联调

火灾报警系统负责对电梯的急停控制。火灾报警系统与电梯系统之间采用硬线接口进行连接，实现如下功能。

(1) 在火灾状态下，火灾报警系统对电梯下发消防紧急控制"电梯回到疏散层并打开电梯门"的指令，电梯执行指令回到疏散层，打开轿门及层门后停梯（门保持敞开状态），并向火灾报警系统反馈消防指令完成信息。

(2) 火灾报警系统接收到电梯反馈信息后切断电梯外部电源。

(3) 电梯与火灾报警系统接口界面在电梯控制柜。

(4) 火灾报警系统承包商负责至电梯控制柜之间线缆的供货及敷设施工，电梯系统承包商负责在控制柜内预留接线端子并接线。

（三）通信系统综合联调项目要求

(1) 电梯系统在车控室设置对讲功能。通信系统承包商负责提供并敷设车控室至电梯控制箱的通信电缆，每部电梯一根。

(2) 车控室对讲终端与轿厢内的对讲终端由电梯系统承包商提供，井道内的通信线缆由电梯系统承包商负责。

(3) 通信系统在车控室设置视频监控功能，电梯摄像机统一纳入通信系统进行监控。

(4) 通信系统承包商负责提供并敷设至电梯控制箱的视频监控电缆，井道内的通信布线由电梯系统承包商负责。

(5) 轿厢内的摄像头由电梯系统承包商按照通信系统提出的统一技术规格采购，电梯承包商负责轿厢内的摄像头安装并负责电梯端的接线。

(6) 电梯承包商与通信系统承包商，最终应实现在值班室监控界面能全部显示电梯内时时运行状况信息要求。

（四）监视系统综合联调

(1) 值班室监视系统与综合后备盘上设置自动扶梯紧急停止按钮。

(2) 每台自动扶梯设置一个急停按钮。综合后备盘及盘内开关和指示灯均由综合后备盘系统负责提供。

(3) 电梯与监视系统的接口界面，在值班室综合后备盘接线端子排外侧。

(4) 站内自动扶梯至综合后备盘接线端子，以及出入口自动扶梯至值班室综合后备盘接线端子控制线由低压配电系统承包商负责施工。

(5) 自动扶梯系统承包商配合系统间调试并负责自动扶梯端接线。

(6) 电梯承包商与监视系统承包商最终应实现在监视系统上显示设备运行状态，同时，可在综合后备盘显示并注意自动扶梯停止功能正常。

第五章 城市轨道交通运营安全评估电梯和自动扶梯的准备

第一节 城市轨道交通运营安全评估概述

城市轨道交通运营安全评估,是由城市轨道交通所在地城市交通运输主管部门,或者城市人民政府指定的城市轨道交通运营主管部门,组织第三方安全评估机构开展相关的运营安全评价工作,通过运营安全评估后才可依法办理相关运营手续。城市轨道交通运营安全评估分为初期运营前安全评估、正式运营前安全评估和运营期间安全评估。

一、初期运营前安全评估

(1)初期运营是指城市轨道交通工程整体系统可用性、安全性和可靠性经试运行检验合格,按规定竣工验收合格,通过初期运营前安全评估后,在正式运营前从事的载客运营活动。

(2)城市轨道交通初期运营前安全评估是城市轨道交通工程项目建设转入运营环节时,根据前期工作情况,从合规性检查、系统功能符合情况、运营准备情况等方面,评估线路是否具备初期运营的基本条件。

二、正式运营前安全评估

(1)正式运营是指初期运营满一年,甩项工程已按要求投入使用或完成变更手续,并通过正式运营前安全评估后的载客运营活动。

(2)城市轨道交通正式运营前安全评估,是城市轨道交通项目初期运营期满,符合开展正式运营前安全评估前提条件后,根据对运营单位的风险分级管控与隐患排查治理、行车组织、客运组织、设备设施运行维护、人员以及应急管理等合规性的检查和分析,评估线路是否满足正式运营的条件。

三、运营期间安全评估

(1)城市轨道交通运营期间安全评估是对已投入运营线网运营现状的安全评估。

(2)通过全面评估和重点评估相结合的方式,对网络化运营、运营安全隐患排查治理和运营险性事件等情况,进行合规性检查和深入分析,评估运营期间安全风险和安全状态,及时排查治理安全隐患,预防运营险性事件发生。

（3）由城市轨道交通运营主管部门，对投入运营的城市轨道交通线网进行运营期间安全评估，至少每3～5年组织开展一次。

（4）对于运营期间安全评估发现的问题，城市轨道交通运营主管部门、运营单位以及有关责任单位应当采取相应措施，限期整改到位。

第二节 城市轨道交通电梯和自动扶梯试运营需满足的条件

一、电梯制造与安装应符合安全规范要求

（一）需采取措施消除或减小重大危险

电梯的重大危险清单见表5-1。

表5-1 电梯的重大危险清单

机械危险	（1）加速、减速（动能） （2）接近向固定部件运动的元件 （3）坠落物 （4）重力（存储的能量） （5）距离地面高 （6）高压 （7）运动元件 （8）旋转元件 （9）粗糙表面、光滑表面 （10）稳定性 （11）强度 （12）挤压危险 （13）剪切危险 （14）缠绕危险 （15）吸入或陷入危险 （16）碰撞危险 ① 人员的滑倒、绊倒和跌落（与机械相关的） ② 运动幅度失控 ③ 部件机械强度不够 ④ 滑轮或卷筒的不适当设计 ⑤ 人员从承载装置坠落

续表

电气危险	（1）电弧 （2）带电部件 （3）过载 （4）故障条件下变为带电的部件 （5）短路 （6）热辐射
热危险	（1）火焰 （2）高温或低温的物体或材料 （3）热源辐射
辐射危险	（1）低频电磁辐射 （2）无线电频率电磁辐射
材料/物质产生的危险	（1）易燃物 （2）粉尘 （3）纤维 （4）可燃物 （5）流体
机械设计时忽视人类工效学原则产生的危险	（1）通道 （2）指示器和可视显示单元的设计或位置 （3）控制装置的设计位置或识别 （4）费力 （5）局部照明 （6）重复活动 （7）可见性
与机器使用环境有关的危险	（1）粉尘和烟雾 （2）电磁干扰 （3）潮湿 （4）温度 （5）水 （6）风 （7）动力源失效 （8）控制回路失效 （9）因动力源中断后又恢复而产生的意外启动、意外越程/超速（或任何类似故障）

（二）电梯应符合安全要求和（或）保护措施

（1）电梯应符合安全要求，按规范要求设置安全保护措施。

（2）电梯应按照《机械安全　设计通则　风险评估与风险减小》中明确的原则进行设计。

（3）电梯的所有标志、标记、警示和操作说明应永久固定、不易擦除、清晰和易于理解。应使用耐用材料，设置在醒目位置，并采用中文书写（必要时可同时使用几种文字）。

（三）应对电梯安全要求和（或）保护措施进行验证

（1）提供技术符合性文件，确认相关部件设计正确以及电梯符合规定。

（2）应按要求对井道、机器空间和滑轮间，层门和轿门，轿厢、对重和平衡重，悬挂装置、补偿装置和相关的防护装置，防止坠落、超速、轿厢意外移动和轿厢沉降的措施进行检查验证。

（3）导轨、缓冲器、驱动主机、电气设备（装置）及其连接，电气故障的防护、故障分析和电气安全装置，控制、极限开关和优先权设计符合安全要求。

（4）交付使用前应按要求对制动系统、电气设备、曳引检查、轿厢安全钳、对重或平衡重安全钳、棘爪装置、缓冲器、破裂阀、节流阀或单向节流阀、压力试验、轿厢上行超速保护装置、平层准确度和平层保持精度、轿厢意外移动保护装置、坠落与剪切的保护措施进行检查验证。

（四）电梯使用信息应符合要求

（1）文件应包括使用维护说明书和日志。

（2）制造单位应提供使用维护说明书。使用维护说明书应具有电梯正常使用和救援操作的必要说明，应符合电梯、自动扶梯和自动人行道维修规范的要求。

（3）电梯交付使用后，为了验证其是否处于良好状态，应按要求对电梯进行定期检查，并记录在日志中。

（4）应具有日志，记录电梯事故后的修理与检查，以及定期检查，包括制造单位指定的内容。

（5）电梯的基本特征应记录在日志中，包括技术部分、具有日期的检查和检验报告副本及巡查记录的部分。

二、电梯设置应满足城市轨道交通技术规范的要求

（1）电梯不得作为安全出口。

（2）电梯的设置应方便残障乘客的使用。

（3）电梯的操作装置应易于识别、便于操作。

（4）当发生紧急情况时，电梯应能自动运行到设定层，并打开电梯门。

（5）电梯轿厢内应设有专用通信设备，并保证内部乘客与外界的通信联络。

（6）非透明电梯轿厢内应设视频监视装置。

三、自动扶梯制造与安装应符合安全规范要求

（一）需采取措施消除或减小重大危险

自动扶梯的重大危险清单见表 5-2。

表 5-2　自动扶梯的重大危险清单

机械危险	（1）与通常情况下公众不能接触到的机械部件（如驱动装置）相接触 （2）扶手带和扶手装置以及扶手装置之间挤压、剪切手指 （3）相邻盖板部件导致的割破危险 （4）与建筑结构（墙、顶、交叉布置）或相邻自动扶梯上的人员碰撞导致的人体撞击 （5）在扶手带进入扶手装置处被拖入 （6）围裙板和梯级之间、梳齿板和梯级或踏板之间被夹住 （7）地板和扶手带之间被夹住 （8）梯级间或踏板间被夹住
电气危险	（1）人体与带电部件接触 （2）间接接触 （3）不适当的紧急停止开关 （4）电气器件的装配错误 （5）静电现象 （6）外界对电气设备的影响
辐射危险	（1）由机器产生的电磁辐射（自动扶梯正常运行期间可能产生的电磁辐射） （2）受到外界的电磁辐射（低频辐射、无线电辐射和微波）
火灾危险	可燃材料在桁架内部集聚，电缆用的绝缘材料和驱动的过载都可能产生火灾危险
设计时忽视人类工效学原则产生的危险	（1）忽视使用者的人类工效学尺寸，例如：扶手装置的高度、扶手带的宽度 （2）工作场所和进入这些场所通道的照明不足 （3）工作场所空间不足 （4）缺少重物提升装置
控制电路失效产生的危险	（1）危险状态下未制停 （2）短路 （3）过载 （4）停止后机器意外启动 （5）驱动的意外逆转

续表

控制电路失效产生的危险	（6）超速
	（7）制停过程中减速度过大
运行期间断裂或破裂产生的危险	（1）大于规定的使用者和结构载荷作用于桁架上
	（2）大于规定的载荷作用于扶手装置上
	（3）不可预见的误用导致大于规定的载荷作用在梯级或踏板上
	（4）大于规定的载荷作用在驱动装置上
滑倒、绊倒和跌倒的危险	（1）人员在梯级、踏板或胶带上以及在梳齿支撑板和楼层板上滑倒
	（2）扶手带的速度偏差（包括扶手带的停顿）导致人员跌倒
	（3）运行方向改变导致人员跌倒
	（4）加速或减速导致人员跌倒
	（5）机器意外的启动或超速导致人员跌倒
	（6）出入口的照明不足导致人员跌倒
该类机型特有的危险	（1）梯级或踏板缺失
	（2）被手动盘车装置卡住
	（3）运送除人员外的其他物品，例如：购物车、行李车或手推车
	（4）爬上扶手装置的外侧
	（5）在扶手装置间滑行
	（6）翻越扶手装置
	（7）在扶手带上玩耍
	（8）在扶手装置附近区域堆放物品
	（9）出入口或连续布置的自动扶梯中间出口封闭导致交通阻塞
	（10）相连自动扶梯的客流干扰
	（11）在扶手转向端被扶手带提起，从邻近的固定栅栏或自动扶梯的扶手装置处跌落

（二）自动扶梯应符合安全要求和（或）保护措施的要求

（1）自动扶梯应符合安全要求和（或）保护措施的要求。对于未涉及的重大危险，应按照《机械安全　设计通则　风险评估与风险减小》中的原则进行设计。

（2）一般不允许在自动扶梯上使用购物车和行李车，用于输送购物车和行李车的自动扶梯应符合设计要求。

（三）应对自动扶梯安全要求和（或）保护措施进行验证

（1）制造商应按照要求对新设计的自动扶梯的安全要求和（或）保护措施进行验证，制造商应保存所有的验证记录。

（2）制造商应有数据、实验报告和证书。

制造商应有下列文件：

① 桁架的应力分析；

② 直接驱动梯级、踏板或胶带的部件（如梯级、齿条）具有足够的抗破断强度的计算证明；

③ 梯级或踏板的实验证明文件；

④ 胶带的破断强度证明文件；

⑤ 围裙板摩擦系数的证明文件（如果有）；

⑥ 踏面（梯级、踏板、楼层板和不包括梳齿板的梳齿支撑板）的防滑性能证明文件（如果有）；

⑦ 制停距离和减速度值的证明文件；

⑧ 电磁兼容性的证明文件（如果有）。

（四）自动扶梯的使用信息应符合要求

（1）所有自动扶梯需要提供与使用、维护、检验、定期检查和救援操作有关的说明书。所有使用的信息应符合《机械安全 设计通则 风险评估与风险减小》对自动扶梯的附加要求。

（2）使用信息应包括自动扶梯的运输、装配和安装、交付、使用（设置、示范或演示、操作、清洁、故障诊断和维护）。如有必要，还应包括停用、拆除和废弃处理。可以以单独或组合的形式编排。

（3）所有的标志、说明和使用须知应由经久耐用的材料制成，设置在醒目的位置，并且采用中英文书写（必要时可以同时使用几种文字），字体应清晰、工整。

（4）对于自动启动式自动扶梯应设置一个清晰可见的信号系统，如道路交通信号，以便向使用者指明自动扶梯是否可供使用及其运行方向。

（5）自动扶梯在第一次使用前，或经重大改装后，以及正常运行一段时间后，应进行校验。校验与实验应由胜任的人员进行。

（6）使用说明书或其他书面的使用说明应至少包含下列内容：

① 自动扶梯的运输、装卸和贮存的相关信息，如尺寸、重量和重心位置；

② 自动扶梯安装和交付的相关信息，如装配和安装条件；

③ 自动扶梯自身相关信息，如自动扶梯及其附件、防护装置和（或）保护装置的详细描述；

④ 自动扶梯使用的相关信息，如预期使用目的；

⑤ 维护信息，如个人防护装备的使用及必要的培训，检查的项目和频度；

⑥ 关于定期检查和实验以确定自动扶梯是否安全运行的信息，如电气安全装置的有效动作；

⑦ 紧急情况的信息，如发生事故或停机时的操作方法；

⑧ 一份关于在距离驱动主机表面水平方向1m、楼层板上方1.6m的空旷位置处测得的声压级不超过70dB（A）的声明。

四、自动扶梯的选择和设置应满足城市轨道交通技术规范的要求

（1）车站的自动扶梯规模应与通过能力相互匹配，当发生事故或灾难时，应保证将一列进站列车的预测最大载客量以及站台上的候车乘客在 6 分钟内全部撤离至安全区域。自动扶梯的最大通过能力如表 5-3 所示。

表 5-3 自动扶梯最大通过能力

扶梯宽度	输送速度	最大通过能力/（人次/小时）
1m 宽自动扶梯	0.5m/s	6720
	0.65m/s	8190
0.65m 宽自动扶梯	0.5m/s	4320
	0.65m/s	5265

（2）站台应设置足够数量的自动扶梯，同时满足站台计算长度内任意一点距离通道口或梯口的距离不大于 50m。

（3）当车站出入口的提升高度超过 6m 时，应设置上行自动扶梯；当车站出入口的提升高度超过 12m 时，应设置上行和下行自动扶梯。

（4）站厅与站台之间应设置上行自动扶梯，当高差超过 6m 时，应设置上行和下行自动扶梯。

（5）当上行和下行全部采用自动扶梯时，应加设人行楼梯或备用自动扶梯。

（6）换乘的自动扶梯应满足预测高峰时段换乘客流的需要。

（7）车站的自动扶梯应设置应急照明。

（8）车站自动扶梯处应设置灯光或蓄光型疏散指示标志。

（9）当车站站台发生火灾时，应保证站厅到站台的自动扶梯口处具有能够有效阻止烟气向站厅蔓延的向下气流，且气流速度不应小于 1.5m/s。

（10）自动扶梯应采用公共交通型重载扶梯，其传动设备、结构及装饰件应采用不燃材料或低烟、无卤、阻燃材料。

（11）自动扶梯应有明确的运行方向指示。

（12）自动扶梯应配备急停开关。

五、电梯和自动扶梯经过检验和安全测试

电梯和自动扶梯在设备安装完毕后需经过调试和安全测试，并经过检验后获得安全检验合格证，具有明显的安全警示和使用标识，才可以投入使用。

六、电梯和自动扶梯投入使用

一般地铁车站的出入口至站厅、站厅至站台楼梯旁均会设置自动扶梯，车站出入口至站厅、站厅至站台的自动扶梯至少应各有一组投入使用。

七、电梯和自动扶梯施工清理

在设备安装、调试的过程中,电梯的井道、自动扶梯的巷道内会遗留施工作业的垃圾,在设备投入使用前需要完成井道内、巷道内杂物和易燃物的清理。

第三节 城市轨道交通开通初期运营前电梯和自动扶梯设备安全评估

城市轨道交通初期运营前安全评估,主要审核城市轨道交通项目是否满足初期运营的条件,主要包括初期运营前安全评估条件、设备系统功能核验、系统联动测试和运营准备等几个方面的情况。

一、初期运营前需满足条件

(1) 初期运营前电梯和自动扶梯设备须完成系统联调。

(2) 具有电梯和自动扶梯相关的试运行情况报告,主要包括电梯和自动扶梯设备试运行期间的运行情况、相关数据记录、运行安全性和可靠性分析以及试运行发现问题整改情况等。

(3) 具有符合规定的工程项目建设规划批复、工程可行性研究、初步设计批复、用地和建设许可文件。电梯和自动扶梯设备若有重大设计变更,还需提供重大设计变更批复。

(4) 因电梯和自动扶梯设备属于特种设备,还需提供特种设备的验收文件。

(5) 项目按规定竣工验收合格,验收发现的影响运营安全和基本服务质量的电梯和自动扶梯设备问题应完成整改;若电梯和自动扶梯设备有甩项工程,甩项工程不应影响运营安全和基本服务水平,并有明确的范围和计划完成时间。

二、系统功能核验要求

(1) 各车站出入口至站厅、站厅至站台应至少各有一台电梯和一组上下行自动扶梯具备使用条件。

(2) 电梯接缝处完成密封处理。

(3) 电梯和自动扶梯具有语音安全提示功能,电梯具有视频监视和门防夹保护功能,具备车站控制室、轿厢、控制柜或机房之间的三方通话功能。

(4) 自动扶梯与楼梯板交叉时或自动扶梯交叉设置时,扶手带上方应设置防护挡板。

(5) 当自动扶梯扶手带转向端入口处与地板形成的空间内加装语音提示或其他装置时,不应形成可能夹卡乘客的三角空间;自动扶梯紧急停止按钮应具有防误操作的保护措施。

(6) 自动扶梯下部机坑内不应有影响自动扶梯安全运行的积水;电梯底坑内排水设施应具备使用条件,不应有影响电梯安全运行的漏水和渗水;应完成井道、巷道内杂物和易燃物的清理。

(7) 电梯和自动扶梯使用标志、安全标志和安全须知应齐全醒目。

三、系统联动测试要求

（1）若在车站发生火灾的情况下，需火灾自动报警系统联动将电梯降至首层，则在进行车站公共区火灾工况联动测试时，需测试火灾工况下设备接口功能和联动情况是否符合安全设计要求。

（2）系统联动测试一般以地下车站站台或站厅为测试对象，并在测试前，核验电梯处于正常运行模式。

（3）在站台或站厅指定位置点燃烟饼，连续释放烟气，或对火灾探测装置模拟站台或站厅火灾工况，现场测试和检查记录站厅和站台电梯设备运行和动作情况，电梯切换和动作应符合设计要求。

四、运营准备要求

（1）运营单位具有运营模式和管理任务相适应的组织架构，需要设置电梯和自动扶梯设备运行维护与安全生产管理相关的部门。

（2）运营单位合理设置相应岗位，按运营需求配齐电梯和自动扶梯设备维护与安全生产管理人员。

（3）电梯和自动扶梯安全生产管理人员按规定接受安全培训。

（4）电梯和自动扶梯设备维修人员经系统岗位培训，通过理论知识考试和岗位技能考试。

（5）电梯和自动扶梯设备维修人员应持证上岗。因电梯和自动扶梯属于特种设备，相关人员应具有特种设备作业人员证，并持证上岗。

（6）运营单位应建立电梯和自动扶梯相关的安全管理制度、维护维修制度、操作规程或操作手册。

（7）运营单位应建立安全管理制度，需包含风险分级管控和隐患排查治理、劳动安全、安全检查、安全教育培训和考核等内容。

（8）维护维修制度需包含检修规程和检修管理制度。

（9）操作办法需包括各岗位操作规程、操作手册和故障处理指南等。

（10）应具有大客流车站（含各种交路折返车站和停车功能的车站）站台至站厅或其他安全区域的疏散用自动扶梯的通过能力模拟测试报告。

（11）核验超高峰小时一列进站列车所载乘客及站台上的候车人员能否在6分钟内全部疏散至站厅公共区或其他安全区域，公共区乘客人流密度等参数是否符合乘客疏散和安全运营要求。

（12）运营单位应具有初期运营所需的电梯和自动扶梯设备系统技术规格说明书、操作手册、维修手册、各类软件和调试报告等技术图纸资料。

五、应急管理要求

（1）运营单位应建立应急信息报送、应急值守和报告、乘客伤亡事故处置和运营突发事件（事故）调查处理等应急管理制度。

（2）发生电梯和自动扶梯安全事件（事故）相关信息能够快速、准确、真实进行流转，应急抢险人员和相关专业管理人员能够快速响应开展处置，事后查找事件（事故）原因，制定整改预防措施，并对相关责任人进行考核。

（3）运营单位应与有关管理部门和单位建立突发事件应急联动机制。

（4）运营单位应按规定建立电梯和自动扶梯设备故障、乘客伤亡、被困等相关突发事件应急预案，并定期开展应急处置演练，提升相关人员应急处置能力。

（5）电梯和自动扶梯设备实施委外维修，运营单位应与委外维修单位签订委外维修协议，并在协议中规定委外单位安全管理职责、人员安全培训和上岗条件、应急演练和救援、运营单位日常对重点维修项目的过程监督检查和验收等基本条件。

（6）运营单位应配备满足初期运营需要的应急救援物资和专业器材装备，建立相应维护、保养和调用等制度。

（7）运营单位应建立专业应急抢险队伍，熟练掌握应急救援预案、应急救援器材装备使用方法和应急救援要求。

第四节 城市轨道交通正式运营前电梯和自动扶梯设备安全评估

正式运营前安全评估，主要审核城市轨道交通项目是否满足正式运营前安全评估条件、风险分级管控与隐患排查治理情况、客运组织、设施设备运行维护、人员管理、应急管理等几个方面。

一、前提条件

（1）依法办理初期运营手续，初期运营至少满1年。

（2）初期运营前安全评估提出的需在初期运营期间完成整改的问题，已全部整改完成。初期运营期间设备设施运行状况良好，发现的问题或者安全隐患处理完毕。

（3）正式运营前安全评估开展前1年内，未发生人员死亡等运营险性事件。

（4）全部甩项工程完工并通过验收，按规定开展安全评估并投入使用。受客观条件限制不能完成的，应办理完成设计变更手续。

（5）设备系统技术规格说明书、操作手册、维修手册、各类软件、调试报告等应全部移交运营单位。

（6）运营单位应完成初期运营报告，内容包括初期运营基本情况、设备设施运行维护、人员管理、应急管理等。

二、风险分级管控与隐患排查治理情况

（1）运营单位的组织架构、人员配置、职责分工、安全管理制度和安全经费投入应满足正式运营需要。

（2）实际到岗与定岗定编人员符合，相关部门工作运转正常，安全生产责任制、安全生产会议、安全教育培训、安全事故事件管理、安全生产监督检查、安全生产奖惩等安全管理制度内容完整、有效，修订规范。

(3) 建立委外合约和委外管理制度。委外单位应纳入运营单位统一管理体系，委外合约或委外管理制度中应明确规定委外业务管理范围、人员上岗条件及岗位职责、人员安全培训和应急演练及有关监督考核等。

(4) 有安全经费使用情况报告。经费用途和提取比例符合企业安全生产费用提取和使用管理规定。

三、电梯和自动扶梯设备使用管理情况

(1) 每座车站电梯和自动扶梯运行状态巡视频率，不应低于每3小时1次。

(2) 每日对电梯和自动扶梯进行检查，对检查发现的问题或故障进行报修。维保人员接到信息后到现场确认、处理相关问题或故障，并有故障报修及处置记录。

(3) 电梯和自动扶梯故障情况下应对措施应明确、细化到车站具体岗位。车站应针对性组织培训及演练，相关客运服务人员应熟知处置流程及关键步骤。

(4) 针对设备异常情况下客运处置不当可能产生客伤的风险，车站现场处置方案中应制定风险管控措施并应按要求落实。

(5) 自动扶梯发生故障时应立即停用。在自动扶梯等出入口规定位置设置安全防护栏、警示标志等，并安排工作人员引导乘客使用其他自动扶梯或楼梯。

(6) 电梯发生故障时，应立即停止使用，在电梯口放置安全防护栏、警示标志等。

(7) 有乘客被困时应安抚乘客并及时采取救援措施。选取电梯和自动扶梯的典型故障，询问客运服务人员应对措施要点，检查与现场处置方案的符合情况，条件具备时可进行实操考核，核查上述管控措施是否已落实到车站客运组织工作。

(8) 站内或出入口乘客聚集可能造成客流对冲等情况时，可调整自动扶梯运行方向或关闭自动扶梯。

(9) 电梯和自动扶梯安全标识、安全使用须知、应急操作指示等应完好清晰、醒目规范，应在车站巡视、安全检查、标志标识管理等制度中规定有关标志标识使用、维护等要求。

四、电梯和自动扶梯设备运行维护情况

(1) 电梯和自动扶梯运行维护管理制度和规程文件、维护技术档案等，以及有关维护计划管理、维护质量考核、维护信息管理等制度、维护规程内容齐全，运行有效。

(2) 电梯和自动扶梯设备维护机构及其分工和职责与维护策略相适应。

(3) 电梯和自动扶梯设备技术状态的相关资料记录完整，技术指标、技术参数保持在容许值内。

(4) 运营单位在电梯和自动扶梯查线核图、巡视、监测和维护等工作过程中，发现的产品、施工质量、设计缺陷、设备布局缺陷等工程质量问题应及时组织或督促有关单位整改并校正有关文件和图纸。

(5) 抽查查线核图工作记录和相关图纸文件，至少开展一次全面查线核图工作，发现的问题已全部整改完成。使用、维护过程中，发现的产品、施工质量、设计缺陷、设备布局缺陷等工程问题整改后，有关文件和图纸已校正完成。

(6) 改变设备原设计结构、主要功能和架构、软件设计等应通过论证。

（7）新增的设备应通过验收并按规定进行维护管理，投用前应完成相关岗位从业人员安全生产知识和操作技能培训。

（8）抽查变更、新增和改造设备的论证记录，查阅设备安装、测试、验收文件以及维修记录、培训记录，具有新设备操作规程、竣工图纸等技术文件和安全生产管理制度，新增设备经过技术测试、实验，并对有关人员进行培训。

（9）运营单位应具有月度和年度设备运行分析报告，内容涵盖设备主要故障发生次数，设备平均无故障运行时间和故障发生率，主要故障发生原因、处置过程、整改措施等。

（10）初期运营最后三个月，设备运行指标应满足自动扶梯可靠度不低于98.5%，电梯可靠度不低于99%。

（11）查阅最后三个月设备运行情况分析报告及故障统计记录，核查设备运行情况。

（12）运营单位按照维修管理制度、仓储管理制度进行维修备品备件管理工作，保证备品备件齐全有效。

五、电梯和自动扶梯设备安全评估标准

（1）电梯和自动扶梯维修应符合维修规程，确保系统功能完好、性能稳定、运行正常。

（2）抽查电梯和自动扶梯维修记录、故障记录，核查维修规程落实情况。

（3）抽查电梯和自动扶梯维修规程及其维修记录。检查和维修应涵盖如下内容：

① 桁架沉降，垫板老化；

② 驱动电机烧毁，轴承损坏、磨损，接地短路；

③ 减速机齿轮磨损、漏油，地脚螺栓松动、断裂或工作制动器磨损，线圈损坏；

④ 梯级链条伸长、断裂、磨损或传动系统磨损，轴承损坏，连接螺栓断裂，开焊，支架断裂；

⑤ 自动扶梯出入口盖板安装不牢固或塌陷；

⑥ 自动扶梯扶手系统断裂、磨损；

⑦ 安全保护系统失效；

⑧ 门扇变形、卡阻，厅门解锁装置失效；

⑨ 控制箱元件失效，限速器失效，平层感应器失效。

（4）检查电梯和自动扶梯张贴在有效期内的特种设备使用标志。

（5）出现电梯轿厢冲顶、坠落，自动扶梯溜梯、逆行，自动扶梯失速运行等情况的，应查阅有关事件原因及整改措施分析报告，并检查确保防冲顶、防坠落等各项安全保护装置设置齐全、动作灵敏、可靠。

六、人员管理情况

（1）对设备维修岗位人员持续开展安全教育和技能培训。考核不合格的，应及时调整工作岗位。抽查岗位人员安全教育和技能培训记录、签到表、考试试卷等。

（2）安全教育和技能培训内容、学时、考核等要求应与运营单位的培训计划和培训有关规定一致。考核不合格的人员应有补考记录。对考核不符合要求的人员按规定进行岗位调整。

（3）新增的人员，应经岗位培训合格后持证上岗。转岗员工或脱岗6个月以上的复岗员工，应通过相关再教育培训，经考核合格方可上岗。

（4）抽查相关岗位新增人员上岗条件、培训记录和上岗证，符合有关制度和标准要求。抽查转岗员工、复岗员工再教育培训和考核记录、上岗证。

（5）运营单位应根据岗位工作标准，对定岗人员进行专业技能培训，确保岗位工作人员熟悉有关安全规章制度和安全操作规程，熟练掌握本岗位的安全操作技能，以及设备操作和维护技能。抽查年度培训大纲、培训记录、设备使用手册、维护手册以及相关技术资料，核查运营人员培训情况。

（6）车站站务人员应接受车站电梯和自动扶梯设备设施操作、突发事件应急处置等培训。

（7）维修保养人员应接受自动扶梯和电梯设备安全标准和技术规范以及突发事件应急处置等培训。

（8）运营单位应加强员工人文关怀、心理疏导，营造良好的安全文化氛围，增强员工凝聚力和归属感。

（9）抽查员工人文举措、安全文化建设、员工精神面貌。抽查员工心理疏导措施，查阅员工职业发展规划，查阅线路运营生产人员流失情况。

七、应急管理情况

（1）运营突发事件处置工作机制联动有效、运转顺畅，有效保障应急措施落实。

（2）查阅运营突发事件应急处置机制相关文件，核查相关要求已落实到有关应急管理制度，有关机制得到有效运行。

（3）运营突发事件应急处置工作机制中各相关部门和单位的职责分工清晰，突发事件应急响应程序合理、环节完整；对应急预案现场组织、后期处置、应急保障、教育和演练等内容进行细化和分解，应急抢险的责任落实到具体部门和岗位。

（4）信息报送、应急值守和报告、运营突发事件报送、公众信息发布等应急管理制度健全。

（5）与属地政府及其相关部门、医疗、公交等单位在信息传递、预警响应、应急处置、社会面控制、紧急疏散和善后恢复等方面建立的协调联动机制完善，联系人、联系方式等信息准确。

（6）应急救援队伍协调处置和跨区域联动、应急资源共享等协调机制顺畅。核查与属地政府、公安、医院、公交等外单位联络机制运转情况。发生电梯和自动扶梯安全事件（事故），能有效申请外部支援。

（7）运营单位按照有关法律法规和标准规范要求、安全生产条件的变化、应急处置、应急演练等情况，评估应急预案程序和措施的适应性，及时修订完善综合应急预案、专项应急预案和现场处置方案，并按规定备案。

（8）查阅应急预案文件及备案文件，检查应急预案评估报告和应急预案修订记录。查阅初期运营期间应急事件处置记录和处置工作总结，检验发生应急事件时的应急预案启动及落实情况。抽取现场处置方案进行核查，现场处置方案应明确现场指挥负责人、各岗位职责和分工、应急处置具体流程、注意事项、应急抢险物资清单、现场图纸、关键路线、标识。

（9）运营单位按规定针对电梯和自动扶梯相关的综合应急预案、专项应急预案或现场处置方案开展应急演练，并参加相关部门和单位组织的综合性应急演练，评估应急演练工作，总结经验教训。

（10）查阅运营单位综合及专项年度应急演练计划、演练记录、演练评估及总结报告，核查演练计划得到有效落实，其中综合应急预案实战演练每半年至少组织一次，专项应急预案实战演练每半年至少组织一次，专项应急预案符合至少每3年全部演练一次的要求。

（11）随机选取场景，运营结束开展一次事前不通知演练时间、演练地点和内容的突击式实战应急演练。抽查至少3个班组，核查现场处置方案已按要求每年全部演练一次。

（12）查阅应急演练评估报告，发现的问题已及时整改。涉及应急处置机制、作业标准、操作规程和管理规定等有缺陷的，已在3个月内修订完善相关预案和制度。

（13）运营单位定期检查、更新应急救援物资和装备，组织应急抢险队伍训练，满足应急救援需要。查阅应急救援物资及装备相关制度及台账、相关应急救援记录。

（14）车站按照业务要求配备抢险抢修专用工具、应急物资、备品备件及必备的防护用具等应急保障设施设备，并定期组织检查，确保齐全、完好、有效。

（15）应建立应急救援物资有关制度和记录：物资使用管理制度、物资测试检修制度、物资租用制度或协议、资料管理制度、物资调用和使用记录，以及物资检查维护、更新记录。

（16）应急救援物资及装备的配置、验收、维护、保养和调用，应符合有关制度及应急救援需要，宜按统一标准格式建立信息数据库并及时更新。

（17）抽查不少于3座车站，现场核查应急救援物资和装备的存储、种类、数量、状态，应与预案规定相符。查阅应急救援队伍档案，培训、训练记录及考核记录。培训及训练发现的问题已整改落实。

（18）运营单位针对电梯和自动扶梯运营险性事件开展技术分析，形成技术分析报告。围绕运营险性事件深入查找问题及不足，制定并落实针对性整改措施，及时消除隐患。抽查运营险性事件技术分析报告，报告内容应完整，技术文件、数据和资料应真实、齐全，核查各项整改措施得到有效落实。

（19）运营单位对本单位发生的电梯和自动扶梯运营险性事件按规定制作警示片等多种形式的警示材料，并开展警示教育活动。查阅警示教育活动工作方案或计划、警示教育视频或图文材料、活动总结。

（20）发生运营险性事件的，应在事件技术分析报告形成后一个月内组织开展警示教育，与运营险性事件专业相关的人员应参加警示教育；按规定完成对其他相关警示案例的警示教育；运营险性事件安全警示材料，应客观还原运营险性事件情况，警示目的清楚。抽取运营险性事件案例，抽查相关岗位工作人员，询问运营险性事件概况、事件原因、经验教训等，相关人员应基本了解情况，知晓警示目的。

第五节　城市轨道交通电梯和自动扶梯安全评价及试运营前安全检查

一、安全评价标准及评价方法

电梯和自动扶梯评价包括电梯和自动扶梯设备、安全防护标识、管理与维护、维修配件四个分项。

（一）设备评价

设备评价标准如表 5-4 所示。

表 5-4　设备评价标准

评价标准	评价方法
（1）设备必须由法定市场监督管理部门出具使用证 （2）在用设备必须由法定特种设备检验检测机构检验合格并出具有效期内验收检验报告和"安全检验合格"标志 （3）地铁车站自动扶梯宜采用公共交通型重载扶梯，其传输设备及部件应采用不燃或难燃材料 （4）设备的各项安全保护装置设置齐全，动作灵敏、可靠	（1）查阅相关文件、资料 （2）现场检查

（二）安全防护标识评价

安全防护标识评价标准如表 5-5 所示。

表 5-5　安全防护标识评价标准

评价标准	评价方法
（1）所有自动扶梯出入口处应张贴图示警示标志，所有电梯内应贴电梯使用安全守则 （2）对于穿越楼层和靠墙布置的自动扶梯，其扶手带中心至开孔边缘和墙面的净距离应符合《地铁设计规范》的有关规定	现场检查

（三）管理与维护评价

管理与维护评价标准如表 5-6 所示。

表 5-6　管理与维护评价标准

评价标准	评价方法
（1）应建立维护、保养制度和检修规程、应急处理程序 （2）检修人员应具有上岗资格 （3）对检修人员应定期进行技术培训 （4）对电梯、自动扶梯故障信息应有记录、分析、纠正和预防措施	查阅相关档案、记录

(四) 维修配件评价

维修配件评价标准如表 5-7 所示。

表 5-7 维修配件评价标准

评价标准	评价方法
(1) 应选择有资质的维修配件供货商 (2) 应建立维修配件检验制度 (3) 对维修配件的质量信息应有记录、分析、纠正和预防措施	查阅维修配件相关档案、记录和文件

二、试运营前电梯和自动扶梯安全检查

城市轨道交通试运营前需进行安全评价工作，电梯和自动扶梯的安全检查内容见表 5-8。

表 5-8 试运营前安全检查内容

序号	检查内容
(1)	① 设备使用单位必须对使用的电梯和自动扶梯的运行安全负责 ② 设备使用单位必须使用有生产许可证或者安全认可证的电梯和自动扶梯。对使用的设备，必须按照规定的有关要求申请相应的验收检验和定期检验
(2)	在新增设备投入使用前，使用单位必须持监督检验机构出具的验收检验报告和安全检验合格标志，到所在地区的地、市级以上电梯和自动扶梯安全监察机构注册登记。将安全检验合格标志固定在电梯和自动扶梯设备显著位置上后，方可以投入正式使用
(3)	使用单位必须制定并严格执行以岗位责任制为核心，包括技术档案管理、安全操作、常规检查、维修保养、定期报检和应急措施等在内的设备安全使用和运营的管理制度，必须保证电梯和自动扶梯技术档案的完整、准确
(4)	在用设备实行安全技术性能定期检验制度。使用单位必须按期向使用电梯和自动扶梯所在地的监督检验机构申请定期检验，及时更换安全检验合格标志中的有关内容。安全检验合格标志超过有效期的电梯和自动扶梯不得使用
(5)	设备生产、使用单位应当建立健全电梯和自动扶梯安全、节能管理制度，以及岗位安全、节能责任制度。设备生产、使用单位的主要负责人应当对本单位电梯和自动扶梯设备的安全和节能全面负责
(6)	设备使用单位应当对在用电梯和自动扶梯设备进行经常性日常维护保养，并定期自行检查
(7)	电梯和自动扶梯应当至少每 15 日进行一次清洁、润滑、调整和检查。日常维护保养单位应当在维护保养中严格执行国家安全技术规范的要求，保证其维护保养的电梯和自动扶梯的安全技术性能，并负责落实现场安全防护措施，保证施工安全

续表

序号	检查内容
（8）	为公众提供服务的电梯和自动扶梯设备运营使用单位，应当设置电梯和自动扶梯设备安全管理机构或者配备专职的安全管理人员；其他电梯和自动扶梯设备使用单位，应当根据情况设置电梯和自动扶梯设备安全管理机构或者配备专职、兼职的安全管理人员
（9）	电梯和自动扶梯的作业人员及其相关管理人员，应当按照国家有关规定经电梯和自动扶梯设备安全监督管理部门考核合格，取得国家统一格式的特种作业人员证书，方可从事相应的作业或者管理工作
（10）	设备使用单位应当对设备作业人员进行电梯和自动扶梯设备安全、节能教育和培训，保证设备作业人员具备必要的电梯和自动扶梯设备安全、节能知识。设备作业人员在作业中应当严格执行电梯和自动扶梯的操作规程和有关的安全规章制度

第六章　城市轨道交通电梯和自动扶梯设备运营管理

第一节　电梯和自动扶梯运营管理人员考核管理

一、总则

（1）电梯和自动扶梯设备作业的考核工作由国家市场监督管理总局和各级市场监督管理部门组织实施。电梯和自动扶梯特种作业人员的考试，由地方各级发证部门按照具体发证范围确定考试机构。

（2）电梯和自动扶梯作业人员的考试包括理论知识考试和实际操作考试两个科目，均实行百分制，60分合格。具体考试方式、内容、要求、作业级别、项目及范围，特种设备作业人员的具体自查报告要求，按照国家市场监督管理总局制定的相关作业人员考核大纲执行。

二、考试机构应满足的条件和主要职责

（一）考试机构应当满足的条件

（1）具有法人资质。

（2）有常设的组织管理部门和固定办公场所，专职人员不少于3名。

（3）建立考试管理制度，包括保密、命题、试卷运输、现场考试、阅卷、结果上报、档案、应急预案、题库管理等制度，并且能有效实施。

（4）根据相应考试大纲，明确考试范围、考试方式和合格指标。

（5）设立现场考试基地及考点，具备满足相应考试大纲要求的场所、设备设施和能力。

（6）具有满足考试需要的考试管理人员和考评人员。考评人员应当具备大专以上学历和本专业5年以上工作经历，具有丰富的实践操作经验，熟悉考试程序、考试管理、考试内容及评分要求，并且具有相应的作业人员资格。

（7）考试现场应当配备信息化人证比对系统，并且留存考试影像资料；必要时应在考试机位设置自动视频抓拍系统。

（二）考试机构的主要职责

（1）公布考试机构的报名方式和考试地点、考试计划、考试种类和作业项目、报名要求、考试程序等。

（2）公布理论知识考试和实际操作技能考试的范围、项目。

(3) 按照考试大纲的要求进行理论知识考试和实际操作技能考试。
(4) 公布和上报考试结果。
(5) 建立特种设备作业人员考试档案。
(6) 向发证机关提交年度工作总结等。

(三) 其他要求

考试机构应当在本机构的考点和考试基地，对符合条件的报名人员进行理论知识考试和实际操作技能考试。因特殊原因，需要利用非本机构的考试基地进行考试的，应事先报发证机关书面同意。

三、考核要求

(一) 电梯和自动扶梯设备作业人员考核程序

考核程序包括申请、受理、考试和发证。

(二) 申请人应当符合的条件

(1) 年龄 18 周岁以上且不超过 60 周岁，并且具有完全民事行为能力。
(2) 无妨碍从事作业的疾病和生理缺陷，并且满足申请从事的作业项目对身体条件的要求。
(3) 具有初中以上学历，并且满足相应申请作业项目要求的文化程度。
(4) 符合相应的考试大纲的专项要求。

(三) 申请人应当提供的申请材料

申请人向工作所在地或者户籍（户口或者居住证）所在地的发证机关提交下列申请资料：
(1) 《特种设备作业人员资格申请表》(1 份)。
(2) 近期 2 寸正面免冠白底彩色照片 (2 张)。
(3) 身份证明（复印件 1 份）。
(4) 学历证明（复印件 1 份）。
(5) 体检报告 (1 份)。

申请人也可通过发证机关指定的网上报名系统填报申请，并且提交符合要求资料的扫描文件（PDF 或者 JPG 格式）。

(四) 发证机关受理要求

(1) 发证机关在收到申请后的 5 个工作日内，应当做出是否受理的决定。需要申请人补充材料的，应当一次性告知申请人需要补正的内容。
(2) 予以受理的，发证机关应当告知申请人受理结果。申请人持受理结果到发证机关委托的考试机构报名，并按时参加考试。
(3) 不予以受理的，发证机关应当告知申请人不予以受理结果，并说明原因。

(五) 考试要求

(1) 考试机构应当于考试前 2 个月公布考试时间、地点、作业项目等事项。需要更改考试时间、地点、作业项目的，应当及时通知已报名的申请人员。

（2）省级市场监督管理部门负责建立考试题库，或者采用全国统一考试题库；题库中的试题应当覆盖考试大纲全部知识点，每份试卷中考试试题的数量不超过题库试题总量的 5%。

（3）考试机构应当按照相应考试大纲的要求组织考试，遵循公开、公平、公正原则，严格执行考试管理制度，确保考试工作质量。

（4）电梯和自动扶梯设备作业人员的考试包括理论知识考试和实际操作技能考试，电梯和自动扶梯安全管理人员只进行理论知识考试。考试实行百分制，单科成绩达到 70 分为合格；每科均合格，评定为考试合格。

（5）考试成绩有效期 1 年。单项考试科目不合格者，1 年内可以向原考试机构申请补考 1 次。两项均不合格或者补考不合格者，应当向发证机关重新提出考试申请。

（6）考试机构应当在考试结束后的 20 个工作日内公布考试合格人员名单，并将考试结果报送发证机关。申请人向考试机构查询成绩的，考试机构应当告知。

（7）发证机关自行组织考试的，应当符合以上要求。

（六）发证要求

发证机关应当在收到考试结果后的 20 个工作日内完成审批发证工作。

四、复审要求

（一）复审资料提交

持证人员应当在持证项目有效期满的 1 个月以前，向工作所在地或者户籍（户口或者居住证）所在地的发证机关提出复审申请，并提交下列资料：

（1）《特种设备作业人员资格复审申请表》。

（2）《特种设备安全管理和作业人员证》原件。

（二）复审合格的条件

满足下列要求的，复审合格：

（1）持证期间，无违章作业、未发生责任事故。

（2）年龄不超过 65 周岁。

（3）持证期间，《特种设备安全管理和作业人员证》的聘用记录中所从事持证项目的作业时间连续中断未超过 1 年。

（三）其他要求

（1）发证机关办理复审时，应当登录"全国特种设备公示信息查询平台"，核实《特种设备安全管理和作业人员证》的真实性和有效性；无法核实的，申请人应当重新申请取证或者回原发证机关提交复审申请。

（2）发证机关办理复审时，能够当场办理的，应当当场办理完成；需要补正申请材料的，应当一次性告知；复审不合格的，应当说明理由。发证机关应当在 10 个工作日内完成复审工作。

（3）复审不合格、证书有效期逾期未申请复审的持证人员，需要继续从事该项目作业活动的，应当重新申请取证。

第二节 电梯和自动扶梯作业人员考核管理

一、电梯和自动扶梯作业人员考试大纲

（一）电梯和自动扶梯作业人员含义

电梯和自动扶梯作业人员是指从事电梯和自动扶梯修理、维护保养作业的人员。

（二）申请人专项要求

具有相应的电梯和自动扶梯基础知识、专业知识、法规标准知识，具备相应的实际操作技能。

（三）考试方式

考试分为理论知识考试和实际操作技能考试，理论知识考试应当采用"机考化"考试。实际操作技能考试采用实物操作和面试方式，对于采用实物操作方式存在困难或者实际操作危险性高的考试项目可采用虚拟现实，如应急救援。

（四）理论知识考试内容比例和要求

理论知识考试各部分内容所占比例：基础知识占50%，专业知识占25%，法规标准知识占25%。理论知识考试题型包含判断题、选择题，考试题目数量为100题，考试时间为60分钟。

（五）实际操作技能考试内容比例和要求

实际操作技能考试各部分内容所占比例：主要零部件识别占20%，基本操作能力占50%，应急救援处置占30%。

二、电梯和自动扶梯作业人员理论知识

电梯和自动扶梯作业人员理论知识内容如表6-1所示。

表6-1 电梯和自动扶梯作业人员理论知识内容

项点	主要内容
（1）作业人员职责	① 电梯和自动扶梯作业人员基本工作职责 ② 电梯和自动扶梯作业人员工作要求
（2）机械基础知识	① 电梯和自动扶梯常用金属材料和润滑材料基础知识 ② 机械传动基础知识
（3）电气基础知识	① 电流、电压、电阻和欧姆定律的基本概念 ② 电功和电功率的基本概念 ③ 交流电和直流电的特点 ④ 电源电路基础知识 ⑤ 简单电梯和自动扶梯用电子电路基础知识 ⑥ 电梯和自动扶梯常用电气器件基础知识

续表

项点	主要内容
（3）电气基础知识	⑦ 电动机的基础知识 ⑧ 电气原理图基础知识
（4）曳引驱动电梯基本结构	① 曳引系统 ② 导向系统 ③ 重量平衡系统 ④ 轿厢系统 ⑤ 门系统 ⑥ 电力拖动系统 ⑦ 电气控制系统 ⑧ 安全保护系统
（5）自动扶梯的基本结构	① 梯路系统 ② 扶手系统 ③ 驱动系统 ④ 安全保护系统
（6）电梯和自动扶梯安全操作知识	① 三角钥匙等专用钥匙的安全使用 ② 劳动防护用品的使用 ③ 用电安全知识 ④ 防火安全知识 ⑤ 机房、轿顶、井道和底坑安全作业知识 ⑥ 电梯故障排除的安全知识 ⑦ 吊装作业安全知识 ⑧ 常用工具设备操作知识 ⑨ 常用试验项目安全知识（平衡系数、限速器校验、制动试验等） ⑩ 应急救援相关安全知识 ⑪ 危险识别 ⑫ 事故案例分析
（7）其他相关知识	①《中华人民共和国特种设备安全法》 ②《特种设备安全监察条例》 ③《特种设备作业人员监督管理办法》 ④《特种设备使用管理规则》 ⑤《电梯维护保养规则》

续表

项点	主要内容
（7）其他相关知识	⑥《特种设备生产单位许可规则》 ⑦《电梯、自动扶梯和自动人行道维修规范》 ⑧《电梯主要部件报废技术条件》 ⑨《自动扶梯和自动人行道主要部件报废技术条件》 ⑩《电梯技术条件》 ⑪《电梯试验方法》 ⑫ 各类电梯检验检测规则 ⑬ 各类电梯制造、安装相关标准 ⑭ 其他相关的法律、法规、技术标准

三、电梯作业人员实际操作技能考核内容

（一）电梯主要零部件识别

电梯主要零部件如表 6-2 所示。

表 6-2　电梯主要零部件

项点	主要内容
（1）驱动主机	① 电动机 ② 减速箱 ③ 制动器 ④ 曳引轮
（2）紧急救援装置	① 手动松闸装置 ② 手动盘车装置 ③ 紧急电源装置
（3）悬挂装置	① 曳引钢丝绳 ② 非钢丝绳悬挂装置 ③ 端接装置
（4）补偿装置	① 补偿链 ② 导向装置 ③ 补偿绳 ④ 张紧装置
（5）轿厢	① 轿架 ② 操纵箱

续表

项点	主要内容
（5）轿厢	③ 护脚板 ④ 轿顶检修装置 ⑤ 急停开关
（6）对重	① 对重架 ② 对重块 ③ 对重块压紧装置
（7）层门和轿门	① 门扇 ② 层门门套 ③ 地坎 ④ 门悬挂装置 ⑤ 门机系统 ⑥ 自动关闭层门装置
（8）导向装置	① T型导轨 ② 空心导轨 ③ 滑动导靴 ④ 滚轮导靴
（9）安全保护装置	① 门锁装置 ② 门入口保护装置 ③ 限速器及其张紧装置 ④ 安全钳及提拉装置 ⑤ 超载装置 ⑥ 轿厢上行超速保护装置 ⑦ 蓄能型缓冲器和耗能型缓冲器 ⑧ 轿厢意外移动保护装置
（10）电气控制装置	① 接触器 ② 调速装置 ③ 控制装置 ④ 变压器 ⑤ 制动电阻 ⑥ 随行电缆 ⑦ 编码器

(二) 自动扶梯主要零部件识别

自动扶梯主要零部件如表 6-3 所示。

表 6-3 自动扶梯主要零部件

项点	主要内容
(1) 梯级、踏板及其支撑导向装置	① 梯级 ② 踏板 ③ 梯路导轨 ④ 梯级滚轮
(2) 驱动装置	① 主驱动链 ② 驱动皮带 ③ 梯级、踏板链 ④ 主驱动链轮 ⑤ 附加制动器
(3) 扶手装置	① 围裙板 ② 防夹装置 ③ 护壁板 ④ 内、外盖板 ⑤ 扶手防爬/阻挡、防滑行装置
(4) 扶手带系统	① 扶手带 ② 扶手带驱动装置 ③ 扶手导轨 ④ 扶手带张紧装置
(5) 出入口装置	① 梳齿板 ② 检修盖板、楼层板、梳齿支撑板 ③ 扶手带出入口保护装置

(三) 基本操作能力考核内容

基本操作能力内容如表 6-4 所示。

表 6-4 基本操作能力内容

项点	主要内容
(1) 曳引驱动电梯操作能力	① 制动力的测试和调整 ② 制动器间隙的检查 ③ 曳引轮的检查和判断 ④ 曳引钢丝绳的检查、清洁和张力调整

续表

项点	主要内容
（1）曳引驱动电梯操作能力	⑤ 减速箱润滑油的检查、判断和更换
	⑥ 电动机的接线、测量和判断
	⑦ 速度反馈装置的线路检查
	⑧ 继电器、接触器的检查和更换
	⑨ 控制柜状态指示灯的检查和判断
	⑩ 门旁路系统的操作
	⑪ 层门的检查、调整和修理
	⑫ 层站指层器和召唤盒的检查和更换
	⑬ 随行电缆的检查、调整和紧固
	⑭ 补偿链（绳）的检查和紧固
	⑮ 平层装置、端站开关的检查、调整和更换
	⑯ 井道照明的检查和修理
	⑰ 门机系统检查、调整和润滑
	⑱ 轿厢照明、紧急报警装置、风扇的检查和修理
	⑲ 轿顶检修装置和操纵箱按钮、开关的检查和修理
	⑳ 导轨的检查、调整和紧固
	㉑ 导轨润滑部件的检查和调整
	㉒ 导靴的检查、调整和更换
	㉓ 称重装置的检查、调整和紧固
	㉔ 限速器的检查、调整、润滑、复位和校验
	㉕ 限速器张紧装置的检查、调整和更换
	㉖ 安全钳的清理、紧固和间隙调整
	㉗ 夹绳器的检查、复位和调整
	㉘ 缓冲器的检查、判断和调整
	㉙ 限速器-安全钳联动机构的试验和调整
	㉚ 平衡系数的试验和调整
（2）自动扶梯操作能力	① 驱动主机位置检查和紧固
	② TN-S、TN-C-S系统接线和判断
	③ 梯级与踏板的检查、调整和更换
	④ 扶手带驱动力、磨损和噪音的检查和调整
	⑤ 梯级与围裙板、梯级与梳齿板间隙的检查和调整

续表

项点	主要内容
（2）自动扶梯操作能力	⑥ 防夹装置的检查和更换 ⑦ 梳齿板的检查、调整和更换 ⑧ 附加制动器的检查、试验和调整 ⑨ 润滑系统的检查、调整和修理 ⑩ 扶手带入口安全保护装置的检查和调整 ⑪ 梯级下陷安全保护装置的检查和调整 ⑫ 梯级缺失保护装置的检查和调整 ⑬ 出入口传感器的检查判断和更换 ⑭ 检修盖板和楼层板的检查和调整 ⑮ 空载和有载制动距离的试验和调整
（3）应急救援处置能力	① 安全警示的设置 ② 层门紧急开启工具（三角钥匙）的使用 ③ 断电锁闭操作 ④ 安全进出轿顶、底坑的方法
（4）紧急操作装置的操作方法	① 松开制动器操作 ② 手动松闸盘车操作 ③ 紧急电动运行操作 ④ 自动扶梯和自动人行道的松闸盘车 ⑤ 液压电梯的手动泵和紧急下降阀操作

第三节 电梯和自动扶梯运营服务要求、设施

一、电梯和自动扶梯运营服务要求

（一）总则

1. 基本要求

（1）业主应根据有关要求成立或选择适合的管理组织负责电梯和自动扶梯设备运行服务的管理工作，监督管理组织履行其职能，解决其所提出的与电梯和自动扶梯设备运行服务相关的问题。

（2）服务组织应为乘客提供规范、安全、便利、及时、有效、文明和持续改进的服务。

（3）服务组织应为乘客提供规范、有效、及时的电梯和自动扶梯设备信息，包括非正常情况下必要的应急服务和指导信息。

（4）服务组织应为乘客提供满足实际需要的、符合安全规范的服务设施、服务环境。

（5）服务组织应对服务人员的工作风险进行识别，并使该风险得到有效控制。

（6）服务组织应结合使用现状，向业主提供有关安全运行节能环保及提升运行效率等方面的设备综合性能建议。

（7）服务组织应公布其服务承诺。

（8）服务组织应及时向业主和乘客提供乘用安全的建议和提示。

2. 服务管理

（1）服务组织应建立服务质量体系，该体系应至少包括服务规范、计划、操作流程和规章制度。

（2）服务组织应定期对电梯和自动扶梯设备进行检查，保证其处于良好的运行状态。

（3）服务组织对电梯和自动扶梯设备和环境进行风险评价，并将评价的结果和降低风险的措施向相关方通告。

（4）服务组织应制定应对突发事件的应急预案，配备具有事故应急处理能力的人员和装备，并应定期宣传和演练。

（5）服务组织应以书面形式指定电梯和自动扶梯设备的服务人员。

（6）服务组织应定期进行服务质量自我考核评价，也可通过第三方测评机构进行服务质量评价，并根据评价结果不断改进服务。

（二）运营服务内容

1. 管理服务

（1）自电梯和自动扶梯设备纳入管理之后以及出现电梯和自动扶梯维修规范的情况时，应对运行风险进行评价，策划并组织提供相对应的服务内容。

（2）根据有关要求选择有资质与电梯和自动扶梯设备规格相应维修组织负责维修服务工作，签订服务委托合同，并提供必要的技术资料（如电气原理图、使用维护说明书等）。

（3）变更维修组织时，应要求维修组向管理组织说明目前所维护电梯和自动扶梯设备的运行状况并配合交接。

（4）应制定电梯和自动扶梯设备安全使用、日常维护、修理等运行管理制度，并编制应急预案。

（5）应配备安全管理人员，根据电梯和自动扶梯设备特点和公共场所需要决定是否需要提供司机服务。

（6）应由安全管理人员对电梯和自动扶梯设备维修组织提供包括日常维护作业或应急修理等记录及时进行确认。

（7）应按相关规定，负责所管理电梯和自动扶梯的按时检验申报，并配合检验工作。

（8）应妥善管理设备移交时的安全技术档案，以及合同约定的相关备品、备件和专用工具。

（9）应由安全管理人员妥善保管电梯和自动扶梯设备相关的钥匙及其所附的安全提示牌。

（10）应妥善保管电梯和自动扶梯应急救援工具/装备，并置于指定地点，以便发生紧急情况时快速投入使用。

（11）应对危及乘客安全和不文明乘梯的行为进行规劝和阻止。

(12) 管理组织在退出电梯和自动扶梯设备管理前,应向业主移交电梯和自动扶梯设备安全技术档案等。

(13) 应配合电梯和自动扶梯制造单位对其制造的电梯和自动扶梯的安全运行情况进行跟踪调查,并针对跟踪调查中发现的安全隐患和维护方面存在的问题采取必要的措施。

(14) 对电梯和自动扶梯制造单位提高安全性所采取的改进措施予以配合。

2. 日常服务

(1) 应监督并配合维修组织的维护、修理、改造工作,同时对电梯和自动扶梯设备运行和管理进行记录并按有关规定保存。

(2) 应对电梯和自动扶梯设备进行巡查工作,并将任何异常情况及时通知维修组织,必要时应立即停止电梯和自动扶梯设备的运行。

(3) 停运前应先确认电梯和自动扶梯设备无乘客,停运后应及时张贴公告对乘客进行告知。

(4) 应对电梯和自动扶梯设备进行清洁工作,并对负责清洁的人员进行相关的安全教育和培训。

(5) 应保证电梯轿厢内紧急报警装置持续有效,及时响应报警并组织救援。

3. 告知服务

(1) 对于乘客,管理组织应履行告知和宣传义务,内容应包括:

① 使用指南;

② 困人状态下的注意事项和报警方式;

③ 火灾、水灾或地震等紧急状况下的注意事项。

(2) 应在电梯轿厢以及值班室醒目处公示 24 小时应急救援服务电话。

(3) 应采用符合《电梯自动扶梯乘用图形标志及其使用导则》的图形标志,提供导向信息和乘用安全信息。

(4) 根据与维修组织确认的维护时间,应提前以书面公告形式通知乘客,并且做好相关的准备工作。

4. 应急服务

(1) 应制定电梯和自动扶梯设备事故应急预案,并针对所管理电梯和自动扶梯设备定期组织应急演练。

(2) 电梯和自动扶梯设备发生故障时应按应急预案组织排险,保护事故现场,并应及时报告主管部门,同时告知其他乘客。

(3) 当火灾、水灾、地震和大面积停电等外界环境因素可能影响电梯和自动扶梯设备安全使用时,应启动应急预案,进行风险防范。

(4) 对受自然灾害造成较大影响或发生事故而使其安全技术性能受到影响的电梯和自动扶梯设备,应组织排除安全隐患,并经检验机构检验合格后方可重新投入运行。

(5) 应参与当地建立的电梯和自动扶梯设备应急救援及服务处置平台。

5. 其他服务

(1) 根据需要可配备电梯司机服务,电梯司机应是受过专业培训并取得相应资格的人员。

(2) 管理组织宜投保电梯和自动扶梯设备安全责任保险。

(3) 应在电梯轿厢和井道内保证无线通信畅通。

6. 服务承诺与监督

（1）应通过多种方式向乘客公布服务承诺。

（2）乘客需要时，管理组织应对服务承诺做出解释。

（3）服务过程接受社会的监督，并应提供与乘客交流的有效途径。

（4）应接受有关机构监督和检查，保证电梯和自动扶梯设备安全运行。

7. 服务限制

（1）在电梯候梯厅或自动扶梯的出入口、扶手带旁侧区域内进行商业营销推广等聚集性活动，当可能影响乘用安全时，应采取措施予以限制。

（2）电梯或自动扶梯运行区域内，不应设置遮挡或干扰操纵按钮、显示屏等部件以及干扰有关标志、指南指示等服务设施，或影响安全使用的非电梯设备的物品，如广告等。

（3）不应在电梯层门和轿门，或者自动扶梯扶手带上粘贴广告。

（4）电梯轿厢装潢应满足使用安全需求，且不应超过制造单位明确的预留装潢重量。装潢材料应使用难燃或不燃材料。装潢结束后，管理组织应当召集维修组织对电梯相关安全性能进行测试。经测试符合国家相关标准规范后，方可投入使用。

（5）不应使用未经检验或者检验不合格的电梯和自动扶梯设备。

（三）维修服务内容

1. 管理服务

（1）接受电梯和自动扶梯设备维修委托前，应对电梯和自动扶梯设备状况进行全面检查，并向管理组织提交检查报告。

（2）应根据所维修电梯和自动扶梯设备的特点，派遣具备相应资格且具有维修能力的维修人员提供服务。

（3）根据已制定的服务规范、计划、操作流程和规章制度，对维修人员进行安全教育和技能培训并监督实施，保存相关记录。

（4）应有能力提供制定电梯和自动扶梯设备维修服务所必需的合格备件及其合格证明文件。

（5）应配合管理组织制定电梯和自动扶梯设备安全使用管理制度，电梯和自动扶梯设备应急救援预案等文件，保证电梯和自动扶梯设备安全运行。

（6）应每年度对所维修电梯和自动扶梯设备至少进行1次自行检查，出具自检记录或报告。

（7）应根据所维修电梯和自动扶梯设备的运行环境、使用频率、检查结果以及有关规定，制定适宜的修理计划并提交管理组织。

（8）应按规定提交电梯和自动扶梯设备维护、修理、年度自行检查等工作的记录或报告，并在业主、管理组织或有关机构要求时提供查阅。

（9）与管理组织终止委托合同时应进行告知，内容包含终止服务日期、电梯和自动扶梯设备运行状况，并应移交属于管理组织的电梯和自动扶梯设备资料和物品。

2. 日常服务

（1）维修实施之前应主动与管理组织就维修时间、维修对象和维修内容进行告知确认。

（2）维修作业之前应合理设置安全设施和警示标志，并在维修作业结束后及时撤除。

(3) 维修作业过程中应按照所确定的维修计划实施且做好相关记录，并在维修作业结束后与安全管理人员进行书面确认。

(4) 维修作业过程中发现有关电梯和自动扶梯设备的事故隐患，应及时书面告知安全管理人员，并协助落实后续工作。

(5) 对于存在严重事故隐患的电梯和自动扶梯设备，应及时向管理组织报告并出具书面的电梯和自动扶梯设备停用建议，同时应向当地政府主管部门报告。

3. 应急服务

(1) 对管理组织或乘客的故障通知应及时做出应答并到达现场，对于电梯和自动扶梯困人故障应优先处理并做好相关记录，其抵达现场的服务时间期限应满足相关规定和委托合同中的相关要求。

(2) 维修组织应向管理组织提供 24 小时应急救援服务电话，救援电话应有人值守、记录，并保持畅通。

(3) 当电梯和自动扶梯设备发生事故时，维修人员应按应急预案配合管理组织进行排险、抢救和事故现场保护等工作，并及时上报。

4. 服务承诺与监督

(1) 应向管理组织做出服务承诺，并由其通过多种方式向乘客公布，接受用户监督。服务承诺应包括下列内容：

① 确保电梯和自动扶梯设备性能；

② 公布应急救援服务电话和抵达现场的服务时间期限；

③ 公布备件服务响应速度；

④ 公布维修组织的自律承诺。

(2) 应在管理组织或乘客需要时，对服务承诺进行说明或解释。

(3) 公布与管理组织、乘客和社会交流及接受监督的有效途径。

5. 服务行为

(1) 维修人员应按维修组织的服务规范着装，佩戴服务标识。

(2) 维修人员应携带专业维修工具和作业所需的装备。

(3) 维修人员应文明、礼貌、规范地使用服务用语。

(4) 维修人员应严格执行维修作业程序，遵守管理组织制定的有关现场工作的规章制度。

6. 服务限制

(1) 不应在未得到管理组织认可的情况下，擅自提供超出合同约定的服务。根据与管理组织事先约定的处理程序，紧急救援情况下的有关服务事项可以例外，事后应向管理组织补办相关手续。

(2) 不应擅自变更电梯和自动扶梯设备的主要参数和功能。

7. 服务创新

(1) 宜运用先进的信息技术手段，对电梯和自动扶梯设备运行实现远程监视和预诊，采取预防性维护。

(2) 宜运用先进的维修移动终端技术手段，提高对现场维修人员服务过程的质量监督，实现与管理组织、维修人员的有效沟通和电子化确认。

(3) 宜在先进服务技术能力保障的前提下，对所服务电梯和自动扶梯设备实现按需维护，提升服务效率。

二、电梯和自动扶梯运营服务设施

(一) 基本要求

1. 安全管理组织与维修组织部门的基本要求

(1) 管理组织不应启用未经有关机构检验合格的电梯和自动扶梯设备。

(2) 管理组织应保证所有电梯和自动扶梯设备的维修空间不被其他设施占用，应保持通向维修服务区域的通道畅通无阻和充分照明，并符合相关的安全要求。

(3) 管理组织应保证电梯和自动扶梯电源供电、机房温度及湿度符合国家规范要求。

(4) 管理组织应保证电梯设备机房、井道、底坑无漏水和渗水现象。

(5) 维修组织在修理或更换涉及运行安全的零部件时，应按照电梯和自动扶梯设备制造单位的维护说明书进行。

(6) 维修组织在修理或更换涉及运行安全的零部件时，应按照电梯和自动扶梯设备制造单位的维护说明书进行。

(7) 维修组织应要求维修人员在进行可能影响到乘客乘用的相关作业时，应设置带有明显警示标志的防护设施，并落实其他必要的防护措施。

2. 电梯候梯厅设施

(1) 管理组织应根据电梯运行服务场所特点，在基站设置清晰、明确的导向信息，如电梯所服务楼层、服务对象和服务时间等。

(2) 管理组织应设置符合《电梯制造与安装安全规范第 1 部分：乘客电梯和载货电梯》和《电梯制造与安装安全规范第 2 部分：电梯部件的设计原则、计算和检验》相关规定的候梯厅照明。

(3) 管理组织应根据电梯运行服务场所特点，采取旨在降低乘客候梯时间的相关措施。

(4) 管理组织应保证电梯各层层站按钮及指示灯完好，层站楼层显示正常、清晰。

3. 电梯轿厢内的设施

(1) 管理组织应保证轿厢内操作按钮及指示灯完好，楼层显示正常、清晰；管理组织应清晰标示特殊楼层按钮的使用方法。

(2) 管理组织应保证符合《电梯制造与安装安全规范第 1 部分：乘客电梯和载货电梯》和《电梯制造与安装安全规范第 2 部分：电梯部件的设计原则、计算和检验》相关规定的电梯轿厢内照明和通风，可根据需要设置空调，并应保证在电梯运行服务期间这些设施的正常工作。

(3) 管理组织应保证符合《电梯制造与安装安全规范第 1 部分：乘客电梯和载货电梯》和《电梯制造与安装安全规范第 2 部分：电梯部件的设计原则、计算和检验》相关规定的紧急报警装置和应急照明装置能正常工作。

(4) 管理组织应根据电梯运行服务场所的特点，保证所配备的残障人员操作装置和电梯楼层语音指示等设施的正常、有效。

(5) 管理组织应在明显位置张贴电梯使用标志、安全注意事项和有关警示标志。

4. 自动扶梯服务附件的设施

（1）管理组织应设置符合《自动扶梯和自动人行道的制造与安装安全规范》规定的自动扶梯附近的照明警示标志和畅通区域，并应保证在运行服务期间这些设施的正常工作。

（2）维修组织应向管理组织提出必要的节能建议，如电梯轿厢照明控制及照明源的选用、机房温度控制及通风设施的选用、无乘客待机及变频启动功能的选用等。

（二）服务环境

1. 安全环境

（1）服务组织不应在机房及周围、轿厢、底坑、轿顶、候梯厅及出入口放置易燃易爆危险品或有毒有害物质。

（2）管理组织应保证用于乘客乘梯的照明有效且照度足够。

（3）管理组织应保证装潢造成的出入口高低差平滑过渡，以避免乘客被绊倒。

（4）管理组织应为维修人员创造安全的工作环境，包括以安全的方式进出底坑从事维护和检查工作。

（5）管理组织宜根据电梯设备运行服务场所特点或乘客需求，选用有效的监视装置等安全防范措施。

2. 卫生环境

（1）管理组织应向乘客提供明亮、洁净、防滑的候梯环境。

（2）管理组织应及时清除轿厢内、候梯厅及出入口的灰尘、污迹、垃圾、异味等，使其保持干净整洁。清洁物品的选择应避免损伤轿厢装潢部件。

（3）管理组织应在轿厢内与自动扶梯上明显位置设置禁止吸烟标志。

（4）对于电梯轿厢与层站的按钮、轿壁、扶手及自动扶梯扶手带等直接与乘客接触的表面，管理组织应定期清洁，必要时应消毒。

（5）服务组织不应安排未经健康检查的服务人员上岗服务。

3. 环境保护

（1）服务组织遵守国家有关环境保护规定。

（2）服务组织应保证电梯设备运行环境噪声限制符合国家电梯设备相关标准的规定。

（3）服务组织应制定环保操作规程，妥善处置电梯设备日常运行服务管理、维护、修理作业过程中产生的废弃润滑油、固体垃圾、废蓄电池等对环境有影响的废弃物。

（三）实施与评价

1. 基本要求

（1）服务组织应建立内部服务质量监督制度，将服务评价纳入日常工作的考核体系。

（2）服务组织应定期进行服务质量自我评价，或委托第三方进行服务质量评价，每年评价次数不应少于一次。

（3）服务组织应进行服务质量评价的相关数据统计，并应保证原始记录真实、准确、可靠、易查。

（4）服务组织应对不合格的服务项目进行，改进并制定行之有效的措施和跟踪。对改进实施的过程记录存档。

2. 运营服务评价指标

（1）电梯设备运行服务可靠度应高于99%。

（2）自动扶梯设备运行服务可靠度应高于98.5%。

（3）电梯困人次数应低于1.4次/（台·年）。

（4）顾客投诉解决率应为100%。

（5）定期检验合格率应为100%。

3. 维修服务评价指标

（1）定期检验合格率应为100%。

（2）电梯设备故障次数应低于0.2次/（台·月）。

（3）电梯设备困人次数应低于0.02次/（台·月）。

（4）发生电梯困人故障，接到报警后，在规定时间内到达现场率为100%。

（5）定期检验一次合格率应高于94.5%。

4. 顾客满意测评的内容

（1）电梯和自动扶梯设备运行状况能够满足顾客需求的程度。

（2）电梯和自动扶梯设备维护及检修的计划性。

（3）电梯和自动扶梯设备发生故障后应急响应的程度，以及确保故障不重复发生的维修技能水平。

（4）电梯和自动扶梯设备乘用环境的舒适程度。

5. 管理组织开展顾客满意测评内容

（1）电梯和自动扶梯设备运行状况能够满足顾客需求的程度。

（2）服务的及时性和有效性。

（3）服务人员的技能及服务规范。

（4）备件供应质量、及时性等方面的满意程度。

服务组织应定期对所服务项目进行顾客满意测评，也可委托第三方进行顾客满意测评，利用顾客满意测评结果促使组织改进服务质量。

第四节　电梯和自动扶梯维保服务规范

一、自动扶梯维护保养分类

（一）半月保养

1. 半月保养时间要求

每14天至少进行一次半月维护保养。

2. 自动扶梯半月维保项目（内容）和要求

自动扶梯半月维保项目（内容）和要求如表6-5所示。

表 6-5　自动扶梯半月维保项目

序号	维保项目（内容）	要求及标准
（1）	电器部件	清洁，接线紧固
（2）	故障显示板	信号功能正常
（3）	设备运行状况	正常，没有异响和抖动
（4）	主驱动链	运转正常，电气安全保护装置动作有效
（5）	制动器机械装置	清洁，动作正常
（6）	制动器状态检测开关	工作正常
（7）	减速机润滑油	油量适宜，无渗油
（8）	电机通风口	清洁
（9）	检修控制装置	工作正常
（10）	自动润滑油罐油位	油位正常，润滑系统工作正常
（11）	梳齿板开关	工作正常
（12）	梳齿板照明	照明正常
（13）	梳齿板梳齿与踏板面齿槽、导向胶带	梳齿板完好无损，梳齿板梳齿与踏板面齿槽、导向胶带啮合正常
（14）	梯级或者踏板下陷开关	工作正常
（15）	梯级或者踏板缺失监测装置	工作正常
（16）	超速或非操纵逆转监测装置	工作正常
（17）	检修盖板和楼层板	防倾覆或者翻转措施和监控装置有效、可靠
（18）	梯级链张紧开关	位置正确，动作正常
（19）	防护挡板	有效，无破损
（20）	梯级滚轮和梯级导轨	工作正常
（21）	梯级、踏板与围裙板	任一侧的水平间隙及两侧间隙之和符合标准值
（22）	运行方向显示	工作正常
（23）	扶手带入口处保护开关	动作灵活可靠，清除入口处垃圾
（24）	扶手带	表面无毛刺，无机械损伤，运行无摩擦
（25）	扶手带运行	速度正常
（26）	扶手护壁板	牢固可靠
（27）	上下出入口处的照明	工作正常
（28）	上下出入口和扶梯之间保护栏杆	牢固可靠
（29）	出入口安全警示标志	齐全，醒目
（30）	分离机房、各驱动和转向站	清洁，无杂物

续表

序号	维保项目（内容）	要求及标准
（31）	自动运行功能	工作正常
（32）	紧急停止开关	工作正常
（33）	驱动主机的固定	牢固可靠

（二）季度保养

1. 季度保养时间要求

每3个月至少进行一次季度保养。

2. 自动扶梯季度维保项目（内容）和要求

自动扶梯季度维保项目（内容）和要求如表6-6所示。

表6-6 自动扶梯季度维保项目

序号	维保项目（内容）	要求及标准
（1）	电器部件	清洁，接线紧固
（2）	故障显示板	信号功能正常
（3）	设备运行状况	正常，没有异响和抖动
（4）	主驱动链	运转正常，电气安全保护装置动作有效
（5）	制动器机械装置	清洁，动作正常
（6）	制动器状态检测开关	工作正常
（7）	减速机润滑油	油量适宜，无渗油
（8）	电机通风口	清洁
（9）	检修控制装置	工作正常
（10）	自动润滑油罐油位	油位正常，润滑系统工作正常
（11）	梳齿板开关	工作正常
（12）	梳齿板照明	照明正常
（13）	梳齿板梳齿与踏板面齿槽、导向胶带	梳齿板完好无损，梳齿板梳齿与踏板面齿槽、导向胶带啮合正常
（14）	梯级或者踏板下陷开关	工作正常
（15）	梯级或者踏板缺失监测装置	工作正常
（16）	超速或非操纵逆转监测装置	工作正常
（17）	检修盖板和楼层板	防倾覆或者翻转措施和监控装置有效、可靠
（18）	梯级链张紧开关	位置正确，动作正常
（19）	防护挡板	有效，无破损
（20）	梯级滚轮和梯级导轨	工作正常

续表

序号	维保项目（内容）	要求及标准
(21)	梯级、踏板与围裙板	任一侧的水平间隙及两侧间隙之和符合标准值
(22)	运行方向显示	工作正常
(23)	扶手带入口处保护开关	动作灵活可靠，清除入口处垃圾
(24)	扶手带	表面无毛刺，无机械损伤，运行无摩擦
(25)	扶手带运行	速度正常
(26)	扶手护壁板	牢固可靠
(27)	上下出入口处的照明	工作正常
(28)	上下出入口和扶梯之间保护栏杆	牢固可靠
(29)	出入口安全警示标志	齐全，醒目
(30)	分离机房、各驱动和转向站	清洁，无杂物
(31)	自动运行功能	工作正常
(32)	紧急停止开关	工作正常
(33)	驱动主机的固定	牢固可靠
(34)	扶手带的运行速度	相对于梯级、踏板或者胶带的速度允差为0～+2%
(35)	梯级链张紧装置	工作正常
(36)	梯级轴衬	润滑有效
(37)	梯级链润滑	运行工况正常
(38)	防灌水保护装置	动作可靠（雨季到来之前必须完成）

（三）半年保养

1. 半年度保养时间要求

每6个月至少进行一次半年度维护保养。

2. 自动扶梯半年度维保项目（内容）和要求

自动扶梯半年度维保项目（内容）和要求如表6-7所示。

表6-7 自动扶梯半年度维保项目

序号	维保项目（内容）	要求及标准
(1)	电器部件	清洁，接线紧固
(2)	故障显示板	信号功能正常
(3)	设备运行状况	正常，没有异响和抖动
(4)	主驱动链	运转正常，电气安全保护装置动作有效
(5)	制动器机械装置	清洁，动作正常
(6)	制动器状态检测开关	工作正常

续表

序号	维保项目（内容）	要求及标准
(7)	减速机润滑油	油量适宜，无渗油
(8)	电机通风口	清洁
(9)	检修控制装置	工作正常
(10)	自动润滑油罐油位	油位正常，润滑系统工作正常
(11)	梳齿板开关	工作正常
(12)	梳齿板照明	照明正常
(13)	梳齿板梳齿与踏板面齿槽、导向胶带	梳齿板完好无损，梳齿板梳齿与踏板面齿槽、导向胶带啮合正常
(14)	梯级或者踏板下陷开关	工作正常
(15)	梯级或者踏板缺失监测装置	工作正常
(16)	超速或非操纵逆转监测装置	工作正常
(17)	检修盖板和楼层板	防倾覆或者翻转措施和监控装置有效、可靠
(18)	梯级链张紧开关	位置正确，动作正常
(19)	防护挡板	有效，无破损
(20)	梯级滚轮和梯级导轨	工作正常
(21)	梯级、踏板与围裙板	任一侧的水平间隙及两侧间隙之和符合标准值
(22)	运行方向显示	工作正常
(23)	扶手带入口处保护开关	动作灵活可靠，清除入口处垃圾
(24)	扶手带	表面无毛刺，无机械损伤，运行无摩擦
(25)	扶手带运行	速度正常
(26)	扶手护壁板	牢固可靠
(27)	上下出入口处的照明	工作正常
(28)	上下出入口和扶梯之间保护栏杆	牢固可靠
(29)	出入口安全警示标志	齐全，醒目
(30)	分离机房、各驱动和转向站	清洁，无杂物
(31)	自动运行功能	工作正常
(32)	紧急停止开关	工作正常
(33)	驱动主机的固定	牢固可靠
(34)	扶手带的运行速度	相对于梯级、踏板或者胶带的速度允差为0～+2%
(35)	梯级链张紧装置	工作正常
(36)	梯级轴衬	润滑有效

续表

序号	维保项目（内容）	要求及标准
(37)	梯级链润滑	运行工况正常
(38)	防灌水保护装置	动作可靠（雨季到来之前必须完成）
(39)	制动衬厚度	不小于制造单位要求
(40)	主驱动链	清理表面油污，润滑
(41)	主驱动链链条滑块	清洁，厚度符合制造单位要求
(42)	电动机与减速机联轴器	连接无松动，弹性元件外观良好，无老化等现象
(43)	空载向下运行制动距离	符合标准值
(44)	制动器机械装置	润滑，工作有效
(45)	附加制动器	清洁和润滑，功能可靠
(46)	减速机润滑油	按照符合制造单位的要求进行检查、更换
(47)	调整梳齿板梳齿与踏板面齿槽啮合深度和间隙	符合标准值
(48)	扶手带张紧度张紧弹簧负荷长度	符合制造单位要求
(49)	扶手带速度监控系统	工作正常
(50)	梯级踏板加热装置	功能正常，温度感应器接线牢固（冬季到来之前必须完成）

（四）年度保养

1. 年度保养时间要求

每 12 个月至少进行一次年度维护保养。

2. 自动扶梯年度维保项目（内容）和要求

自动扶梯年度维保项目（内容）和要求如表 6-8 所示。

表 6-8 自动扶梯年度维保项目

序号	维保项目（内容）	要求及标准
(1)	电器部件	清洁，接线紧固
(2)	故障显示板	信号功能正常
(3)	设备运行状况	正常，没有异响和抖动
(4)	主驱动链	运转正常，电气安全保护装置动作有效
(5)	制动器机械装置	清洁，动作正常
(6)	制动器状态检测开关	工作正常
(7)	减速机润滑油	油量适宜，无渗油
(8)	电机通风口	清洁

续表

序号	维保项目（内容）	要求及标准
(9)	检修控制装置	工作正常
(10)	自动润滑油罐油位	油位正常，润滑系统工作正常
(11)	梳齿板开关	工作正常
(12)	梳齿板照明	照明正常
(13)	梳齿板梳齿与踏板面齿槽、导向胶带	梳齿板完好无损，梳齿板梳齿与踏板面齿槽、导向胶带啮合正常
(14)	梯级或者踏板下陷开关	工作正常
(15)	梯级或者踏板缺失监测装置	工作正常
(16)	超速或非操纵逆转监测装置	工作正常
(17)	检修盖板和楼层板	防倾覆或者翻转措施和监控装置有效、可靠
(18)	梯级链张紧开关	位置正确，动作正常
(19)	防护挡板	有效，无破损
(20)	梯级滚轮和梯级导轨	工作正常
(21)	梯级、踏板与围裙板	任一侧的水平间隙及两侧间隙之和符合标准值
(22)	运行方向显示	工作正常
(23)	扶手带入口处保护开关	动作灵活可靠，清除入口处垃圾
(24)	扶手带	表面无毛刺，无机械损伤，运行无摩擦
(25)	扶手带运行	速度正常
(26)	扶手护壁板	牢固可靠
(27)	上下出入口处的照明	工作正常
(28)	上下出入口和扶梯之间保护栏杆	牢固可靠
(29)	出入口安全警示标志	齐全，醒目
(30)	分离机房、各驱动和转向站	清洁，无杂物
(31)	自动运行功能	工作正常
(32)	紧急停止开关	工作正常
(33)	驱动主机的固定	牢固可靠
(34)	扶手带的运行速度	相对于梯级、踏板或者胶带的速度允差为 $0\sim+2\%$
(35)	梯级链张紧装置	工作正常
(36)	梯级轴衬	润滑有效
(37)	梯级链润滑	运行工况正常
(38)	防灌水保护装置	动作可靠（雨季到来之前必须完成）

续表

序号	维保项目（内容）	要求及标准
(39)	制动衬厚度	不小于制造单位要求
(40)	主驱动链	清理表面油污，润滑
(41)	主驱动链链条滑块	清洁，厚度符合制造单位要求
(42)	电动机与减速机联轴器	连接无松动，弹性元件外观良好，无老化等现象
(43)	空载向下运行制动距离	符合标准值
(44)	制动器机械装置	润滑，工作有效
(45)	附加制动器	清洁和润滑，功能可靠
(46)	减速机润滑油	按照符合制造单位的要求进行检查、更换
(47)	调整梳齿板梳齿与踏板面齿槽啮合深度和间隙	符合标准值
(48)	扶手带张紧度张紧弹簧负荷长度	符合制造单位要求
(49)	扶手带速度监控系统	工作正常
(50)	梯级踏板加热装置	功能正常，温度感应器接线牢固（冬季到来之前必须完成）
(51)	主接触器	工作可靠
(52)	主机速度检测功能	功能可靠，清洁感应面，感应间隙符合制造单位要求
(53)	电缆	无破损，固定牢固
(54)	扶手带托轮、滑轮群、防静电轮	清洁，无损伤，托轮转动平滑
(55)	扶手带内侧凸缘处	无损伤，清洁扶手导轨滑动面
(56)	扶手带断带保护开关	功能正常
(57)	扶手带导向块和导向轮	清洁，工作正常
(58)	在进入梳齿板处的梯级与导轮的轴向窜动量	符合制造单位要求
(59)	内外盖板连接	紧密牢固，连接处的凸台、缝隙符合制造单位要求
(60)	围裙板安全开关	测试有效
(61)	围裙板对接处	紧密平滑
(62)	电气安全装置	动作可靠
(63)	设备运行状况	正常，梯级运行平稳，无异常抖动，无异常声响

二、曳引驱动电梯维护保养分类和要求

（一）半月保养

1. 年度保养时间要求

每 14 天至少进行一次维护保养。

2. 曳引驱动电梯半月维保项目（内容）和要求

曳引驱动电梯半月维保项目（内容）和要求如表 6-9 所示。

表 6-9　曳引驱动电梯半月维保项目

序号	维保项目（内容）	要求及标准
（1）	机房、滑轮间环境	清洁，门窗完好，照明正常
（2）	手动紧急操作装置	齐全，在指定位置
（3）	驱动主机	运行时无异常振动和异常声响
（4）	制动器各销轴部位	润滑，动作灵活
（5）	制动器间隙	打开时制动衬与制动轮不应发生摩擦，间隙值符合制造单位要求
（6）	制动器作为轿厢意外移动保护装置制停子系统时的自监测	制动力人工方式检测符合使用维护说明书要求；制动力自监测系统有记录
（7）	编码器	清洁，安装牢固
（8）	限速器各销轴部位	润滑，转动灵活；电气开关正常
（9）	层门和轿门旁路装置	工作正常
（10）	紧急电动运行	工作正常
（11）	轿顶	清洁，防护栏安全可靠
（12）	轿顶检修开关、急停开关	工作正常
（13）	导靴上油杯	吸油毛毡齐全，油量适宜，油杯无泄漏
（14）	对重/平衡重块及其压板	对重/平衡重块无松动，压板紧固
（15）	井道照明	齐全、正常
（16）	轿厢照明、风扇、应急照明	工作正常
（17）	轿厢检修开关、急停开关	工作正常
（18）	轿内报警装置、对讲系统	工作正常
（19）	轿内显示、指令按钮、IC 卡系统	齐全、有效
（20）	轿门防撞击保护装置（安全触板，光幕、光电等）	功能有效
（21）	轿门门锁电气触点	清洁，触点接触良好，接线可靠
（22）	轿门运行	开启和关闭工作正常

续表

序号	维保项目（内容）	要求及标准
(23)	轿厢平层精度	符合标准
(24)	层站召唤、层楼显示	齐全、有效
(25)	层门地坎	清洁
(26)	层门自动关门装置	正常
(27)	层门门锁自动复位	用层门钥匙打开手动开锁装置释放后，层门门锁能自动复位
(28)	层门门锁电气触点	清洁，触点接触良好，接线可靠
(29)	层门锁紧元件啮合长度	不小于7mm
(30)	底坑环境	清洁，无渗水、积水，照明正常
(31)	底坑停止装置	工作正常
(32)	监控摄像头	工作正常

（二）季度保养

1. 季度保养时间要求

每3个月至少进行一次维护保养。

2. 曳引驱动电梯季度维保项目（内容）和要求

曳引驱动电梯季度维保项目（内容）和要求如表6-10所示。

表6-10 曳引驱动电梯季度维保项目

序号	维保项目（内容）	要求及标准
(1)	机房、滑轮间环境	清洁，门窗完好，照明正常
(2)	手动紧急操作装置	齐全，在指定位置
(3)	驱动主机	运行时无异常振动和异常声响
(4)	制动器各销轴部位	润滑，动作灵活
(5)	制动器间隙	打开时制动衬与制动轮不应发生摩擦，间隙值符合制造单位要求
(6)	制动器作为轿厢意外移动保护装置制停子系统时的自监测	制动力人工方式检测符合使用维护说明书要求；制动力自监测系统有记录
(7)	编码器	清洁，安装牢固
(8)	限速器各销轴部位	润滑，转动灵活；电气开关正常
(9)	层门和轿门旁路装置	工作正常
(10)	紧急电动运行	工作正常
(11)	轿顶	清洁，防护栏安全可靠

续表

序号	维保项目（内容）	要求及标准
(12)	轿顶检修开关、急停开关	工作正常
(13)	导靴上油杯	吸油毛毡齐全，油量适宜，油杯无泄漏
(14)	对重/平衡重块及其压板	对重/平衡重块无松动，压板紧固
(15)	井道照明	齐全、正常
(16)	轿厢照明、风扇、应急照明	工作正常
(17)	轿厢检修开关、急停开关	工作正常
(18)	轿内报警装置、对讲系统	工作正常
(19)	轿内显示、指令按钮、IC卡系统	齐全、有效
(20)	轿门防撞击保护装置（安全触板、光幕、光电等）	功能有效
(21)	轿门门锁电气触点	清洁，触点接触良好，接线可靠
(22)	轿门运行	开启和关闭工作正常
(23)	轿厢平层精度	符合标准
(24)	层站召唤、层楼显示	齐全、有效
(25)	层门地坎	清洁
(26)	层门自动关门装置	正常
(27)	层门门锁自动复位	用层门钥匙打开手动开锁装置释放后，层门门锁能自动复位
(28)	层门门锁电气触点	清洁，触点接触良好，接线可靠
(29)	层门锁紧元件啮合长度	不小于7mm
(30)	底坑环境	清洁，无渗水、积水，照明正常
(31)	底坑停止装置	工作正常
(32)	减速机润滑油	油量适宜，除蜗杆伸出端外均无渗漏
(33)	制动衬	清洁，磨损量不超过制造单位要求
(34)	编码器	工作正常
(35)	选层器动静触点	清洁，无烧蚀
(36)	曳引轮槽、悬挂装置	清洁，钢丝绳无严重油腻，张力均匀，符合制造单位要求
(37)	限速器轮槽、限速器钢丝绳	清洁，无严重油腻
(38)	靴衬、滚轮	清洁，磨损量不超过制造单位要求
(39)	验证轿门关闭的电气安全装置	工作正常

续表

序号	维保项目（内容）	要求及标准
(40)	层门、轿门系统中传动钢丝绳、链条、胶带	按照制造单位要求进行清洁、调整
(41)	层门门导靴	磨损量不超过制造单位要求
(42)	消防开关	工作正常，功能有效
(43)	耗能缓冲器	电气安全装置功能有效，油量适宜，柱塞无锈蚀
(44)	限速器张紧轮装置和电气安全装置	工作正常

（三）半年保养

1. 半年度保养时间要求

每 6 个月至少进行一次维护保养。

2. 曳引驱动电梯半年度维保项目（内容）和要求

曳引驱动电梯半年度维保项目（内容）和要求如表 6-11 所示。

表 6-11　曳引驱动电梯半年度维保项目

序号	维保项目（内容）	要求及标准
(1)	机房、滑轮间环境	清洁，门窗完好，照明正常
(2)	手动紧急操作装置	齐全，在指定位置
(3)	驱动主机	运行时无异常振动和异常声响
(4)	制动器各销轴部位	润滑，动作灵活
(5)	制动器间隙	打开时制动衬与制动轮不应发生摩擦，间隙值符合制造单位要求
(6)	制动器作为轿厢意外移动保护装置制停子系统时的自监测	制动力人工方式检测符合使用维护说明书要求；制动力自监测系统有记录
(7)	编码器	清洁，安装牢固
(8)	限速器各销轴部位	润滑，转动灵活；电气开关正常
(9)	层门和轿门旁路装置	工作正常
(10)	紧急电动运行	工作正常
(11)	轿顶	清洁，防护栏安全可靠
(12)	轿顶检修开关、急停开关	工作正常
(13)	导靴上油杯	吸油毛毡齐全，油量适宜，油杯无泄漏
(14)	对重/平衡重块及其压板	对重/平衡重块无松动，压板紧固
(15)	井道照明	齐全、正常
(16)	轿厢照明、风扇、应急照明	工作正常

续表

序号	维保项目（内容）	要求及标准
（17）	轿厢检修开关、急停开关	工作正常
（18）	轿内报警装置、对讲系统	工作正常
（19）	轿内显示、指令按钮、IC卡系统	齐全、有效
（20）	轿门防撞击保护装置（安全触板，光幕、光电等）	功能有效
（21）	轿门门锁电气触点	清洁，触点接触良好，接线可靠
（22）	轿门运行	开启和关闭工作正常
（23）	轿厢平层精度	符合标准
（24）	层站召唤、层楼显示	齐全、有效
（25）	层门地坎	清洁
（26）	层门自动关门装置	正常
（27）	层门门锁自动复位	用层门钥匙打开手动开锁装置释放后，层门门锁能自动复位
（28）	层门门锁电气触点	清洁，触点接触良好，接线可靠
（29）	层门锁紧元件啮合长度	不小于7mm
（30）	底坑环境	清洁，无渗水、积水，照明正常
（31）	底坑停止装置	工作正常
（32）	减速机润滑油	油量适宜，除蜗杆伸出端外均无渗漏
（33）	制动衬	清洁，磨损量不超过制造单位要求
（34）	编码器	工作正常
（35）	选层器动静触点	清洁，无烧蚀
（36）	曳引轮槽、悬挂装置	清洁，钢丝绳无严重油腻，张力均匀，符合制造单位要求
（37）	限速器轮槽、限速器钢丝绳	清洁，无严重油腻
（38）	靴衬、滚轮	清洁，磨损量不超过制造单位要求
（39）	验证轿门关闭的电气安全装置	工作正常
（40）	层门、轿门系统中传动钢丝绳、链条、胶带	按照制造单位要求进行清洁、调整
（41）	层门门导靴	磨损量不超过制造单位要求
（42）	消防开关	工作正常，功能有效
（43）	耗能缓冲器	电气安全装置功能有效，油量适宜，柱塞无锈蚀

续表

序号	维保项目（内容）	要求及标准
(44)	限速器张紧轮装置和电气安全装置	工作正常
(45)	电动机与减速机联轴器螺栓	连接无松动，弹性元件外观良好，无老化等现象
(46)	曳引轮、导向轮轴承部	无异常声，无振动，润滑良好
(47)	曳引轮槽	磨损量不超过制造单位要求
(48)	制动器上检测开关	工作正常，制动器动作可靠
(49)	控制柜内各接线端子	各接线紧固、整齐，线号齐全清晰
(50)	控制柜各仪表	显示正确
(51)	井道、对重、轿顶各反绳轮轴承部	无异常声，无振动，润滑良好
(52)	悬挂装置、补偿绳	磨损量、断丝数不超过要求
(53)	绳头组合	螺母无松动
(54)	限速器钢丝绳	磨损量、断丝数不超过制造单位要求
(55)	层门、轿门门扇	门扇各相关间隙符合标准
(56)	轿门开门限制装置	工作正常
(57)	对重缓冲距离	符合标准值
(58)	补偿链（绳）与轿厢、对重接合处	固定、无松动
(59)	上下极限开关	工作正常

（四）年度保养

1. 年度保养时间要求

每12个月至少进行一次年度维护保养。

2. 曳引驱动电梯年度维保项目（内容）和要求

曳引驱动电梯年度维保项目（内容）和要求如表6-12所示。

表6-12 曳引驱动电梯年度维保项目

序号	维保项目（内容）	要求及标准
(1)	机房、滑轮间环境	清洁，门窗完好，照明正常
(2)	手动紧急操作装置	齐全，在指定位置
(3)	驱动主机	运行时无异常振动和异常声响
(4)	制动器各销轴部位	润滑，动作灵活
(5)	制动器间隙	打开时制动衬与制动轮不应发生摩擦，间隙值符合制造单位要求
(6)	制动器作为轿厢意外移动保护装置制停子系统时的自监测	制动力人工方式检测符合使用维护说明书要求；制动力自监测系统有记录

续表

序号	维保项目（内容）	要求及标准
(7)	编码器	清洁，安装牢固
(8)	限速器各销轴部位	润滑，转动灵活；电气开关正常
(9)	层门和轿门旁路装置	工作正常
(10)	紧急电动运行	工作正常
(11)	轿顶	清洁，防护栏安全可靠
(12)	轿顶检修开关、急停开关	工作正常
(13)	导靴上油杯	吸油毛毡齐全，油量适宜，油杯无泄漏
(14)	对重/平衡重块及其压板	对重/平衡重块无松动，压板紧固
(15)	井道照明	齐全、正常
(16)	轿厢照明、风扇、应急照明	工作正常
(17)	轿厢检修开关、急停开关	工作正常
(18)	轿内报警装置、对讲系统	工作正常
(19)	轿内显示、指令按钮、IC卡系统	齐全、有效
(20)	轿门防撞击保护装置（安全触板，光幕、光电等）	功能有效
(21)	轿门门锁电气触点	清洁，触点接触良好，接线可靠
(22)	轿门运行	开启和关闭工作正常
(23)	轿厢平层精度	符合标准
(24)	层站召唤、层楼显示	齐全、有效
(25)	层门地坎	清洁
(26)	层门自动关门装置	正常
(27)	层门门锁自动复位	用层门钥匙打开手动开锁装置释放后，层门门锁能自动复位
(28)	层门门锁电气触点	清洁，触点接触良好，接线可靠
(29)	层门锁紧元件啮合长度	不小于7mm
(30)	底坑环境	清洁，无渗水、积水，照明正常
(31)	底坑停止装置	工作正常
(32)	减速机润滑油	油量适宜，除蜗杆伸出端外均无渗漏
(33)	制动衬	清洁，磨损量不超过制造单位要求
(34)	编码器	工作正常
(35)	选层器动静触点	清洁，无烧蚀

第六章 城市轨道交通电梯和自动扶梯设备运营管理

续表

序号	维保项目（内容）	要求及标准
(36)	曳引轮槽、悬挂装置	清洁，钢丝绳无严重油腻，张力均匀，符合制造单位要求
(37)	限速器轮槽、限速器钢丝绳	清洁，无严重油腻
(38)	靴衬、滚轮	清洁，磨损量不超过制造单位要求
(39)	验证轿门关闭的电气安全装置	工作正常
(40)	层门、轿门系统中传动钢丝绳、链条、胶带	按照制造单位要求进行清洁、调整
(41)	层门门导靴	磨损量不超过制造单位要求
(42)	消防开关	工作正常，功能有效
(43)	耗能缓冲器	电气安全装置功能有效，油量适宜，柱塞无锈蚀
(44)	限速器张紧轮装置和电气安全装置	工作正常
(45)	电动机与减速机联轴器螺栓	连接无松动，弹性元件外观良好，无老化等现象
(46)	曳引轮、导向轮轴承部	无异常声，无振动，润滑良好
(47)	曳引轮槽	磨损量不超过制造单位要求
(48)	制动器上检测开关	工作正常，制动器动作可靠
(49)	控制柜内各接线端子	各接线紧固、整齐，线号齐全清晰
(50)	控制柜各仪表	显示正确
(51)	井道、对重、轿顶各反绳轮轴承部	无异常声，无振动，润滑良好
(52)	悬挂装置、补偿绳	磨损量、断丝数不超过要求
(53)	绳头组合	螺母无松动
(54)	限速器钢丝绳	磨损量、断丝数不超过制造单位要求
(55)	层门、轿门门扇	门扇各相关间隙符合标准
(56)	轿门开门限制装置	工作正常
(57)	对重缓冲距离	符合标准值
(58)	补偿链（绳）与轿厢、对重接合处	固定、无松动
(59)	上下极限开关	工作正常
(60)	减速机润滑油	按照制造单位要求适时更换，保证油质符合要求
(61)	控制柜接触器，继电器触点	接触良好
(62)	制动器铁芯（柱塞）	进行清洁、润滑、检查，磨损量不超过制造单位要求
(63)	制动器制动能力	符合制造单位要求，保持有足够的制动力；必要时进行轿厢装载125%额定载重量的制动试验

续表

序号	维保项目（内容）	要求及标准
(64)	导电回路绝缘性能测试	符合标准
(65)	限速器安全钳联动试验（对于使用年限不超过15年的限速器，每2年进行一次限速器动作速度校验；对于使用年限超过15年的限速器，每年进行一次限速器动作速度校验）	工作正常
(66)	上行超速保护装置动作试验	工作正常
(67)	轿厢意外移动保护装置动作试验	工作正常
(68)	轿顶、轿厢架、轿门及其附件安装螺栓	紧固
(69)	轿厢和对重/平衡重的导轨支架	固定，无松动
(70)	轿厢和对重/平衡重的导轨	清洁，压板牢固
(71)	随行电缆	无损伤
(72)	层门装置和地坎	无影响正常使用的变形，各安装螺栓紧固
(73)	轿厢称重装置	准确有效
(74)	安全钳钳座	固定，无松动
(75)	轿底各安装螺栓	紧固
(76)	缓冲器	固定，无松动

第五节 合同管理

一、承包方式分类

（一）小包

1. 小包服务内容

城市轨道交通电梯和自动扶梯小包服务内容通常包括：日常维护保养、应急处理服务、年检服务、应急值班、运营时段保驾。

2. 小包服务费用组成

城市轨道交通电梯和自动扶梯小包维护保养费通常由保养人工费、应急处置人工服务费、年检费组成。

（二）中包

1. 中包服务内容

城市轨道交通电梯和自动扶梯中包服务内容通常包括：日常维护保养、应急处理服务、年检服务、应急值班、运营时段保驾、部分易损或一定金额范围内的配件更换及修理。

2. 中包服务费用组成

城市轨道交通电梯和自动扶梯中包维护保养费通常由保养人工费、应急处置人工服务费、年检费、部分易损或一定金额范围内的配件更换及修理人工费组成。

（三）全包

1. 全包服务内容

城市轨道交通电梯和自动扶梯全包服务内容通常包括：日常维护保养、应急处理服务、年检服务、应急值班、运营时段保驾、全部配件更换及修理。

2. 全包服务费用组成

城市轨道交通电梯和自动扶梯全包维护保养费通常由保养人工费、维修人员值班费、年检费、配件更换费、材料费、修理工时费、中修费和大修费组成。

二、合同组成（参考范本）

（一）项目概述

1. 项目名称

＊＊＊＊自动扶梯和电梯维护保养项目。

2. 项目内容

＊＊＊＊共＊＊＊＊台自动扶梯和＊＊＊＊台电梯的维护保养。

（二）项目期限

本项目期限为＊年＊＊月＊＊日，自＊＊＊＊年＊＊月＊＊日起至＊＊＊＊年＊＊月＊＊日止。若遇到不可抗力等因素，须与甲方共同协商进行调整，保质保量完成维护保养项目。

（三）项目金额

本合同总金额为￥＊＊＊＊＊＊＊＊.00，人民币（大写）：＊＊＊＊＊＊整。本合同中自动扶梯维保平均单价约为￥＊＊＊＊元/（年·台），电梯维保平均单价为￥＊＊＊＊元/（年·台），共＊＊＊＊台自动扶梯和＊＊＊台电梯。

（四）甲方的权利、责任和义务

（1）甲方有权监督乙方按照合同约定履行维护保养义务，发出故障通知或提出建议。

（2）甲方有权要求乙方保障电梯、自动扶梯的正常运行。乙方的维护保养达不到合同约定的维护保养标准或要求的，甲方有权拒绝在维护保养记录上签字。

（3）甲方对乙方提交的事故、故障原因分析结果有异议时，甲方可委托第三方进行专业鉴定。如鉴定结果证实乙方提交的事故、故障原因分析报告符合实际，则委托第三方产生的相关费用由甲方支付；如鉴定结果证实乙方提交的事故、故障原因分析报告不符合实际，则委托第三方产生的相关费用由乙方支付。

（4）甲方有权根据生产需要提出培训要求，乙方必须按照甲方要求及计划进行培训。

（5）甲方有权对电梯和自动扶梯设备作业人员作业情况进行检查，及时纠正违章作业行为。

（6）甲方应在电梯和自动扶梯显著位置张贴有效的电梯和自动扶梯使用标志，标明电梯和自动扶梯使用单位名称、应急救援电话、日常维护保养单位的名称、紧急抢修和投诉电话，保持电梯紧急报警装置与救援服务的联系通畅。

（7）甲方提供乙方必要的维护保养及年检所需资料。

（8）甲方应按照规定及时完成对乙方的考核，并按照合同约定按期向乙方支付合同款项。

（9）甲方未经乙方书面许可，不得允许第三方人员更改、增加、调整、修理或更换电梯、自动扶梯的部件或零件。

（10）经乙方同意，甲方可进行临时抢修。抢修结束后乙方必须检查确认已排查隐患，若乙方没有进行确认或确认后发生事故，由乙方承担全部责任。

（五）乙方的权利、责任和义务

（1）乙方有权要求甲方提供必要的维护保养及年检所需资料。

（2）乙方按约定完成维保作业后有权要求甲方及时在维护保养记录上签字。

（3）乙方按约定实施本合同项目，确保项目质量达到要求的验收规范和质量验收标准，同时满足甲方的维修规程要求。

（4）乙方必须做好维保计划与人员安排，报甲方认可后提交车站备案。乙方应至少提前三个月提报维保计划。

（5）乙方必须详细记录故障信息、维护保养和备件更换等相关台账。

（6）乙方必须根据相关安全技术规范以及电梯产品安装使用维护说明书的要求，制定维保计划与方案，建立现场管理制度。

（7）乙方必须设立能够保证故障及时维修的备品备件仓库，确保服务质量。

（8）乙方维保时必须遵守甲方的有关规章制度，动用明火时应经甲方批准后方能操作。

（9）乙方必须严格遵守甲、乙双方合同条款内的有关规定。若乙方违反相关规定，则甲方可按合同条款对乙方进行处罚。

（10）乙方接报故障信息后 30 分钟内到达现场；接到甲方报修电话后 24 小时内修复设备故障。关键设备无法在 24 小时内修复的，乙方应将无法修复原因以书面形式告知甲方，并在接报故障信息后的 3 天内完成修复并投入使用。

（11）乙方实施维修时应填写检修单，完工后须由报修部门签单，并交甲方机电中心存档。

（12）乙方必须每年度至少开展一次自行检查，自行检查在电梯、自动扶梯设备检验机构进行定期检验之前进行。自行检查项目及其内容根据使用状况确定，但是不少于电梯、自动扶梯年度维保和电梯、自动扶梯定期检验规定的项目及其内容，并且向甲方出具有自行检查和审核人员的签字、加盖维保单位公章或者其他专用章的自行检查记录或者报告。

（13）乙方在项目中所使用的零部件，必须检测合格并附有产品合格证。禁止使用废旧零部件。

（14）乙方对更换下的废弃部件交甲方统一管理。

(15) 若因乙方工作失误或过错,造成媒体曝光或甲方损失的,因此产生的责任和直接损失由乙方承担。

(16) 因乙方原因导致发生事故或伤亡的由乙方负责,甲方积极配合,协助乙方救治。

(17) 乙方派出保养人员中,持有《特种设备作业人员证》(T1、T2)的人员不得低于80%,实习生不得超过20%。

(18) 维保项目中,正常使用损坏的所有零配件,由甲方提供相应零配件或替代品,乙方负责更换并将更换后的零部件交甲方统一保管,建立台账备查。

(19) 乙方必须在电梯和自动扶梯安全检验合格有效期届满前三个月,向特种设备安全监督管理部门提出电梯和自动扶梯年检申请,并承担年检费用。因维护保养原因导致电梯和自动扶梯年检不合格的,由乙方负责整改合格,并承担其复检费用。

(20) 因乙方原因,发生乘客由于乘坐电梯、自动扶梯受到伤害,均由乙方负责赔偿(除乙方提供电梯各项技术指标达到运行要求或乘客乘梯不当的情况),甲方有协调的义务;如乙方不同意赔偿,乙方可申请第三方裁决,裁决费用由裁决结果的责任方承担。

(21) 接到故障通知后,应当立即赶赴现场进行处理;电梯、自动扶梯困人时,乙方接报后应当在30分钟内抵达现场,并在2小时内救出被困人员。

(22) 乙方在维保过程中,发现事故隐患应及时告知甲方;发现严重事故隐患,应及时向当地特种设备安全监督管理部门报告。

(23) 作业中应当负责落实现场安全防护措施,保证作业安全。

(24) 向甲方提出维保的合理化建议,并每月向甲方书面报告所维护保养电梯的运行情况、零部件使用情况、易损件的更换情况。

(25) 乙方对所维护保养电梯和自动扶梯的安全运行负责,保障设备整机及零部件完整无损。

(26) 乙方不得以任何形式分包、转包。

(27) 根据甲方要求,乙方无偿配合甲方安排的施工,包括电梯井道玻璃清洁配合(频次不超过1轮/年)、安全检查配合、井道和底坑渗水处理配合、摄像头视频线故障处理配合、电梯消防联动及运行情况监控线路故障处理等相关施工。

(28) 乙方负责制作《电梯安全管理责任公示牌》。材质要求及模板由甲方提供,乙方负责采购,并配合粘贴。

(29) 若甲方未在付款日后30天内支付费用,乙方有权停止所有服务直至所有费用付清。停止服务包括不响应停梯故障,但排除电梯困人或伤人情况。

(30) 为保证维护保养质量,电梯每次每台保养时间不得低于40分钟,自动扶梯维护保养每次每台保养时间不得低于1小时。

(六)违约责任

(1) 合同一方未按约定履行义务给对方造成直接损失的,应当承担赔偿责任。

(2) 合同一方无法继续履行合同的,应当及时通知另一方,并由责任方承担因合同解除而造成的损失。

(3) 因维护保养原因导致人身伤亡或维护保养过程中导致设备损坏、丢失的,由乙方负责承担所发生的一切费用及相应法律责任。如乙方不服,乙方可申请第三方裁决,裁决费用由裁决结果的责任方承担。

（七）争议解决方式

合同未尽事宜由双方友好协商。协商不成，任何一方均可提请仲裁委员会按其仲裁规则裁决。

（八）合同的解除

（1）甲乙双方协商一致，可以解除合同。

（2）任何一方严重违约导致合同无法继续履行的，另一方可以解除合同。此外，任何一方不得单方解除合同。

三、违章考核

合同履约过程中存在违规违章行为，甲方可根据表 6-13 的条款进行考核，条款应作为合同附属部分执行。

表 6-13 合同履约考核条款（参考范本）

考核项目		考核内容	考核值
安全生产	A 类	由设备缺陷或维保原因造成的人身伤亡事故（20 万元/死亡一人、10 万元/重伤一人、5 万元/轻伤一人）	双方共同商议
		严重违反国家、政府、行业法律、法规及强制性标准规范，不听劝阻、屡不整改	双方共同商议
		发生各类事故、事件及对社会和周边环境造成影响，且对管理使用单位产生严重负面影响	双方共同商议
		违反上级部门和使用单位文件，一个月内连续发生重复事件 3 次及以上	双方共同商议
	B 类	发生各类事故、事件及对社会和周边环境造成影响，对管理使用单位产生一定影响，且整改不到位	双方共同商议
		违反国家、政府、行业法律、法规及强制性标准规范，整改不到位	双方共同商议
		违反上级部门及使用单位相关文件规定，一个季度内连续 3 次发生同类事件	双方共同商议
		乙方提交的事故、故障原因分析报告不符合实际或弄虚作假	双方共同商议
	C 类	违反消防法规，情节严重	双方共同商议
		对甲方提出的整改方案、措施，不配合整改落实	双方共同商议
		作业现场无安全防护措施或防护措施不到位	双方共同商议
		因维保原因造成的故障，原则上每天不超过 1 个，按月度总数量考核	双方共同商议

第六章 城市轨道交通电梯和自动扶梯设备运营管理

续表

考核项目		考核内容	考核值
安全生产	C类	一个月内发生3次及以上电梯困人事件（因维保和设备质量原因导致）	双方共同商议
		一个季度内发生5次及以上电梯困人事件（因维保和设备质量原因导致）	双方共同商议
	D类	未按期进行一年一度的设备安全检验并取得合格证	双方共同商议
		限速器未按期年检（两年一次）	双方共同商议
		特种工种操作人员未持证上岗	双方共同商议
		作业人员在维保作业和故障抢修时未着工作服（特殊情况除外）	双方共同商议
		作业现场不服从使用单位安全管理员的指挥	双方共同商议
		未经使用单位同意，维保单位擅自变更项目负责人员	双方共同商议
		维保人员变动率超过30%	双方共同商议
服务质量		因电梯、自动扶梯故障或技术缺陷或维保不到位影响客运服务等原因导致乘客投诉	双方共同商议
		故障响应到场时间超30分钟	双方共同商议
		故障修复时间超过24小时，但未超过3天（重大部件除外）	双方共同商议
		故障修复时间超过3天，但不超过7天（重大部件除外）	双方共同商议
		故障修复时间超过7天及以上	双方共同商议
		故障或缺陷不能按约定的时间节点内完成整改	双方共同商议
		故障后不能在10个工作日内查明故障原因并修复	双方共同商议
		未按规定对电梯故障进行详细分析，未及时提交电子版故障分析报告	双方共同商议
		召开维保单位月度生产例会时维保负责人未提供纸质版故障分析报告	双方共同商议
		维保单位月度生产例会无故迟到或缺席	双方共同商议
		维保单位第一或第二负责人无故缺席委外单位月度生产例会	双方共同商议
		自动扶梯及电梯的运营指标的月度统计数据不满足要求（自动扶梯可靠度≥98.5%；电梯可靠度≥99%）	双方共同商议
现场作业		未严格执行现场施工管理办法，不服从现场管理	双方共同商议
		利用现场电源进行工作范围以外的充电作业	双方共同商议
		运营结束后通过非正常途径进入车站	双方共同商议
		禁烟区吸烟	双方共同商议
		作业现场环境不整洁，不满足车站管理要求	双方共同商议

续表

考核项目	考核内容	考核值
计划执行	未按时提报施工保养计划	双方共同商议
	未按要求办理施工手续或手续不符要求	双方共同商议
	未按要求参加施工协调会	双方共同商议
	未按施工计划进行施工作业	双方共同商议
	未按使用单位规定在值班室进行登记、注销	双方共同商议
维修质量	施工完成后未做到工完场清	双方共同商议
	施工完成后未做到设备正常投运	双方共同商议

四、其他事项

(一) 故障处理要求

(1) 乙方接报故障信息后 30 分钟内到达现场；接到甲方报修电话后 24 小时内修复设备故障。关键设备无法在 24 小时内修复的，乙方应将无法修复原因以书面形式告知甲方，并在接报故障信息后的 3 天内完成修复并投入使用。

(2) 乙方实施维修时应填写维修单。完工后须由报修部门签单，并交甲方管理部门存档。

(3) 因维保原因造成的故障，原则上每天不超过 1 个，按月度总数量统计考核。

(4) 乙方对所维护保养自动扶梯及电梯设备的安全运行负责，保障设备整机及零部件完整无损。

(5) 在项目执行中，由甲方提供所需更换的零配件及维护保养所需润滑油脂；乙方将所有更换下来的零配件交甲方处理。

(二) 定期检验技术要求

(1) 甲方委托乙方负责在自动扶梯安全检验合格有效期届满前 3 个月，向特种设备安全监督管理部门提出电梯、自动扶梯定期检验申请。

(2) 乙方负责组织开展电梯和自动扶梯定期检验工作，并承担检验产生的所有费用。

(3) 因维护保养原因导致电梯和自动扶梯定期检验不合格的，由乙方负责整改直到合格，并承担其复检费用。

(4) 乙方负责在电梯和自动扶梯安全检验合格有效期届满前，取得检验报告和检验合格标志。

(5) 乙方负责组织开展限速器的定期校验，并承担检验产生的所有费用。

第七章　电梯和自动扶梯设备安全管理

第一节　安全管理的内容

一、生产管理

（一）生产单位应当具备的条件

国家按照分类监督管理的原则对电梯和自动扶梯设备生产实行许可制度。电梯和自动扶梯生产单位应当具备下列条件，并经过负责电梯和自动扶梯设备安全监督管理的部门许可，方可从事生产活动。

（1）有与生产相适应的专业技术人员。
（2）有与生产相适应的设备、设施和工作场所。
（3）有健全的质量保证、安全管理和岗位责任等制度。

（二）其他要求

（1）设备产品、部件或者试制的设备新产品、新部件以及设备采用的新材料，按照安全技术规范的要求需要通过型式试验进行安全性验证的，应当经过负责电梯和自动扶梯设备安全监督管理部门核准的检验机构进行型式试验。

（2）设备出厂时，应当随附安全技术规范要求的设计文件、产品质量合格证明、安装及使用维护保养说明、监督检验证明等相关技术资料和文件，并在电梯和自动扶梯设备显著位置设置产品铭牌、安全警示标志及其说明。

（3）电梯和自动扶梯的安装、改造、修理，必须由电梯和自动扶梯制造单位或者其委托的依照《中华人民共和国特种设备安全法》取得相应许可的单位进行。电梯和自动扶梯制造单位委托其他单位进行电梯安装、改造、修理的，应当对其安装、改造、修理进行安全指导和监控，并按照安全技术规范的要求进行校验和调试。

（4）在设计使用寿命期限内的电梯和自动扶梯，电梯和自动扶梯制造单位对其安全性能负责。

（5）电梯和自动扶梯设备安装、改造、修理的施工单位应当在施工前，将拟进行的电梯和自动扶梯设备安装、改造、修理情况书面告知直辖市或者设区的市级人民政府负责电梯和自动扶梯设备安全监督管理的部门。

（6）电梯和自动扶梯设备安装、改造、修理竣工后，安装、改造、修理的施工单位应当在验收后 30 日内将相关技术资料和文件移交电梯和自动扶梯设备使用单位。电梯和自动扶梯设备使用单位应当将其存入该电梯和自动扶梯设备的安全技术档案。

(7) 电梯和自动扶梯的安装、改造、重大修理过程，应当经电梯和自动扶梯设备检验机构按照安全技术规范的要求进行监督检验；未经监督检验或者监督检验不合格的，不得出厂或者交付使用。

二、经营管理

(1) 电梯和自动扶梯设备在出租期间的使用管理和维护保养义务由电梯和自动扶梯设备出租单位承担，法律另有规定或者当事人另有约定的除外。

(2) 进口的电梯和自动扶梯设备应当符合我国安全技术规范的要求，并经检验合格；需要取得我国电梯和自动扶梯设备生产许可的，应当取得许可。进口电梯和自动扶梯设备的安装及使用维护保养说明、产品铭牌、安全警示标志及其说明应当采用中文。

(3) 进口电梯和自动扶梯设备，应当向进口地负责电梯和自动扶梯设备安全监督管理的部门履行提前告知义务。

三、使用管理

(1) 电梯和自动扶梯设备使用单位应当使用取得许可生产并经检验合格的电梯和自动扶梯设备，禁止使用国家明令淘汰和已经报废的电梯和自动扶梯设备。

(2) 电梯和自动扶梯设备使用单位应当在电梯和自动扶梯设备投入使用前或者投入使用后30日内，向直辖市或设区的市级负责电梯和自动扶梯设备安全监督管理的部门办理使用登记，取得使用登记证书。登记标志应当置于该电梯和自动扶梯设备的显著位置。

(3) 电梯和自动扶梯设备使用单位应当建立岗位责任、隐患治理、应急救援等安全管理制度，制定操作规程，保证电梯和自动扶梯设备安全运行。

(4) 为公众提供服务的电梯和自动扶梯设备的运营使用单位，应当对电梯和自动扶梯设备的使用安全负责，设置电梯和自动扶梯设备安全管理机构或者配备专职的电梯和自动扶梯设备安全管理人员。

(5) 电梯和自动扶梯设备使用单位应当对其使用的电梯和自动扶梯设备进行经常性维护保养和定期自行检查，并做出记录。至少每月进行1次自行检查。

(6) 电梯和自动扶梯设备使用单位应当对其使用的电梯和自动扶梯设备的安全附件、安全保护装置进行定期校验、检修，并做出记录。

(7) 电梯和自动扶梯设备属于共有的，共有人可以委托物业服务单位或者其他管理人管理电梯和自动扶梯设备，受托人履行《中华人民共和国特种设备安全法》规定的电梯和自动扶梯设备使用单位的义务，承担相应责任。共有人未委托的，由共有人或者实际管理人履行管理义务，承担相应责任。

(8) 电梯和自动扶梯设备使用单位应当按照安全技术规范的要求，在检验合格有效期届满前一个月向电梯和自动扶梯设备检验机构提出定期检验要求。

(9) 电梯和自动扶梯设备检验机构接到定期检验要求后，应当按照安全技术规范的要求及时进行安全性能检验。电梯和自动扶梯设备使用单位应当将定期检验标志置于该电梯和自动扶梯设备的显著位置。

(10) 未经定期检验或者检验不合格的电梯和自动扶梯设备，不得继续使用。

(11) 电梯和自动扶梯设备安全管理人员应当对电梯和自动扶梯设备使用状况进行经

常性检查，发现问题应当立即处理；情况紧急时，可以决定停止使用电梯和自动扶梯设备并及时报告本单位有关负责人。

（12）电梯和自动扶梯设备作业人员在作业过程中发现事故隐患或者其他不安全因素，应当立即向电梯和自动扶梯设备安全管理人员和单位有关负责人报告；电梯和自动扶梯设备运行不正常时，电梯和自动扶梯设备作业人员应当按照操作规程采取有效措施保证安全。

（13）电梯和自动扶梯设备出现故障或者发生异常情况，电梯和自动扶梯设备使用单位应当对其进行全面检查，消除事故隐患，方可继续使用。

（14）电梯和自动扶梯设备的运营使用单位应当将电梯和自动扶梯的安全使用说明、安全注意事项和警示标志置于易为乘客注意的显著位置。

（15）电梯和自动扶梯的维护保养应当由电梯和自动扶梯的制造单位或者依照《中华人民共和国特种设备安全法》取得许可的安装、改造、修理单位进行。

（16）电梯和自动扶梯的维护保养单位应当在维护保养中严格执行安全技术规范，保证其维护保养的电梯和自动扶梯的安全性能，并负责落实现场安全防护措施，保证施工安全。

（17）电梯和自动扶梯的维护保养单位应当对其维护保养的电梯和自动扶梯的安全性能负责；接到故障通知后，应当立即赶赴现场，并采取必要的应急救援措施。

（18）电梯和自动扶梯应当至少每15日进行一次清洁、润滑、调整和检查。

（19）电梯和自动扶梯投入使用后，电梯和自动扶梯的制造单位应当对其制造的电梯和自动扶梯的安全运行情况进行跟踪调查和了解，对电梯和自动扶梯的维护保养单位或者使用单位在维护保养和安全运行方面存在的问题，提出改进建议，并提供必要的技术帮助；发现电梯和自动扶梯存在严重事故隐患时，应当及时告知电梯和自动扶梯使用单位，并向负责电梯和自动扶梯设备安全监督管理的部门报告。电梯和自动扶梯制造单位对调查和了解的情况，应当做出记录。

（20）电梯和自动扶梯设备使用单位应当建立电梯和自动扶梯设备安全技术档案。

四、改造与报废管理

（1）电梯和自动扶梯设备进行改造、修理，按照规定需要变更使用登记的，应当办理变更登记，方可继续使用。

（2）电梯和自动扶梯设备存在严重事故隐患，无改造、修理价值，或者达到安全技术规范规定的其他报废条件的，电梯和自动扶梯设备使用单位应当依法履行报废义务，采取必要措施消除该电梯和自动扶梯设备的使用功能，并向原登记的负责电梯和自动扶梯设备安全监督管理的部门办理使用登记证书注销手续。

（3）达到规定报废条件以外的电梯和自动扶梯设备，达到设计使用年限可以继续使用的，应当按照安全技术规范的要求通过检验或者安全评估，并办理使用登记证书变更，方可继续使用。允许继续使用的，应当采取加强检验、检测和维护保养等措施，确保使用安全。

（4）对达到设计使用年限但没有达到报废条件，并且使用单位希望继续使用的，设备需要进行修理、改造的，由具有相应资格的修理、改造单位实施修理、改造后，按照规定经电梯和自动扶梯设备检验机构监督检验合格，在保障安全使用的前提下继续使用。

(5) 对达到设计使用年限但没有达到报废条件，并且使用单位希望继续使用的，设备不需要进行修理、改造的，由使用单位申请安全评估，在经过具有相应许可资格的制造单位或其他专业技术机构安全评估，做出可以继续使用的结论。

(6) 承担安全评估的单位或者机构应当对达到设计使用年限评估做出继续使用的安全负责。对按照以上要求通过检验或安全评估的电梯和自动扶梯设备，使用单位要提供有关材料，在原使用登记的部门办理使用登记证书变更手续，方可使用。

(7) 对达到设计使用年限的电梯和自动扶梯设备，原制造企业不再承担相应安全责任，而是由对其进行修理、改造或安全评估的机构承担相应安全责任。

五、检验检测管理

(1) 电梯和自动扶梯设备使用单位设立的电梯和自动扶梯设备检验检测机构，经国务院电梯和自动扶梯设备安全监督管理部门核准，负责本单位核准范围内的电梯和自动扶梯设备定期检验工作。

(2) 电梯和自动扶梯设备检验检测机构，应当有与所从事的检验检测工作相适应的检验检测人员；有与所从事的检验检测工作相适应的检验检测仪器和设备；有健全的检验检测管理制度、检验检测责任制度。

(3) 电梯和自动扶梯设备的监督检验、定期检验、型式试验和无损检测应当由经核准的电梯和自动扶梯设备检验检测机构进行。电梯和自动扶梯设备检验检测工作应当符合安全技术规范的要求。

(4) 从事法规规定的监督检验、定期检验、型式试验和无损检测的电梯和自动扶梯设备检验检测人员应当经国务院电梯和自动扶梯设备安全监督管理部门组织考核合格，取得检验检测人员证书，方可从事检验检测工作。检验检测人员从事检验检测工作，必须在电梯和自动扶梯设备检验检测机构执业，但不得同时在两个以上检验检测机构中执业。

(5) 电梯和自动扶梯设备检验检测机构和检验检测人员进行电梯和自动扶梯设备检验检测，应当遵循诚信原则和方便企业的原则，为电梯和自动扶梯设备生产、使用单位提供可靠、便捷的检验检测服务。电梯和自动扶梯设备检验检测机构和检验检测人员对涉及的被检验检测单位的商业秘密，负有保密义务。

(6) 电梯和自动扶梯设备检验检测机构和检验检测人员应当客观、公正、及时地出具检验检测结果、鉴定结论。检验检测结果、鉴定结论经检验检测人员签字后，由检验检测机构负责人签署。

(7) 电梯和自动扶梯设备检验检测机构和检验检测人员对检验检测结果、鉴定结论负责。

(8) 国务院电梯和自动扶梯设备安全监督管理部门应当组织对电梯和自动扶梯设备检验检测机构的检验检测结果、鉴定结论进行监督抽查。县级以上地方负责电梯和自动扶梯设备安全监督管理的部门在本行政区域内也可以组织监督抽查，但是要防止重复抽查。监督抽查结果应当向社会公布。

(9) 电梯和自动扶梯设备检验检测机构和检验检测人员不得从事电梯和自动扶梯设备的生产、销售，不得以其名义推荐或者监制、监销电梯和自动扶梯设备。

(10) 电梯和自动扶梯设备检验检测机构进行电梯和自动扶梯设备检验检测，发现严重事故隐患或者能耗严重超标的，应当及时告知电梯和自动扶梯设备使用单位，并立即向电梯和自动扶梯设备安全监督管理部门报告。

（11）电梯和自动扶梯设备检验检测机构和检验检测人员利用检验检测工作故意刁难电梯和自动扶梯设备生产、使用单位，电梯和自动扶梯设备生产、使用单位有权向电梯和自动扶梯设备安全监督管理部门投诉，接到投诉的电梯和自动扶梯设备安全监督管理部门应当及时进行调查处理。

（12）电梯和自动扶梯设备投入使用前或者投入使用后30日内，使用单位应向负责电梯和自动扶梯设备安全监督管理的部门办理使用登记，取得使用登记证和使用登记表。

（13）电梯和自动扶梯使用单位应根据现场实际情况制定电梯和自动扶梯的检验计划，在检验合格有效期届满前1个月提交定期检验申请。

（14）对检验机构提出的整改要求，使用单位组织维护单位进行整改。如需要复检的，在整改结束后由维护单位通知检验机构前来复检。对于无需复检的一般整改项目，督促维护单位采取相应的安全防护措施并监护使用，直至整改到位。

（15）收到有效的定期检验报告以及电梯和自动扶梯设备使用标志后，应将电梯和自动扶梯设备使用标志粘贴到在电梯轿厢内或自动扶梯出入口明显位置，电梯和自动扶梯的安全注意事项和警示标志置于乘客容易注意的显著位置。

（16）未经定期检验或检验不合格的电梯和自动扶梯设备，不得继续使用。

（17）电梯和自动扶梯检验有效期内变更日常维护保养单位的情况，应当自日常维护保养合同生效之日起15日内，组织维护单位到检验检测机构更换安全检验合格标志。

（18）电梯和自动扶梯设备检验检测机构的检验检测人员应当经考核，取得检验检测人员资格，方可从事检验检测工作。

（19）电梯和自动扶梯设备检验检测机构的检验检测人员不得同时在两个以上检验检测机构中执业；变更执业机构的，应当依法办理变更手续。

（20）电梯和自动扶梯设备检验检测机构及其检验检测人员应当客观、公正、及时地出具检验检测报告，并对检验检测结果和鉴定结论负责。

（21）电梯和自动扶梯设备检验检测机构及其检验检测人员，在检验检测中发现电梯和自动扶梯设备存在严重事故隐患时，应当及时告知相关单位，并立即向负责电梯和自动扶梯设备安全监督管理的部门报告。

六、监督管理

（1）负责电梯和自动扶梯设备安全监督管理的部门在依法履行监督检查职责时，可以进入现场进行检查，向电梯和自动扶梯设备生产、经营、使用单位和检验检测机构的主要负责人和其他有关人员调查、了解有关情况。

（2）电梯和自动扶梯设备安全监督管理的部门在依法履行监督检查职责时，可以根据举报或者取得的涉嫌违法证据，查阅、复制电梯和自动扶梯设备生产、经营、使用单位和检验检测机构的有关合同、发票、账簿以及其他有关资料。

（3）电梯和自动扶梯设备安全监督管理的部门在依法履行监督检查职责时，可以对有证据表明不符合安全技术规范要求或者存在严重事故隐患的电梯和自动扶梯设备实施查封、扣押。

（4）电梯和自动扶梯设备安全监督管理的部门在依法履行监督检查职责时，可以对流入市场的达到报废条件或者已经报废的电梯和自动扶梯设备实施查封、扣押。

（5）电梯和自动扶梯设备安全监督管理的部门在依法履行监督检查职责时，可以对违反法律规定的行为做出行政处罚决定。

（6）负责电梯和自动扶梯设备安全监督管理的部门在依法履行职责过程中，发现违反法规和安全技术规范要求的行为或者电梯和自动扶梯设备存在事故隐患时，应当以书面形式发出电梯和自动扶梯设备安全监察指令，责令有关单位及时采取措施予以改正或者消除事故隐患。紧急情况下要求有关单位采取紧急处置措施的，应当随后补发电梯和自动扶梯设备安全监察指令。

（7）地方各级人民政府负责电梯和自动扶梯设备安全监督管理的部门不得要求已经依照法规在其他地方取得许可的电梯和自动扶梯设备生产单位重复取得许可，不得要求对已依照法规在其他地方检验合格的电梯和自动扶梯设备重复进行检验。

（8）负责电梯和自动扶梯设备安全监督管理的部门实施安全监督检查时，应当有两名以上电梯和自动扶梯设备安全监察人员参加，并出示有效的电梯和自动扶梯设备安全行政执法证件。

（9）负责电梯和自动扶梯设备安全监督管理的部门对电梯和自动扶梯设备生产、经营、使用单位和检验检测机构实施监督检查，应当对每次监督检查的内容、发现的问题及处理情况做出记录，并由参加监督检查的电梯和自动扶梯设备安全监察人员和被检查单位的有关负责人签字后归档。检查单位的有关负责人拒绝签字的，电梯和自动扶梯设备安全监察人员应当将情况记录在案。

（10）负责电梯和自动扶梯设备安全监督管理的部门及其工作人员不得推荐或者监制、监销电梯和自动扶梯设备；对履行职责过程中知悉的商业秘密负有保密义务。

第二节　安全管理职责划分与安全管理员配备

一、企业主要负责人安全管理职责

主要负责人是指电梯和自动扶梯设备使用单位的实际最高管理者，对其单位所使用的电梯和自动扶梯设备安全负总责。

二、安全管理责任人管理职责

电梯和自动扶梯设备使用单位应当配备安全管理负责人。电梯和自动扶梯设备安全管理负责人是指使用单位最高管理层中主管本单位电梯和自动扶梯设备使用安全管理的人员。按照《特种设备使用管理规则》要求设置安全管理机构的使用单位安全管理负责人，应当取得相应的电梯和自动扶梯设备安全管理人员资格证书。安全管理负责人职责如下。

（1）协助主要负责人履行本单位电梯和自动扶梯设备安全的领导职责，确保本单位电梯和自动扶梯设备的安全使用。

（2）宣传、贯彻《中华人民共和国特种设备安全法》以及有关法律、法规、规章和安全技术规范。

(3) 组织制定本单位电梯和自动扶梯设备安全管理制度，落实电梯和自动扶梯设备安全管理机构设置、安全管理员配备。

(4) 组织制定电梯和自动扶梯设备事故应急专项预案，并且定期组织演练。

(5) 对本单位电梯和自动扶梯设备安全管理工作实施情况进行检查。

(6) 组织进行隐患排查，并且提出处理意见。

(7) 当安全管理员报告电梯和自动扶梯设备存在事故隐患应当停止使用时，立即做出停止使用电梯和自动扶梯设备的决定，并且及时报告本单位主要负责人。

三、电梯和自动扶梯安全管理员职责

安全管理人员分为面对设备安全管理的班组成员与提供技术支持和统筹协调管理的安全管理人员。

（一）面对设备安全管理的班组成员职责

(1) 负责所辖电梯和自动扶梯日常保养工作监督，对维护保养记录签字确认，负责电梯和自动扶梯技术档案的管理工作。

(2) 保管、使用电梯和自动扶梯开关梯钥匙，遵守安全操作规程，每天对电梯和自动扶梯设备进行开/关操作。

(3) 每天对电梯和自动扶梯设备进行巡视，发现电梯和自动扶梯运行异常或出现故障时立即上报并做登记，设置安全防护栏或暂停服务牌。

(4) 督促保洁人员对电梯轿厢地板、轿壁四周和呼梯按钮进行清洁，并在清洁工作完成后检查整洁情况。

(5) 利用电梯和自动扶梯搬运物品前告知搬运人员注意事项，搬运过程中安排人员现场监督。物品尺寸和重量应满足要求，若超过规定，有权制止。

(6) 如遇电梯故障，致使乘客被困轿厢内，立即通知维保作业人员，并安抚乘客不要试图强行逃离轿厢，耐心等待专业人员予以施救。在救援时应配合救援人员开展救援工作。

(7) 如遇自然灾害时，应立即停止使用电梯和自动扶梯，疏散人员。

(8) 负责电梯和自动扶梯运行日常检查，并记录日常使用状况。

（二）提供技术支持和统筹协调管理的安全管理人员职责

(1) 办理电梯和自动扶梯使用登记。

(2) 配合电梯和自动扶梯检验检测工作。

(3) 发现电梯和自动扶梯存在较大事故安全隐患时，立即与现场安全管理员沟通，建议暂停使用，并上报。

(4) 执行电梯和自动扶梯安全管理制度，在安全使用管理各方面以身作则，对面对设备安全管理员每年进行一次安全教育，确保操作人员应为具备《特种设备作业人员证》的人员持证上岗。

(5) 每月检查电梯和自动扶梯安全使用情况，纠正和制止违章使用电梯和自动扶梯的行为，消除事故隐患。

(6) 指导和督促现场安全管理人员正确使用电梯和自动扶梯。

(7) 对电梯和自动扶梯使用过程中的违章使用情况和危险因素应予以制止。

(8) 每半年组织委外维保单位人员和工作人员开展电梯和自动扶梯紧急救援演练，并进行记录。

(9) 履行法律、法规、安全技术规范规定的其他安全管理职责。

(10) 若电梯故障致使乘客被困轿厢内，须跟进专业维修人员救援处置作业。

四、维护作业人员职责

(1) 维护作业人员必须参与安全教育与培训，并经考核合格，取得市场监督管理部门核发的《特种设备作业人员证》，方可从事电梯和自动扶梯维护工作。

(2) 一切生产活动应约束在安全规范、技术要求之内。

(3) 保证安全作业，无责任设备事故，无工伤事故，无各种事故苗头。

(4) 做到分工明确、责任明确、工作量明确、安全措施明确，必须两人（一人作业一人监护）及以上同时作业，不应一人独自作业。

(5) 确保作业工具和安全防护用品状态完好，工具和材料齐全，满足作业人员能够正常使用。

(6) 负责电梯和自动扶梯管理的地点办理施工作业登记，并经值班人员同意后方可作业，作业前需要进行施工安全及技术交底。

(7) 应在电梯和自动扶梯出入口设置安全防护栏并固定，防止无关人员进入施工现场。

(8) 必须插上检修插头或切断设备主电源，确保待维护设备处于检修状态。

(9) 作业时应按规定穿戴劳动防护用品。

(10) 发现事故隐患或者其他不安全因素，应当立即处理或采取紧急措施，按照规定的程序向电梯安全管理人员报告，并作好记录。

(11) 有权拒绝执行或制止违反安全制度的指挥或操作。

(12) 作业完毕后填写作业记录，确认设备运行正常，工完场清后方可销记。

(13) 参加安全教育、技能培训及应急演练，掌握相应的安全知识、作业技能及应急处置能力。

(14) 履行法律、法规、安全技术规范规定的其他职责。

五、维护单位职责

维护单位主要负责对电梯和自动扶梯设备进行故障维修、维护保养、定期检验及应急处置工作。维护单位的责任如下。

(1) 根据安全技术规范、维护合同及电梯和自动扶梯产品安装使用维护说明书的要求，制定维护计划与方案，建立现场管理制度。

(2) 根据规范和维护方案实施电梯和自动扶梯维护保养，维护期间落实现场安全防护措施，保证施工安全。

(3) 制定应急救援预案，针对本单位维护的不同类别电梯或自动扶梯进行每半年不少于一次的应急演练。

(4) 设立 24 小时维护值班电话。确保接到电梯故障或困人信息后，维护作业人员须在 30 分钟抵达电梯故障、困人现场实施救援。

(5) 建立故障信息统计制度，应符合《城市轨道交通运营管理规范》中规定的电梯和自动扶梯管理要求及安全管理要求。

(6) 建立每部电梯和自动扶梯的日常维护保养档案，档案至少保存 4 年。

(7) 每年度进行一次自行检查，自行检查在电梯和自动扶梯设备检验机构进行定期检验之前进行。

(8) 设立能够确保故障维修的备品备件仓库或者完善备品备件领取机制，保证服务质量。

(9) 对日常维护作业人员进行安全教育和培训，培训和考核记录存档备查。

(10) 按维保合同约定申报、组织开展电梯和自动扶梯检验检测工作。

(11) 按要求参加维护单位生产例会，落实完成会议达成的一致意见和要求。

(12) 配合开展各项安全检查、整治活动。

(13) 维护作业人员的数量、技术等级和业务水平符合合同及规定。

(14) 禁止将废旧电梯和自动扶梯零部件用于地铁管辖区域内电梯和自动扶梯磨损部件的更换。

(15) 按要求提交电梯和自动扶梯周、月度、年度保养计划，并保证计划的可实施性和准确性。

(16) 若维护单位新进维护作业人员时，在上岗作业前联系电梯和自动扶梯设备管理人员，对新进人员办理手续。若进行成员调动，应当以书面形式告知电梯和自动扶梯管理部门，并且人员变动率不得超过 30%。

(17) 各维护单位在新设备接收介入维护时，须遵守使用单位电梯和自动扶梯安全管理的规定，不得出现违章违规操作。

(18) 各维护单位需要对电梯和自动扶梯参数进行技术变更、修改或者对既有运营模式变更时，征得使用单位电梯和自动扶梯安全管理人员同意后方可进行。

(19) 发现事故隐患的，书面告知使用单位。属于严重事故隐患的，报告所在地市场监督管理部门。

(20) 在满足现有法律、规范、设计和运营安全要求的前提下，完成设备使用单位提出的整改建议及对缺陷问题进行消缺。

(21) 当电梯和自动扶梯出现故障时，应第一时间进行处置。如出现无法查明故障原因或需更换重大部件，不能当日修复，需将情况告知使用单位，并告知预计修复时间，确保小故障不过夜，大故障不过 3 天的要求。

(22) 应当按照合同文件及规范的保养周期、保养内容进行电梯和自动扶梯设备的保养工作。不宜出现不保养、漏保养或超周期保养的现象。

六、安全管理员的配备

(1) 电梯和自动扶梯设备使用单位应当根据本单位电梯和自动扶梯设备的数量、特性等配备适当数量的安全管理员。

(2) 使用各类电梯和自动扶梯设备总量 20 台以上（含 20 台）的电梯和自动扶梯设备

使用单位，应当配备专职安全管理员，并且取得相应的电梯和自动扶梯设备安全管理人员资格证书。

（3）法律法规规定的使用单位可以配备兼职安全管理员，也可以委托具有电梯和自动扶梯设备安全管理人员资格的人员负责使用管理。但是，电梯和自动扶梯设备安全使用的责任主体仍然是使用单位。

七、作业人员的配备

电梯和自动扶梯设备使用单位应当根据本单位电梯和自动扶梯设备数量、特性等配备相应持证的电梯和自动扶梯设备作业人员，并且在使用电梯和自动扶梯设备时应当保证每班至少有一名持证的作业人员在岗。有关安全技术规范对电梯和自动扶梯设备作业人员有特殊规定的，从其规定。

第三节　安全管理制度

一、报检制度

（1）电梯和自动扶梯设备投入使用前或者投入使用后30日内，使用单位负责电梯和自动扶梯设备安全监督管理的部门办理使用登记，取得使用登记证书：《特种设备使用登记证》《特种设备使用登记表》。

（2）使用情况需要变更的（如报停、报废、拆除），使用单位应立即将变更情况以书面形式向电梯和自动扶梯设备安全监督管理部门报告，并抄送相应检验机构。

（3）拟停用1年以上的电梯和自动扶梯设备，由使用单位提出申请，填写《特种设备停用报废注销登记表》。

（4）对检验机构提出的整改要求，使用单位督促维护单位进行整改。如需要复检的，在整改结束后由维护单位通知检验机构前来复检。对于无需复检的一般整改项目，督促维护单位采取相应的安全防护措施并监督使用，直至整改到位。

（5）收到有效的检验报告以及电梯和自动扶梯设备使用标志后，使用单位应将电梯和自动扶梯设备使用标志粘贴到在电梯轿厢内或自动扶梯出入口明显位置，电梯和自动扶梯的安全注意事项和警示标志置于乘客容易注意的显著位置。

（6）未经定期检验或检验不合格的电梯和自动扶梯设备，不得继续使用。

（7）电梯和自动扶梯安全检验有效期内变更日常维护保养单位的情况，应当自日常维护保养合同生效之日起15日内，督促维护单位到检验检测机构更换安全检验合格标志。

二、日常检查制度

（1）为了保证电梯和自动扶梯安全运行，应对电梯和自动扶梯进行日常巡视、维护保养、定期检验。

（2）现场安全管理员每天应记录日常检查（使用状况）项目，对电梯和自动扶梯进行日常巡视并填写检查记录。

(3) 现场安全管理员每月按规定对电梯和自动扶梯运行情况、安全附件及安全保护装置进行检查，并填写定期自行检查记录。

(4) 如发现电梯和自动扶梯运行时有异常或故障现象，应立即停梯，采取安全防护措施，并通知电梯和自动扶梯维护作业人员及使用单位电梯安全管理人员，由维护作业人员进行全面检查，并做记录。若电梯和自动扶梯故障无法在 24 小时内修复并恢复运行，则需公示电梯和自动扶梯停止运行的原因和修复所需时间。

(5) 委外单位维护作业人员应依据法律法规及与使用单位约定的维护保养周期进行维护保养、修理，不得超期保养。

(6) 委外单位维护作业人员每月应对电梯进行单体消防功能测试，保证电梯消防联动正常。

(7) 维护作业人员依据保养单上的维保项目，以维保手册为标准，对设备进行维护保养并填记维保记录，由现场安全管理员负责签字确认。

三、维护保养制度

(1) 使用单位应遵守《特种设备使用管理规则（TSG 08—2017）》中规定的使用单位主要义务、电梯和自动扶梯设备安全管理机构职责，将电梯和自动扶梯委托给电梯和自动扶梯制造单位或者由制造单位通过合同委托、同意并依法取得许可的单位进行日常维护保养，不应由无资质单位维保。委托单位的选取要求及职责参见《中华人民共和国特种设备安全法》及各地电梯安全管理规定、管理办法、安全监察条例执行。

(2) 使用单位应定期对维护单位的维保次数及项目进行抽查，每季度至少抽查一次。抽查电梯和自动扶梯日常保养监督，检查维护单位是否按施工计划开展维保工作，查看是否保养到位。

(3) 安全管理员应要求电梯和自动扶梯维护作业人员提供有效的资格证件并督促其对每次维护保养进行记录，应在《电梯和自动扶梯设备定期自行检查记录表》上签字确认，定期将各记录整理归档，以备查阅。

(4) 维护单位做到维护要到位、隐患早发现、故障不放过。委外单位维护作业人员在维保过程中发现需更换零部件的，应告知安全管理员，以保证电梯和自动扶梯设备的安全运行。

(5) 维护单位应保持维修现场清洁畅通，材料和物件应堆放整齐、稳固，以防坠落伤人。根据使用单位要求和实际情况，采取切实可行的安全防护措施后，在层门外或轿厢内放置"电梯维修、暂停使用"的警示标志，方可进行维护保养。

(6) 电梯和自动扶梯的维保周期和维保项目应符合国家的规定和制造单位的维保要求。

(7) 电梯和自动扶梯日常维护保养单位应按照电梯和自动扶梯安全技术规范的要求开展维护保养工作，不应减少项目、降低要求、伪造记录。

(8) 电梯和自动扶梯制造单位如需对电梯和自动扶梯进行升级或技术改造，需书面告知使用单位，并按规定开展相应工作。

(9) 使用单位制定的维护保养制度还须符合《电梯维护保养规则（TSG T5002—2017）》中电梯和自动扶梯维护保养要求。

四、培训考核制度

（1）使用单位根据实际生产需求拟定下一年度电梯和自动扶梯设备作业人员取证、换证培训计划。

（2）脱离电梯和自动扶梯作业（设备）操作岗位 6 个月以上的人员，在从事电梯和自动扶梯设备操作前，应组织相应的安全、业务知识培训，组织操作技能培训，经培训考试合格后方可上岗。

（3）使用单位电梯和自动扶梯安全管理人员经录用后，若无市（地）级以上电梯和自动扶梯设备安全监察机构颁发的《中华人民共和国特种设备作业人员资格证》，由使用单位报电梯和自动扶梯设备安全监察机构申请培训，经考核合格且取得资格证书后，电梯安全管理员方可上岗。无证人员不得上岗操作。

（4）制定对电梯安全管理员及操作人员的培训考核计划，应予以实施。培训考核应至少包含是否熟悉安全管理岗位职责；是否熟悉安全操作规程；是否熟悉紧急救援措施，是否能熟练操作，每次救援演习是否按规定完成。

（5）依据考核结果对人员进行必要的奖惩。

五、钥匙保管制度

（1）电梯和自动扶梯开关梯钥匙由现场安全管理员负责保管。

（2）电梯和自动扶梯开关梯钥匙（备用）、锁梯钥匙、三角钥匙、场段电梯机房钥匙由使用单位指定专人负责保管。

（3）电梯和自动扶梯投入使用前，由电梯和自动扶梯厂家将电梯和自动扶梯钥匙移交至使用单位，由使用单位统一管理。使用单位根据运营需要，配发开关梯钥匙，一般每个站点配发 1 套。移交和领取电梯和自动扶梯钥匙时，应进行记录。确保移交和领用记录齐全。

（4）电梯和自动扶梯开关梯钥匙配发后，由当班值班人员负责保管，随班次进行交接。

（5）其余电梯和自动扶梯开关梯钥匙（备用）、锁梯钥匙、三角钥匙、场段电梯机房钥匙由负责支持与统筹协调的安全管理人员负责保管。

（6）电梯和自动扶梯钥匙不得外借他人使用。如私自外借电梯和自动扶梯钥匙，造成的一切后果由借出人承担全部责任。

（7）电梯和自动扶梯钥匙如若发生遗失或损坏，工作人员应填写钥匙遗失/损坏声明，并报负责支持与统筹协调的安全管理人员备案。

（8）若安全管理人员离职或调岗时，应将电梯和自动扶梯钥匙交回管理人员处。电梯和自动扶梯钥匙移交和领取时，做移交和领用记录，确保移交和领用记录齐全。

六、技术档案管理制度

（一）安全技术档案

使用单位应当建立电梯和自动扶梯设备安全技术档案。安全技术档案应当包括以下内容。

(1)《特种设备使用登记证》和《特种设备使用登记表》。

(2) 电梯和自动扶梯设备设计、制造技术资料和文件，包括设计文件、产品质量合格证明（含合格证及其数据表、质量证明书）、安装及使用维护保养说明、监督检验证书、型式试验证书。

(3) 电梯和自动扶梯设备安装、改造和修理的方案、图样、材料质量证明书和施工质量证明文件、安装改造修理监督检验报告、验收报告、移交备忘录内要求移交的其他资料。

(4) 电梯和自动扶梯设备定期自行检查记录（报告）和定期检验报告。

(5) 电梯和自动扶梯日常检查与使用状况记录、年度自行检查记录或者报告。

(6) 电梯和自动扶梯设备及其附属仪器仪表的维护保养记录。

(7) 电梯和自动扶梯设备安全附件和安全保护装置校验、检修、更换记录和报告。

(8) 电梯和自动扶梯设备应急救援演习记录。

(9) 安装、改造、重大维修的资料、报告。

(10) 电梯和自动扶梯设备的运行故障和事故记录。

（二）技术档案管理

(1) 电梯和自动扶梯档案是电梯和自动扶梯设备的重要组成部分，须由车站取得《中华人民共和国特种设备安全管理和作业人员证》的安全管理人员保管。在保管电梯和自动扶梯档案时，应做到一台电梯和自动扶梯一个档案盒，并做卷内目录，以便后期查找。进行档案管理，并办理好档案调用的手续，调用的资料用完后归档。

(2) 取得《电梯和自动扶梯设备安全管理和作业人员证》的安全管理人员档案调用时需进行登记，调用时需详细记录调用人员的姓名、电话、调用时间信息。

(3) 每年电梯和自动扶梯定期检验合格，并取得有效的电梯和自动扶梯定期检验报告和使用标志后，应更新档案盒内的资料，避免无效资料仍存于档案盒内。

(4)《特种设备使用登记表》变更后，应更新档案盒内的资料，将原资料封存保存，确保档案盒内资料有效、齐全。

七、电梯操作管理制度

(1) 操作人员应经过专业培训，并考核合格取得《电梯和自动扶梯设备安全管理和作业人员证》，方可从事相应的操作工作，无证人员不得操作。

(2) 开启电梯前，检查电梯外观，确保无异常，不应未对电梯进行检查便直接开启。

(3) 电梯的停用和开启时，应确保电梯轿厢位于基站。

(4) 运营期间，电梯故障停用时应摆放相应告示牌；故障维修和维护时设置安全防护栏，并摆放相应告示牌。

(5) 电梯外包玻璃损坏时，车站将电梯暂停使用，设置安全防护栏，并把故障上报处置。

(6) 电梯故障或困人时，立即停用，经维护作业人员确认修复后方可重新启用。

(7) 因电梯故障导致人身安全事故时，由维护单位及客运部门确认设备故障已消除，确认无安全隐患后，视情况投入使用。

(8) 电梯底坑严重积水时禁止操作开启。

（9）载客时，非紧急情况下，不得对电梯锁梯关闭。

（10）操作流程及注意事项参照使用单位相应设备操作手册执行。

八、自动扶梯操作管理制度

（1）操作人员应经过专业培训，并考核合格取得《特种设备安全管理和作业人员证》，方可从事相应的操作工作，无证人员不得操作。

（2）开启自动扶梯前，应检查自动扶梯外观，确保无异常，不应未对自动扶梯进行检查便直接开启。

（3）载客时，非紧急情况下，不得按压自动扶梯紧急停止按钮。

（4）非紧急情况下不宜使用IBP盘远程停梯按钮停梯。

（5）自动扶梯故障停用时应摆放相应告示牌；故障维修和维护时应设置安全防护栏，并摆放相应告示牌。

（6）发现自动扶梯异常或故障时，应立即停用，经维修人员确认修复后方可重新开启。

（7）因自动扶梯故障导致人身安全事故时，由维护单位确认设备故障已消除，待由使用单位确认无安全隐患后，视情况投入使用。

（8）自动扶梯空载且完全停止后方可转换运行方向。

（9）发生紧急情况须使用紧急停止按钮时，应先大声警示提醒乘客"紧急停止，抓紧扶手"，再按下紧急停止按钮。紧急情况处理完毕，需由自动扶梯维护作业人员现场确认后再开启。

（10）如遇自然灾害危及人身安全时，现场使用人员可视实际情况，必要时将自动扶梯停止运行，以免造成设备损坏或人员伤亡事故。

第四节　电梯和自动扶梯双重预防体系

一、双重预防体系

双重预防体系是指在电梯和自动扶梯设备使用单位（以下简称"使用单位"）建立的，以风险分级管控和隐患排查治理为核心的一系列相关管理制度构成的安全管理预防治理体系。

（一）风险

电梯和自动扶梯设备的风险为事故发生的可能性和严重性的组合。

（二）分级管控

分级管控是指按照风险等级不同、所需资源不同、管控能力不同、管控措施复杂及难易程度等因素确定的、分层级的风险管控方式。

（三）双重体系的构成要素

双重体系的构成要素内容包括但不限于：文件和记录管理、风险分级管控要求、隐患排查治理要求、督促检查要求、信息反馈要求、持续改进要求、信息化建设、安全生产绩效考核要求和培训考核要求。

二、机构设置

(1) 使用单位应设置管理机构,也可按照规范给出的架构进行增加或删减后,设计符合自身运行需要的架构,具体负责双重体系的建设工作。

(2) 管理机构可单独设置,也可由 TSG 08 规定的电梯和自动扶梯设备安全管理机构,或单位内部承担安全管理职责的部门行使管理机构职权。

三、机构职责

(1) 使用单位应以文件的形式明确管理机构的职责和权限。
(2) 管理机构的职责和权限应包括双重体系的构建、运行、持续改进等相关工作。

四、岗位设置

(1) 管理机构中应设置必要的岗位,包括但不限于:主要负责人、部门负责人、双重体系管理人员和作业人员等。

(2) 应以文件形式任命相关人员,赋予其能正常行使的相关职责和权限。管理机构中的人员可同时兼任多个职责不相同的岗位,但应按照每个岗位的规定职责开展工作。

五、岗位职责

(1) 主要负责人是使用单位的最高管理者,是双重体系构建、运行和持续改进的第一责任人。

(2) 部门负责人是具体负责双重体系构建、运行及持续改进的人员,一般由具体使用电梯和自动扶梯设备的部门负责人担任。

(3) 双重体系管理人员是参与双重体系构建、运行及持续改进的重要人员,负责具体落实双重体系构建、运行及持续改进工作。

(4) 作业人员是具体操作、使用电梯和自动扶梯设备的人员,是承担双重体系风险分级管控、隐患排查治理的直接责任人员,具体负责落实职责范围的双重体系的运行及持续改进工作。

六、风险点(源)排查及危险源辨识

(一)风险点(源)排查

应从以下方面对电梯和自动扶梯设备使用过程中的风险点(源)进行排查:
(1) 区域及场所;
(2) 设备、部位及部件;
(3) 作业活动等。

(二)危险源辨识

1. 危险源辨识的依据

危险源辨识的依据包括但不限于:
(1) 电梯和自动扶梯设备法律、法规、安全技术规范及标准;

(2) 管理制度；

(3) 作业指导书；

(4) 安全操作规程。

2. 危险源辨识的方法

(1) 对作业活动，宜采用作业危害分析法（JHA）进行辨识。

(2) 对设备设施，宜采用安全检查表分析法（SCL）进行辨识。

(3) 对复杂工艺，宜采用危险与可操作性分析法（HAZOP）、事故树分析法（FTA）等进行辨识。

七、风险评估

（一）风险分级

按风险可能导致事故的严重程度，将风险从高到低划分为重大风险、较大风险、一般风险和低风险四个级别。使用单位应结合自身实际，从风险发生的可能性和结果的严重性两个维度，考虑人员伤害、财产损失、对环境造成的影响、对企业信誉的影响等因素进行风险分级。不同风险等级用不同颜色进行标识，风险等级与颜色标识的对应关系见表7-1。

表7-1 风险等级与颜色标识对应关系

风险等级	重大风险	较大风险	一般风险	低风险
颜色标识	红	橙	黄	蓝

（二）风险定级

应按照规范给出的原则对风险点（源）划分等级，确定每个风险点（源）的风险等级。风险点（源）包括多个危险源时，风险点（源）的等级一般由风险点（源）内风险等级最高的危险源确定。规范列出的风险点（源）应直接判定为较大风险或重大风险的，应该直接判定。此外，使用单位还应根据自身情况，自行辨识、确定符合自身实际情况的较大风险或重大风险。

八、风险管控

根据风险可能带来的事故影响，管控层级一般分为公司级（厂级）、部门级（车间级）、班组级和岗位级共四个级别。使用单位也可根据单位规模及自身实际情况合理确定管控层级。

（一）分级管控

根据风险点（源）的风险等级确定其所对应的管控层级，并根据各层级管控要求，逐级实施风险管控。

(1) 重大风险：组织对风险实施管控。重大风险应立即停止设备使用、停止相关工作并采取应急措施，按制定的管控措施对重大风险点进行治理。只有当风险已降至可接受或可容许程度后，才能开始或继续工作。

(2) 较大风险：公司（厂级）负责控制管理。由主要负责人负责控制管理，相关部门负责人、双重体系管理人员及作业人员根据职责权限分工具体组织落实。当风险涉及正在进行中的工作时，应立即停止设备使用和相关工作，并按制定的管控措施对较大风险点进行治理。只有当风险已降至可接受或可容许程度后，才能开始或继续工作。

（3）一般风险：车间级负责控制管理。由部门负责人负责控制管理，双重体系管理人员及作业人员根据职责权限分工具体组织落实。一般风险应限期进行整改，并按管控措施对一般风险点进行治理。只有当风险已降至可接受或可容许程度后，才能开始或继续工作。

（4）低风险：车间级负责控制管理。由部门负责人负责控制管理，双重体系管理人员及作业人员根据职责权限分工具体组织落实。低风险应限期进行整改，并按管控措施对低风险点进行治理。当风险不能通过管控被消除时，需要通过定期监视来确保当前控制措施得以维持现状。

（二）管控措施

（1）工程技术措施：消除、替代、封闭、隔离、移开或改变方向等。

（2）管理措施：制定实施作业程序、安全许可、安全操作规程、减少暴露时间、监测监控、警报和警示信号、安全互助、风险转移等。

（3）培训教育措施：员工入企三级教育、每年再培训、安全管理人员及作业人员继续教育和其他方面的培训。

（4）个体防护措施：防护服、耳塞、听力防护罩、防护眼镜、防护手套、绝缘鞋、呼吸器等。

（5）应急措施：紧急情况分析、应急救援方案、现场处置方案、应急物资准备、应急救援培训、应急救援演练等。

（6）其他措施：使用单位应根据自身实际情况，制定其他有效的管控措施。

九、隐患排查治理

（一）隐患分级

按照隐患整改、治理和排除的难度及其可能导致事故后果和影响范围，将隐患分为严重事故隐患、较大事故隐患和一般事故隐患三个等级。

1. 严重事故隐患

存在下列情况之一的为严重事故隐患。

（1）违反电梯和自动扶梯设备法律、法规，应依法责令改正并处罚款的行为。

（2）违反电梯和自动扶梯设备安全技术规范及相关标准，可能导致重大和特别重大事故的。

（3）风险管控缺失、失效，可能导致重大和特别重大事故的。

（4）危害和整改难度较大，应全部或者局部停产停业，需要一定时间整改治理方能恢复的。

（5）因外部因素影响致使使用单位自身难以排除的。

2. 较大事故隐患

存在下列情况之一的为较大事故隐患。

（1）违反电梯和自动扶梯设备法律、法规，电梯和自动扶梯设备安全监管部门依法责令限期改正，逾期未改的，责令停产停业整顿并处以罚款的行为。

（2）违反电梯和自动扶梯设备安全技术规范及相关标准，可能导致较大事故的。

（3）风险管控缺失、失效，可能导致较大事故的。

3. 一般事故隐患

除上述严重、较大事故隐患外的其他电梯和自动扶梯设备事故隐患均为一般事故隐患，包含以下情况。

（1）违反使用单位内部管理制度的行为或状态。

（2）风险易于管控、整改难度较小，发现后能够立即排除的。

（二）隐患分类

按可能导致的后果及整改难易程度，隐患分为两类：重大安全隐患、一般安全隐患。

1. 重大安全隐患

重大安全隐患是直接危及人身安全并可能造成重大影响，经过一段时间整改处理方能排除的隐患。

2. 一般安全隐患

一般安全隐患是造成作业无法正常开展或运行服务质量下降的隐患。

（三）隐患排查

（1）电梯和自动扶梯设备隐患排查按照法律、法规和安全技术规范、规程和相关文件的要求执行。排查前应制定隐患排查计划，明确排查的事项、内容、责任人和频次。

（2）各级人员应根据安全生产、电梯和自动扶梯设备法律法规要求以及电梯和自动扶梯设备风险管控情况，结合设备特点开展隐患排查工作，隐患排查应做到全面覆盖、责任到人。

（3）由负责人或者责任人员制定排查计划。

（4）责任人员根据排查计划组织排查人员实施隐患排查。

（5）排查人员应及时汇总排查中发现的问题并上报责任人员。

（6）电梯和自动扶梯设备使用单位应制定隐患排查计划。隐患排查计划应至少包括排查内容（设备）、排查实施人、排查时间和排查要求等。

（7）隐患排查过程中应做记录。

（8）隐患排查结束，应对隐患信息及治理要求进行通报。

（四）隐患分类

事故隐患分为管理类、人员类、设备类和环境类四个类别。

1. 管理类隐患

管理类隐患是因管理缺失所产生的隐患，包含安全管理机构、岗位责任制、管理制度和操作规程等方面出现的管理缺失。

2. 人员类隐患

人员类隐患是因人员自身或人为因素所产生的隐患。

3. 设备类隐患

设备类隐患是因电梯和自动扶梯设备及其安全附件、安全保护装置缺陷、缺失或失效所导致的隐患。

4. 环境类隐患

因外部因素影响致使使用单位自身难以排除的隐患。

（五）隐患治理

（1）根据隐患排查通报的信息，下发隐患整改通知书，通知书格式由企业根据自行情况制定。

（2）制定隐患治理方案，落实责任人，明确治理时间和隐患消除时限，并做好治理记录。

（3）隐患治理过程中，企业可结合本单位实际情况，聘请或者委托专业技术服务机构专家帮助制定隐患治理方案并实施。

（4）严重和较大事故隐患的治理方案应包含治理的目标与任务、采取的方法和措施、经费和物资的落实、负责治理的机构和人员、治理的时限和要求、安全措施和应急预案等。

（六）安全防护

（1）在隐患治理过程中，应采取必要的安全保护措施。

（2）安全隐患治理前或治理过程中无法保证安全的，应当从危险区域内撤出作业人员，并疏散可能危及的其他人员，设置警戒标志，暂时停产停业或者停止使用电梯和自动扶梯设备。

（3）对于生产需要，由于特定原因不能停止使用的设施和设备，应当加强管理，制定应急措施并落实监控责任，监护使用。

（七）治理验收

（1）隐患治理完成后，应根据隐患的级别组织相关人员对隐患治理情况进行验收，确认治理效果，实现闭环管理。

（2）每季度至少一次进行现场检查，主要从人、机、物、法、环方面开展安全隐患排查。

（3）每日巡视过程中对电梯和自动扶梯一般安全隐患进行常规检查。

（4）委外维护单位在日常电梯和自动扶梯维保过程中进行排查，发现电梯和自动扶梯安全隐患时须上报使用单位，并协调单位组织整改闭环。

（5）根据安全生产工作的特点，定期组织开展专业隐患全面排查。

（6）使用单位应建立隐患排查治理台账。

十、台账记录

（1）使用单位在隐患排查治理过程中，隐患排查人应填写隐患排查治理记录，记录应纳入使用单位隐患排查治理体系内管理。

（2）使用单位应按照每个阶段对电梯和自动扶梯设备隐患进行统计汇总。

（3）电梯和自动扶梯设备使用单位应建立隐患排查治理台账。

（4）在隐患排查治理体系策划、实施及持续改进过程中，应完整保存体现隐患排查和治理全过程的记录资料，并分类建档管理，档案的保管有效期不应低于2年。

（5）档案应至少包括电梯和自动扶梯设备分类台账（含电梯和自动扶梯设备基本信息

表）；隐患排查工作计划、隐患治理方案；电梯和自动扶梯设备隐患排查治理记录；电梯和自动扶梯设备隐患排查治理台账；其他相关见证资料（图片等）。

第五节　安全教育和检查

安全教育可以提高企业领导和广大职工做好劳动安全工作的责任感和自觉性，贯彻执行党和国家制定的有关安全生产的方针、政策、法规和法令，认真遵守安全生产的规章制度，做到人人重视安全，人人懂得安全。安全技术知识的普及和提高，使广大职工了解生产过程中存在的职业危害因素及其作用规律，提高安全技术操作水平，掌握检测技术、控制技术的有关知识，了解预防工伤事故和职业病的基本要求，增强自我保护意识，有利于安全生产的开展、劳动生产率的提高和劳动条件的改善。

一、安全教育分类

（一）按照安全教育培训性质分为资格性培训和适应性培训

（1）资格性培训是按照国家、行业职业标准要求取得定职资格、转（复）岗资格、晋升资格的上岗培训，包括安全生产管理人员的取证培训、新员工进行的以达到拟任岗位要求为目标的岗前培训、转岗人员转岗培训、复岗人员复岗培训、职业技能鉴定培训、电梯和自动扶梯作业培训、电梯和自动扶梯（设备）作业人员取证培训等。

（2）适应性培训是对在岗员工进行的以适应岗位生产要求和安全生产需要为目的的培训，是对在岗员工基本知识和技能的巩固、强化、补充和提高，包括安全知识培训、作业标准培训、季节性培训、"四新知识"培训、非正常情况下应急处理培训及演练和管理技能提升培训等。

（二）按照安全教育培训组织的层级分为三级安全教育

1. 公司级培训

公司级培训是指由公司职能部门组织对各部门员工进行的培训。

2. 部门级培训

部门级培训是指由部门（中心/车间/区域）组织对员工进行的培训。

3. 班组级培训

班组级培训是指由班组组织对本班组员工进行的培训。

（三）按照安全教育培训阶段分为岗前培训和在岗培训

1. 岗前培训

岗前培训是指员工进入生产工作岗位前必须进行的岗位相关的培训，包含对公司新员工进行的岗位基本技能、岗位应知应会、业务操作流程、作业指导书等理论知识和岗位实际操作技能培训，以及转岗员工培训、复岗员工培训、晋升员工培训等。

2. 在岗培训

在岗培训是指员工在职期间进行的岗位相关培训。

（四）按照安全教育培训组织单位分为内部培训和外部培训

1. 内部培训

内部培训是指在公司内部进行的由内部培训师授课的各类培训。

2. 外部培训

外部培训是指由外部老师授课或外部单位（机构）组织的培训。

二、安全教育培训计划制定

（一）安全教育培训计划制定要求

（1）培训计划由年度培训计划（包含公司级培训计划、部门级培训计划、班组级培训计划）及临时培训计划组成。

（2）行业标准和国家法律法规有培训内容和学时规定的，应按照标准和规定执行。

（3）年度培训计划按分类进行申报。

（4）合理安排培训形式、培训学时、培训内容和考核方式，各岗位年度培训学时应满足行业或公司规定的年度培训学时标准。

（5）年度培训计划应在当年年底完成，经公司审批同意后，公司培训管理机构发布培训计划后方可执行。

（二）安全教育培训计划制定注意事项

1. 开展安全教育的程序

新职工到人事部门报到，人事部门就应通知其到安全部门接受公司（厂）级安全教育，经教育考核合格后，人事部门分配部门（中心）二级单位再对其进行分厂级（车间、部门、中心）教育，经考核合格后再分配到班组接受班组教育，考核合格后分配到岗位学习。

2. 教育时间学时要求

根据国家安全生产监督管理总局关于《生产经营单位安全培训规定》的要求，城市轨道交通生产经营单位主要负责人和安全生产管理人员初次安全培训时间不得少于 32 学时。每年再培训时间不得少于 12 学时。

3. 教育内容应实时更新

三级安全教育内容应根据时代的变化有针对性地适应调整、补充。然而，有的单位三级安全教育的教材却实行多年一贯制，内容陈旧过时，缺乏针对性和现实教育意义。在进行安全教育时，要注意内容的多样化，因为按正常的培训程序，新员工的厂级安全培训应该是 3 天。3 天的时间可以有计划地安排每一天的具体培训内容，例如观看车间现场的视频、安全事故案例等。

4. 教育形式

教育形式不能单调，应多样化。开展三级安全教育可以采用丰富多彩的形式，而有些单位在开展时形式单一、老套，总是采用课堂灌输式，显得枯燥，缺乏吸引力。其实开展三级安全教育可以采取参观、座谈、演讲等与课堂讲授相结合的形式进行，效果会更好；在进行安全教育培训时，可以采取以下方法。

（1）观看视频。采用来自车间现场的视频，包括人的不安全行为、物的不安全状态，以及正确操作方法的模拟演练等视频。

(2) 建立培训道场。培训道场就是建立一个新员工培训实验室，将车间现场的设备按比例缩小后，再安排新员工进行现场的模拟操作，提高员工的实际操作能力。

(3) 进行安全事故案例的培训。多搜集相关的安全事故案例。

(4) 安全小品表演。这类比较符合实际，主要是组织员工进行相关的事故模拟演练，将事故排演成小品的形式，通过小品表演，让员工都能明白事故的前因后果。

(5) 严格按要求执行，安全人命关天。三级安全教育是新职工入厂接受的第一次正规的安全教育，因此生产经营单位应以对职工生命高度负责的责任感，严把关口，扎扎实实地开展好三级安全教育，使他们从第一次就树立起正确的安全观，积极投入到安全生产中。

三、安全教育培训内容

(一) 资格性培训

1. 主要负责人培训内容

主要负责人的资格性培训应当包括下列内容。

(1) 国家安全生产方针、政策和有关安全生产的法律、法规、规章及标准。

(2) 安全生产管理基本知识、安全生产技术、安全生产专业知识。

(3) 重大危险源管理，重大事故防范，应急管理和救援组织以及事故调查处理的有关规定。

(4) 职业危害及其预防措施。

(5) 伤亡事故统计、报告及职业危害的调查处理方法。

(6) 应急管理、应急预案编制以及应急处置的内容和要求。

(7) 国内外先进的安全生产管理经验。

(8) 典型事故和应急救援案例分析。

2. 安全生产管理人员培训内容

生产经营单位安全生产管理人员安全培训应当包括下列内容。

(1) 国家安全生产方针、政策和有关安全生产的法律、法规、规章及标准。

(2) 安全生产管理、安全生产技术、职业卫生等知识。

(3) 职业危害及其预防措施。

(4) 伤亡事故统计、报告及职业危害的调查处理方法。

(5) 应急管理、应急预案编制以及应急处置的内容和要求。

(6) 国内外先进的安全生产管理经验。

(7) 典型事故和应急救援案例分析。

3. 一级安全教育培训内容

(1) 讲解劳动保护的意义、任务、内容和其重要性，使新入厂的职工树立起"安全第一"和"安全生产人人有责"的思想。

(2) 介绍企业的安全概况，包括企业安全工作发展史，企业生产特点，设备分布情况（重点介绍接近要害部位、特殊设备的注意事项），安全生产的组织等。

(3) 介绍《全国职工守则》和《中华人民共和国劳动法》《中华人民共和国劳动合同法》《中华人民共和国特种设备安全法》以及企业内设置的各种警告标志和信号装置等。

(4) 介绍企业典型事故案例和教训,抢险、救灾、救人常识以及工伤事故报告程序等。

(5) 公司级安全教育一般由企业安监技术部门负责进行,时间为 4～16 小时。讲解应与看图片、参观劳动保护教育室结合起来,并应发一本浅显易懂的安全规定手册。

(6) 介绍本单位安全生产规章制度和劳动纪律。

4. 二级安全教育培训内容

(1) 介绍车间/区域的概况,如车间/区域的特点,车间/区域人员结构、安全生产组织状况及活动情况,车间/区域危险区域、有毒有害工种情况,劳动保护方面的规章制度和对劳动保护用品的穿戴要求和注意事项,事故多发部位、原因,有什么特殊规定和安全要求。介绍常见事故和对典型事故案例的剖析,介绍安全生产中的好人好事、文明生产方面的具体做法和要求。

(2) 根据车间/区域的特点介绍安全技术基础知识,如车站电气设备多、属于人员密集场所等,要教育员工遵守劳动纪律,穿戴好防护用品,工作场地应保持整洁,道路畅通等,对员工进行安全技术知识教育。

(3) 讲解自救、互救、急救方法,疏散和现场紧急情况的处理,所从事岗位的安全职责、操作技能及强制性标准,所从事岗位可能遭受的职业伤害和伤亡事故。

(4) 讲解个人防护用品的使用和维护,部门安全生产状况及规章制度,预防事故和职业危害的措施及应注意的安全事项。

(5) 组织新工人学习安全生产文件和安全操作规程、制度,并应教育新工人尊敬师傅,听从指挥,安全生产。车间安全教育由车间主任或安技人员负责,授课时间一般需要 4～8 课时。

5. 三级安全教育培训内容

(1) 介绍本班组的生产特点、作业环境、危险区域、设备状况、消防设施等。重点介绍高温、高压、易燃易爆、有毒有害、腐蚀、高空作业等方面可能导致事故的危险因素,交代本班组容易出事故的部位和典型事故案例的剖析。

(2) 讲解本工种的安全操作规程和岗位责任,重点讲思想上应时刻重视安全生产,自觉遵守安全操作规程,不违章作业;爱护和正确使用机器设备和工具;介绍各种安全活动以及作业环境的安全检查和交接班制度。告诉新工人出了事故或发现了事故隐患,应及时报告领导,采取措施。

(3) 讲解如何正确使用、爱护劳动保护用品和文明生产的要求。进入施工现场和登高作业,必须戴好安全帽、系好安全带,工作场地要整洁,道路要畅通,物件堆放要整齐等。

(4) 进行安全操作示范。组织重视安全、技术熟练、富有经验的老工人进行安全操作示范,边示范、边讲解,重点讲安全操作要领,说明怎样操作是危险的,怎样操作是安全的,不遵守操作规程将会造成的严重后果。

(二)适应性培训

1. 主要负责人、安全生产管理人员安全再培训内容

(1) 国家安全生产方针、政策和有关安全生产的法律、法规、规章及标准。

(2) 安全生产管理基本知识、安全生产技术、安全生产专业知识。

(3) 重大危险源管理、重大事故防范、应急管理和救援组织以及事故调查处理的有关规定。

(4) 职业危害及其预防措施。

(5) 伤亡事故统计、报告及职业危害的调查处理方法。

(6) 应急管理、应急预案编制以及应急处置的内容和要求。

(7) 国内外先进的安全生产管理经验。

(8) 典型事故和应急救援案例分析。

2. 电梯和自动扶梯设备人员消防安全培训内容

(1) 企业的消防安全规章。

(2)《中华人民共和国消防法》、地方的消防条例以及企业的《消防安全管理规定》。

(3) 消防安全防护措施，火灾危险性；防火灭火措施。

(4) 消防设施及灭火器材的操作使用方法；人员疏散逃生知识。

(5) 微型消防站装备操作。

3. 电梯和自动扶梯设备人员每年度安全培训内容

(1) 轨道交通运营安全管理规范、部门安全生产规章制度。

(2) 安全生产责任制，防汛工作应急处置。

(3) 风险控制，职业健康安全，施工安全。

(4) 电梯和自动扶梯设备作业安全，工作环境及危险因素，安全生产责任制。

(5) 所从事岗位可能遭受的职业伤害和伤亡事故；所从事岗位的安全职责、操作技能及强制性标准。

(6) 个人防护用品的使用和维护。

四、安全教育培训纪律要求

(1) 参加培训因事（病）不能参加者，应填写《培训请假单》并报本部门领导核准后，于开课前交培训组织部门。

(2) 参与培训人员应于上课前10分钟到达教室，不得迟到、早退、旷课。

(3) 严格遵守课堂纪律，课堂上不得私下交谈、打瞌睡、做与课堂无关的事或干扰正常的教学秩序。

五、安全监督检查要求

(1) 各地市场监督管理部门应当根据本地区的实际情况，按照上级市场监督管理部门的安排，对电梯和自动扶梯设备组织定期或者不定期的产品质量监督抽查。

(2) 各级电梯和自动扶梯设备安全监察机构对电梯和自动扶梯设备的设计、制造、安装、使用、检验、维修保养与改造单位执行法律、法规的情况应当进行现场安全监察，发现存在危险品及问题的，责令相应单位改正，必要时向其发出电梯和自动扶梯设备安全监察意见通知书，并督促其及时予以解决。

(3) 各级市场监督管理部门的电梯和自动扶梯设备安全监察人员，必须经过专业培训和考核并取得市场监督管理部门颁发的电梯和自动扶梯设备安全监察员证书后，方可以从事相应的安全监察工作。电梯和自动扶梯设备安全监察员在行使安全监察职权时，应当出示电梯和自动扶梯设备安全监察员证书。

(4) 监督检验机构进行电梯和自动扶梯设备型式试验、验收检验和定期检验等各类监督检验的程序、内容、方法、合格判定规则，必须按照市场监督管理部门发布的相应检验规程执行。

（5）监督检验机构在接到具备验收检验或者定期检验条件的检验申请后，必须在10个工作日内安排相应的检验。完成相应检验工作后，必须在10个工作日内出具检验报告，同时应当将检验报告报送负责注册登记的电梯和自动扶梯设备安全监察机构。

六、安全检查方式

安全检查宜采用日常安全检查、定期安全检查、专业安全检查、季节性专项安全检查、节前安全检查和重大活动前安全检查等形式。

（一）日常安全检查

为了保证电梯和自动扶梯安全运行，应对电梯和自动扶梯进行日常巡视。使用单位操作人员每天应按《电梯和自动扶梯设备日常检查（使用状况）记录表》内项目（见表7-2），对电梯和自动扶梯进行日常巡视并进行填写。

表7-2 电梯和自动扶梯设备日常检查（使用状况）记录表

地点		检查日期	年 月 日 时 分至 时 分		检查人员	
设备编号						
类型	项目	要求		结果		备注
综合检查	安全警示、提示标识	设在显眼位置、字迹清晰、无破损、无脱落		□正常 □异常		
	电梯和自动扶梯设备使用标志	在有效期内、字迹清晰、无破损、无脱落		□正常 □异常		
	设备铭牌、安全管理员公示牌	字迹清晰、无破损、无脱落		□正常 □异常		
	运行状况	无异响、无异味、无故障、运行平稳		□正常 □异常		
自动扶梯检查	运行指示灯	外观良好、显示正常		□正常 □异常		
	上、下机仓盖板	外观平整、无明显变形、无晃动、连接紧密		□正常 □异常		
	护壁板	固定良好、拼接处无明显缝隙、无变形、无脱落		□正常 □异常		
	梳齿板	固定良好、无断齿、无异物卡住		□正常 □异常		
	梯级	固定良好、无抖动、无变形、无磨损、无杂物		□正常 □异常		

续表

类型	项目	要求	结果	备注
自动扶梯检查	扶手带	无损伤、无污垢、无抖动、与梯级同步	□正常 □异常	
	扶手带入口保护	防夹手装置齐全、无损坏、无异物	□正常 □异常	
	紧急停止按钮	外观正常、无杂物遮挡	□正常 □异常	
	安全毛刷及堵头	无损坏、无脱落、无变形	□正常 □异常	
	三角防护挡板	固定良好、无变形、无脱落	□正常 □异常	
垂直电梯检查	外包及轿厢玻璃	固定良好、无破损	□正常 □异常	
	呼梯、选层按钮	无损坏、无脱落、无卡滞、指示灯亮、指令正常	□正常 □异常	
	楼层显示屏	外观良好、显示正常	□正常 □异常	
	层门、轿门	开关正常、无变形、无异响、感应器灵敏	□正常 □异常	
	门地坎	层门与轿门地坎齐平、地坎槽内无杂物	□正常 □异常	
	紧急通话装置	电话畅通、对讲正常、声音清晰	□正常 □异常	
	轿厢照明、风扇、扶手	运行正常、无松动、无脱落	□正常 □异常	
	轿厢	无渗漏水、无异响、运行平稳	□正常 □异常	
	消防开关盒	外观良好、无松动、无破损	□正常 □异常	

填写说明：检查确认设备正常时请在"结果"栏"正常"前方框内打"√"，反之则在"异常"前方框内打"√"；检查发现设备故障时请在"备注"栏中写明详细信息（含故障时间、设备编号、故障现象、修复情况）。

（二）定期安全检查

使用单位每月按要求对电梯和自动扶梯运行情况、安全附件及安全保护装置进行检查，并填写《电梯和自动扶梯设备定期自行检查记录表》（见表 7-3）。

表 7-3 电梯和自动扶梯设备定期自行检查记录表

地点		检查日期	
检查人		设备编号	
序号	检查内容	检查结果	备注
1	维护作业施工经批准	□ 符合要求	
2	委外单位维护作业人员携带维保记录本	□ 符合要求	
3	维保施工前设置安全防护栏并固定牢固	□ 符合要求	
4	按照要求着装，并佩戴安全帽	□ 符合要求	
5	维保完成后工完场清，恢复设备正常	□ 符合要求	
6	单台垂直电梯、自动扶梯维保时长不低于50分钟	□ 符合要求	
7	维保记录本签字部分清晰无误	□ 符合要求	

填写说明：检查确认符合要求的，在"□"内填记"√"；检查发现不符合要求的，请在"□"内填记"×"，"备注"栏内填写不符合项内容。

（三）专业安全检查

依据《电梯和自动扶梯设备及作业人员管理办法》和《电梯和自动扶梯设备作业人员监督管理办法》的要求，检查内容应包含以下几点。

（1）检查维护作业人员和使用人员是否按要求持证上岗，证书是否在有效期内。

（2）检查运营单位使用人员是否按要求进行开关梯操作。

（3）检查电梯和自动扶梯"一梯一档"技术档案盒内资料是否齐全、有效。

（4）检查电梯和自动扶梯日巡记录表、使用状况记录表、故障维修记录和维护保养记录是否按要求填记、保管。

（四）专项安全检查

依据《电梯和自动扶梯设备及作业人员管理办法》和《电梯和自动扶梯设备作业人员监督管理办法》的要求，检查内容应包含以下几点。

（1）检查电梯和自动扶梯设备状态是否正常，是否存在零部件老化、磨损、接触不良、地坎卡异物、底坑渗水等异常情况。

（2）检查电梯和自动扶梯故障是否按要求报修、登记、维修及闭环等。

（3）检查维护作业是否按要求开展安全交底、安全防护、保养施工、作业标准及工完场清等，重点检查各零部件是否做到精细化保养。

（4）检查电梯和自动扶梯安全标识是否粘贴到位，是否存在损坏、脱落、标识模糊等情况。

（5）检查运营单位现场的电梯和自动扶梯应急演练开展情况，评估运营单位及委外人员应急响应及处理能力。

第六节　应急管理

一、电梯和自动扶梯设备应急预案编制

电梯和自动扶梯设备安全监督管理部门应当制定电梯和自动扶梯设备应急预案。电梯和自动扶梯设备使用单位应当制定事故应急专项预案。

（一）电梯和自动扶梯设备应急预案编制准备工作

（1）成立应急预案编制工作组，制定编制计划，明确编制任务和职责分工，进行基本情况调查。

（2）对单位基本概况进行调查：单位名称、法人代表、详细地址、邮政编码，单位经济性质、隶属关系、生产规模、人员数量，单位的组织架构。

（3）对单位电梯和自动扶梯设备种类、数量、用途及其分布，电梯和自动扶梯设备配置的平面布置图、应急设施（备）平面布置图等基本情况进行汇总。

（4）调查单位电梯和自动扶梯设备所处地区的地理、气象、水文、灾害等自然环境情况。

（5）调查单位电梯和自动扶梯设备所处周边区域人口密度与数量，主要建筑物性质（相邻社区、学校、机关、重要基础设施等），单位与周边建筑物的距离情况，周边可利用的安全、消防、救护设备设施分布情况。

（6）道路情况及距离，应附平面图进行说明。

（7）收集与预案编制工作相关的法律法规、技术标准、应急预案、国内外同类型单位事故资料、电梯和自动扶梯设备技术资料等有关资料。

（二）电梯和自动扶梯设备风险评估

运用风险评估的方法，识别单位电梯和自动扶梯设备存在的风险因素，确定各类电梯和自动扶梯设备可能发生的事故类型和后果，进行风险分析和评价，作为应急预案编制的依据。本单位电梯和自动扶梯设备风险评估的结果应明确以下内容：各类电梯和自动扶梯设备可能产生的事故类型、原因、后果与影响范围；自然灾害可能造成电梯和自动扶梯设备事故的说明。

（三）电梯和自动扶梯设备应急能力评估

依据风险评估的结果，对单位电梯和自动扶梯设备现有的事故预防措施、应急人员、应急设施、装备与物资等应急能力进行评估，明确应急救援的需求和不足，提出资源补充、合理利用和资源集成整合的建议方案，完善应急救援资源。应急能力评估包括但不限于以下内容。

（1）电梯和自动扶梯设备运行监控系统。

（2）应急设施（备）设置情况，包括监测设备、营救设备、通信设备、消防设备、医疗设备、个人防护设备等。

（3）应急救援物资配备情况。

（4）应急队伍建设情况，各种专业人员分布与分工情况。

(5) 各种保障制度，包括应急设施管理制度、应急人员队伍建设与管理制度（包括应急人员安全防护、群众安全防护措施等）、仪器设备检查与日常维护制度、经费保障制度、培训制度、演习制度等。

(6) 外部资源及能力，包括单位所在地政府部门应急指挥系统状况、周边可以借助的社会资源分布情况、联系方式等。

（四）电梯和自动扶梯设备应急预案编制内容

1. 电梯和自动扶梯设备突发事件应急预案应包含的内容

(1) 总则。

(2) 编制目的应简述应急预案编制的目的和作用。

(3) 编制依据应简述应急预案编制所依据的有关法律、法规、规章、安全技术规范、标准等。

(4) 适用范围应说明应急预案适用的范围，包括电梯和自动扶梯设备事故的类型、级别。

(5) 工作原则应阐述电梯和自动扶梯设备事故应急救援工作的原则和要求。

(6) 基本情况应阐述单位的基本概况，电梯和自动扶梯设备基本情况，周边环境状况和可利用的安全、消防、救护设备设施分布情况及重要防护目标调查结果。可配合图表进行表述。

(7) 风险描述应阐述存在的电梯和自动扶梯设备风险因素与风险评估结果，可能发生事故的后果和波及范围。可配合图表进行表述。

(8) 应急组织体系明确应急指挥机构组织形式、构成部门（单位）或人员及日常工作机构和专家技术组组成。可用结构图形式表示。

(9) 人员及职责明确应急救援指挥机构的指挥人员、相关部门或人员的相应职责及安全要求。根据事故类型和应急工作需要，可设置事故现场应急救援指挥机构和相应的指挥人员、抢险救灾、警戒保卫、后勤保障、医学救护、通信联络、事故处置、善后工作等应急救援工作小组，并明确各小组的工作任务和安全职责。

(10) 预防机制根据风险评估和应急能力评估的结果，明确预防、控制电梯和自动扶梯设备事故发生的技术和管理措施。

(11) 预警机制根据国家有关法律法规，将电梯和自动扶梯设备事故分为不同等级，按级别明确电梯和自动扶梯设备事故预警的条件、方式和方法。确定电梯和自动扶梯设备事故分级和预警级别划分标准。

(12) 应急响应与处置应急响应级别按照分级负责的原则，明确不同响应级别的负责部门和人员。

(13) 响应程序根据电梯和自动扶梯设备事故的级别和发展态势，明确现场应急指挥、应急措施、资源调配、应急避险、扩大应急等响应处置程序。

(14) 监测与监控明确事故现场监测设备、器材和现场监测人员及其安全防护措施，监控和分析事故所造成的危害程度、事故是否得到有效控制、事故是否有扩大危险趋势，及时提供准确信息。

(15) 根据电梯和自动扶梯设备的性质及事故类型、事故可控性、严重程度和影响范围，明确事故处理过程中可能产生的次生、衍生危害和事故的消除措施。

（16）当事态的发展超出单位的应急能力或控制范围时，应及时采取扩大应急救援响应处置程序。

（17）通信与信息保障明确与应急工作相关的单位或人员的通信联系方式，并提供备用方案。

（18）应急队伍保障明确单位各专业应急队伍及负责人的通信联络方式，应附人员联络表。

（19）应急物资装备保障明确应急救援需使用的应急物资和装备的类型、数量、性能、存放位置、管理责任人等内容。确定电梯和自动扶梯设备应急救援技术装备清单内容。

（20）经费保障明确应急专项经费来源、使用范围、数量和监督管理措施。鼓励投保电梯和自动扶梯设备安全责任险，建立电梯和自动扶梯设备保险事故补偿机制。

（21）其他保障明确根据单位电梯和自动扶梯设备应急工作需求而确定的技术保障、交通运输保障、治安保障，需要请求援助的外部机构、组织的名单和联络方式等其他相关保障措施。

2. 事故报告和信息发布

（1）内部报告明确电梯和自动扶梯设备事故发生后，单位内部报告事故信息的方法、程序、内容和时限。

（2）外部报告明确电梯和自动扶梯设备事故发生后，向所在地人民政府、负责电梯和自动扶梯设备安全监督管理的部门和负有安全生产监管职责的其他政府部门报告事故信息的方式、流程、内容和时限。

（3）信息发布明确对媒体和公众发布信息的程序和原则，统一组织信息发布和舆论引导工作。

3. 人员疏散与撤离安置依据应包含的内容

人员疏散与撤离安置依据对可能发生电梯和自动扶梯设备事故场所、设施及周围情况的分析结果，确定以下内容：

（1）事故现场人员清点、撤离的路线、方式与方法、注意事项；

（2）可能受影响区域人员疏散的方式、方法、路线、地点、基本防护措施；

（3）临时安置场所。

4. 隔离和警戒依据应包含的内容

隔离和警戒依据可能发生的电梯和自动扶梯设备事故类别、危害程度级别，确定以下内容：

（1）危险区、安全区的认定；

（2）警戒区域的划定和设置，开始和步骤；

（3）事故现场周边区域的单位内部道路交通管制或疏导办法。

5. 处置方案应包含的内容

现场救护与医院救治依据电梯和自动扶梯设备事故特点、医疗救治机构的设置和处理能力，制定具有可操作性的处置方案，应包括以下内容：

（1）明确人员的救护方式、方法及安全保护措施；

（2）伤员转运及转运中的救治方案和措施；

（3）明确不同类型伤员的医院救治机构；

(4) 应急时紧急停机停产的基本程序;
(5) 过程中处理缺陷故障和事故所采用应急方案及操作程序,可在附件中单列说明;
(6) 应急工作职责和安全防护措施;
(7) 应急过程中采用的工程技术说明。

6. 应急结束和使用恢复应明确的内容
(1) 终止的条件和程序。
(2) 现场清理和设施恢复要求。
(3) 后续监测、监控和评估。

二、电梯和自动扶梯设备应急预案执行

(一) 应急预案培训

依据对单位有关员工能力的评估结果,制定应急预案培训教育计划(包括应急培训方式、考核、记录表效果评价等),培训教育应明确以下内容:
(1) 电梯和自动扶梯设备常识教育;
(2) 电梯和自动扶梯设备应急知识教育,包括电梯和自动扶梯设备应急救援操作规范、应急救援安全防护知识、应急处置工作制度和程序等知识;
(3) 电梯和自动扶梯设备应急相关法律法规教育。

(二) 应急预案演练

(1) 应制定应急预案演练方案,确定应急演练的主题、时间、地点和设备,设计应急演练场景和程序,选择参与应急演练人员、装备与器材和应急救援的方法,做好应急演练各项准备工作,组织实施应急演练。演练完成后进行总结、评价、整改和改进等工作。
(2) 电梯和自动扶梯设备应急演练宜每年不少于1次,演练单位应做好记录备查,应使用电梯和自动扶梯设备应急演练记录表进行记录。

(三) 应急预案评价与修订

(1) 演练组织部门应当建立健全应急预案演练评估工作机制,全面评估应急演练工作,及时总结经验教训。
(2) 政府专项、部门应急预案演练和运营单位综合、专项应急预案演练应形成演练评估报告。运营单位现场处置方案演练可通过现场总结和点评的方式开展评估。
(3) 鼓励邀请行业专家或委托第三方机构开展演练评估工作。运营单位应对行业专家或第三方机构评估人员开展工作提供便利及必要的安全保障措施。
(4) 评估人员应当具备相应专业技能和工作经验,提前熟悉相关应急预案、演练实施方案和管理制度,全程观察研判应急演练开展情况,独立、客观地开展评估工作。
(5) 演练评估内容应包括演练准备、组织与实施的效果、演练主要经验、演练中发现的问题和意见建议等,重点包括应急预案是否科学、联动组织是否高效、人员操作是否熟练、应急保障是否充分等。
(6) 演练组织部门应将评估报告向参演人员和相关单位公布,反馈演练中发现的问题并及时整改。涉及应急处置机制、作业标准、操作规程和管理规定等有缺陷的,应在3个月内修订完善相关预案和制度。

（7）评估报告中涉及其他单位、部门的应急预案及应急准备完善建议，应及时反馈相关单位和部门。

三、电梯和自动扶梯设备应急响应与处置

（一）电梯和自动扶梯设备应急情况预警机制

电梯和自动扶梯设备使用单位应当对发生事故后易造成群死群伤的电梯和自动扶梯设备，存在重大事故隐患的电梯和自动扶梯设备，重要场所使用的电梯和自动扶梯设备，关系重大经济安全的电梯和自动扶梯设备，发生事故可能造成严重社会影响的电梯和自动扶梯设备实行重点安全监控，并制定以下安全管理机制。

（1）建立风险分级管控制度，由管理部门定期组织人员对设备可能发生的事故进行风险分析、辨识。

（2）使用部门根据电梯和自动扶梯设备使用年限、机械运行情况等定期开展隐患排查，明确和细化隐患排查事项、内容、频次，制定隐患排查治理清单。

（3）管理部门定期组织开展对使用部门关于隐患排查登记、治理、销账的全过程记录和闭环管理进行监督检查。

（4）定期开展电梯和自动扶梯设备操作方法、规范性检查，针对问题及时完善安全管理制度。

（5）定期开展人员取证、安全培训，操作人员必须经过专业培训，并考核合格取得《电梯和自动扶梯设备作业人员证》，方可从事相应的操作工作，严禁无证人员操作。

（6）管理部门定期开展对维保单位提供的保养服务进行评审，根据评审结果修订监督管理措施。

（7）使用部门在使用过程中应严格落实各项维护保养制度、常规检查制度，发现异常噪声、震动、超温、超压、磨损严重、裂纹等异常现象，应立即停用及时处理。未彻底处理好，严禁启用。

（8）在使用环境条件发生重大变化时，设备管理人员应对环境进行确认，根据影响情况决定是否停用设备。

（9）设备故障导致发生人身安全事故时，必须确认设备故障已消除，并且无安全隐患后方可重新开启。

（二）电梯和自动扶梯设备应急情况预防措施

电梯和自动扶梯设备使用单位对电梯和自动扶梯设备安全全面负责，属重点监控的电梯和自动扶梯设备使用单位必须严格遵守以下规定。

（1）建立安全生产双重预防机制，建立并有效实施电梯和自动扶梯设备安全管理制度和高耗能电梯和自动扶梯设备节能管理制度及操作规程。

（2）采购、使用取得许可生产（含设计、制造、安装、改造、修理），并且经检验合格的电梯和自动扶梯设备，不得采购超过设计使用年限的电梯和自动扶梯设备，禁止使用国家明令淘汰和已经报废的电梯和自动扶梯设备。

（3）设置电梯和自动扶梯设备安全管理机构，配备相应的安全管理人员和作业人员，建立人员管理台账，开展安全与节能培训教育，保存人员培训记录。

(4) 及时办理使用登记，保证电梯和自动扶梯设备登记率达到100％，设备注销时交回使用登记证。

(5) 及时分析电梯和自动扶梯设备安全状况，制订、完善本单位事故应急专项预案，定期进行应急预案演练。

(6) 电梯和自动扶梯设备作业人员持证上岗率达到100％；对电梯和自动扶梯设备作业人员作业情况进行检查，及时纠正违章作业行为。

(7) 对在用电梯和自动扶梯设备进行经常性维护保养和定期自行检查，及时排查和消除事故隐患，对在用电梯和自动扶梯设备的安全附件、安全保护装置及其附属仪器仪表进行定期校验、检修，及时提出定期检验和能效测试申请，接受定期检验和能效测试，并且做好有关配合工作。

(8) 保证电梯和自动扶梯设备安全、节能必要的投入。

(三) 电梯和自动扶梯设备应急情况报告

(1) 发生电梯和自动扶梯设备事故后，事故现场有关人员应当立即向事故发生单位负责人报告；事故发生单位的负责人接到报告后，应当于1小时内向事故发生地的县以上市场监督管理部门和有关部门报告。情况紧急时，事故现场有关人员可以直接向事故发生地的县以上市场监督管理部门报告。

(2) 接到事故报告的市场监督管理部门，应当尽快核实有关情况，依照《特种设备安全监察条例》的规定，立即向本级人民政府报告，并逐级报告上级市场监督管理部门直至国家市场监督管理总局。质量技术监督部门每级上报的时间不得超过2小时。必要时可以越级上报事故情况。

(3) 报告事故应当包括事故发生的时间、地点、单位概况以及电梯和自动扶梯设备种类；事故发生初步情况，包括事故简要经过、现场破坏情况、已经造成或者可能造成的伤亡和涉险人数、初步估计的直接经济损失、初步确定的事故等级、初步判断的事故原因；已经采取的措施；报告人姓名、联系电话；其他有必要报告的情况。

(4) 市场监督管理部门逐级报告事故情况，应当采用传真或者电子邮件的方式进行快报，并在发送传真或者电子邮件后予以电话确认。特殊情况下可以直接采用电话方式报告事故情况，但应当在24小时内补报文字材料。

(5) 报告事故后出现新情况的，以及对事故情况尚未报告清楚的，应当及时逐级续报。续报内容应当包括事故发生单位详细情况、事故详细经过、设备失效形式和损坏程度、事故伤亡或者涉险人数变化情况、直接经济损失、防止发生次生灾害的应急处置措施和其他有必要报告的情况等。

(6) 自事故发生之日起30日内，事故伤亡人数发生变化的，有关单位应当在发生变化的当日及时补报或者续报。

(四) 电梯和自动扶梯设备应急情况处置

1. 应急处置要求

(1) 电梯使用单位保持值班电话24小时的畅通，30秒内接听电话，3分钟内启动应急救援。在接到救援报警信息中心救援通知后，值班人员应及时通知签约维保单位和单位负责人,并在3分钟内赶赴现场,对被困人员进行必要的安抚,做好现场围挡警示,阻止无关人员进入救援工作区,同时采取措施,防止事故扩大或发生二次伤害事故。

(2)电梯和自动扶梯造成客伤时,应立即关停电梯和自动扶梯,报委外单位维护作业人员确认修复后,方可启用。

2. 应急处置方法

(1)车站楼层及电梯井道或轿厢内发生火灾事故的应急处理:车站楼层及电梯井道或轿厢内发生火警时,应立即将电梯停至基站(站厅或地面),打开轿门疏散轿内乘客后,将电梯锁闭,引导乘客至安全地点,切断电梯电源。

(2)电梯水浸的应急处理:当底坑内出现进水或渗水时,应将电梯停止使用,关闭电梯并报修,同时设置防护措施安排人员现场引导。

(3)电梯剪切事故的应急处理:当电梯发生剪切事故时,车站值班站长应立即通知电梯委外单位维护作业人员,并提醒电梯委外单位维护作业人员断开电梯主电源开关,避免救援过程中突然恢复供电导致意外发生。车站工作人员用防护栏将事故区域隔开,疏散围观乘客,引导委外单位维护作业人员和医护人员。

(4)电梯轿厢困人、冲顶或蹲底的应急处理:车站工作人员在接到救援通知后,应第一时间赶赴现场上报信息给值班站长,对被困人员进行必要的安抚,对现场进行围挡警示,确认有无人员伤亡,阻止无关人员进入救援工作区,同时采取措施,防止事故扩大或发生二次伤害事故。委外单位维护作业人员到场后,提醒乘客尽可能远离电梯轿门,配合救援工作。

(5)自动扶梯无法启动的应急处理:车站应先检查电源的供电情况,如无问题但仍不能启动立即报修,设置防护措施安排人员现场引导,待修复后再投入使用。

(6)自动扶梯突然停止的应急处理:车站现场工作人员应立即按下急停按钮,确认自动扶梯完全停止后报修,设置防护措施安排人员现场引导。

(7)自动扶梯夹入异物的应急处理:车站现场工作人员应立即按下急停按钮,根据夹入异物的情况和程度,对异物进行取出处理。如异物能够顺利取出,则对扶手入口保护带装置、安全保护开关部位进行检查,确认正常后,重新启动自动扶梯。如果异物不能顺利取出,设置防护和告知措施,委外单位维护作业人员进行处理。

(8)自动扶梯进水或遭遇水淹的应急处理:车站应立即疏散自动扶梯上乘客,立即按下急停按钮,立即报修,同时设置防护措施安排人员现场引导。

(9)自动扶梯发生异常情况的应急处理:扶梯在行驶中有异常声响、异味、不正常振动和摩擦,梯级或踏板有较大跳动,扶手装置及裙板有"麻电"感觉现象,应立即按下急停按钮,停止自动扶梯运行,采取防护和告知措施,并立即通知专业维修业人员进行检查维修。

(10)自动扶梯发生夹持困人的应急处理:当梯级(踏板)与围裙板发生夹持困人、扶手带发生夹持和梳齿板发生夹持,车站现场工作人员应立即按下急停按钮,车站值班站长通知签约维护单位负责人,拨打120,采取防护和告知措施。救援人员应对困人情况进行研判,遵循对被困人员造成伤害最小和不造成二次伤害的原则,车站配合救援工作。

四、电梯和自动扶梯设备事故级别

根据电梯和自动扶梯设备安全事故造成的危害性、紧急程度和发展态势,电梯和自动扶梯设备安全事故级别划分为特别重大事故（Ⅰ级）、重大事故（Ⅱ级）、较大事故（Ⅲ级）、一般事故（Ⅳ级）四级，颜色依次用红色、橙色、黄色、蓝色表示。

（一）特别重大事故

电梯和自动扶梯设备事故造成 30 人以上死亡，或者 100 人以上重伤，或者 1 亿元以上直接经济损失的。

（二）重大事故

电梯和自动扶梯设备事故造成 10 人以上 30 人以下死亡，或者 50 人以上 100 人以下重伤，或者 5000 万元以上 1 亿元以下直接经济损失的。

（三）较大事故

电梯和自动扶梯设备事故造成 3 人以上 10 人以下死亡，或者 10 人以上 50 人以下重伤，或者 1000 万元以上 5000 万元以下直接经济损失的。

（四）一般事故

(1) 电梯和自动扶梯设备事故造成 3 人以下死亡，或者 10 人以下重伤，或者 1 万元以上 1000 万元以下直接经济损失的。

(2) 电梯轿厢滞留人员 2 小时以上的。

五、电梯和自动扶梯设备事故报告和调查处理

电梯和自动扶梯属于国家规定的特种设备，电梯和自动扶梯发生事故后，经判定，如属于国家规定的特种设备事故的范围，应按《特种设备事故报告和调查处理规定》的要求开展事故的处置，具体内容应参照以下规定执行。

（一）事故报告要求

(1) 电梯和自动扶梯发生事故后，事故现场有关人员应当立即向事故发生单位负责人报告；事故发生单位的负责人接到报告后，应当于 1 小时内向事故发生地的县级以上市场监督管理部门和有关部门报告。情况紧急时，事故现场有关人员可以直接向事故发生地的县级以上市场监督管理部门报告。

(2) 市场监督管理部门接到有关电梯和自动扶梯事故报告后，应当立即组织查证核实。属于电梯和自动扶梯事故的，应当向本级人民政府报告，并逐级报告上级市场监督管理部门直至国家市场监督管理总局。每级上报的时间不得超过 2 小时。必要时，可以越级上报事故情况。

(3) 对于一般事故、较大事故，接到事故报告的市场监督管理部门应当及时通报同级有关部门。对于重大事故、特别重大事故，国家市场监督管理总局应当立即报告国务院并及时通报国务院有关部门。

(4) 事故发生地与事故发生单位所在地不在同一行政区域的，事故发生地市场监督管理部门应当及时通知事故发生单位所在地市场监督管理部门。事故发生单位所在地市场监督管理部门应当配合做好事故调查处理相关工作。

(5) 市场监督管理部门逐级上报事故信息，应当采用快捷便利的通讯方式进行上报，

同时通过特种设备事故管理系统进行上报。现场无法通过特种设备事故管理系统上报的，应当在接到事故报告后 24 小时内通过系统进行补报。

（6）事故报告后出现新情况的，以及对情况尚未报告清楚的，应当及时逐级续报。

（7）自事故发生之日起 30 日内，事故伤亡人数发生变化的，应当在发生变化的 24 小时内及时续报。

（8）事故发生地县级市场监督管理部门接到事故报告后，应当及时派员赶赴事故现场，并按照特种设备应急预案的分工，在当地人民政府的领导下积极组织开展事故应急救援工作。

（9）上级市场监督管理部门认为有必要时，可以派员赶赴事故现场进行指导，事故发生地县级以上市场监督管理部门应当积极配合。

（二）事故报告内容

(1) 事故发生的时间、地点、单位概况以及特种设备种类。

(2) 事故发生简要经过、现场破坏情况、已经造成或者可能造成的伤亡和涉险人数、初步估计的直接经济损失。

(3) 已经采取的措施。

(4) 报告人姓名、联系电话。

(5) 其他有必要报告的情况。

（三）事故调查

(1) 发生电梯和自动扶梯事故后，事故发生单位及其人员应当妥善保护事故现场以及相关证据，及时收集、整理有关资料，为事故调查做好准备；必要时，应当对设备、场地、资料进行封存，由专人看管。

(2) 电梯和自动扶梯事故调查依据特种设备安全法律、行政法规的相关规定，实行分级负责。

(3) 市场监督管理部门接到事故报告后，经过现场初步判断，因客观原因暂时无法确定是否为特种设备事故的，应当及时报告本级人民政府，并按照本级人民政府的意见开展相关工作。

(4) 对于跨区域发生、事故调查处理情形复杂、舆论关注和群众反响强烈的特种设备事故等情况，上级市场监督管理部门可以对事故调查进行督办，必要时可以直接进行调查。

(5) 自事故发生之日起 30 日内事故等级发生变化，依法应当由上级市场监督管理部门组织事故调查的，上级市场监督管理部门可以会同本级有关部门进行事故调查，也可以经本级人民政府批准，委托下级市场监督管理部门继续组织事故调查。

(6) 自事故发生之日起超过 30 日，事故造成的伤亡人数或者直接经济损失发生变化的，按照原事故等级组织事故调查。

(7) 对无重大社会影响、无人员死亡且事故原因明晰的特种设备一般事故和较大事故，负责组织事故调查的市场监督管理部门，报本级人民政府批准后，可以由市场监督管理部门独立开展事故调查工作。必要时，经本级人民政府批准，可以委托下级市场监督管理部门组织事故调查。

(8) 负责组织事故调查的市场监督管理部门应当报请本级人民政府批准成立事故调查组。

(9) 根据事故的具体情况，事故调查组一般应当由市场监督管理部门会同有关部门组成。

(10) 事故调查组组长由负责事故调查的市场监督管理部门负责人或者指定的人员担任。

(11) 事故调查组成员应当具有特种设备事故调查工作所需要的知识和专长，与事故发生单位及相关人员不存在直接利害关系。

(12) 事故调查组成员应当服从调查组组长领导，在事故调查工作中正确履行职责，诚信公正，遵守事故调查组的纪律，不得泄露有关事故调查信息。

(13) 根据事故调查工作需要，事故调查组可以聘请有关专家参与事故调查；所聘请的专家应当具备特种设备安全监督管理、生产、检验检测或者科研教学等相关工作经验。设区的市级以上市场监督管理部门可以根据事故调查工作需要，组建特种设备事故调查专家库。

(14) 事故调查组有权向有关单位和个人了解与事故有关的情况，并要求其提供相关文件、资料。有关单位和个人不得拒绝，并对所提供情况和文件、资料的真实性负责。

(15) 事故发生单位的负责人和有关人员在事故调查期间不得擅离职守，并应当随时接受事故调查组的询问。

(16) 事故调查组应当依法严格开展事故现场保护、勘察、询问及调查取证等相关工作。

(17) 事故调查期间未经事故调查组同意，任何单位和个人不得擅自移动事故相关设备，不得隐匿、毁灭有关资料、物品，不得伪造或者故意破坏事故现场。

(18) 事故调查中需要进行技术鉴定的，事故调查组应当委托相关单位进行技术鉴定，接受委托的单位应当出具技术鉴定报告，并对其结论负责。

(19) 事故调查组认为需要对特种设备事故进行直接经济损失评估的，可以委托依法成立的评估机构进行。接受委托的评估机构应当出具评估报告，并对其结论负责。

(20) 事故调查组应当在全面审查证据的基础上查明引发事故的原因，认定事故性质。

(21) 事故调查组应当根据事故的主要原因和次要原因，认定事故责任。

(22) 事故调查组应当根据责任单位和责任人员行为与特种设备事故发生及其后果之间的因果关系，以及在特种设备事故中的影响程度，认定责任单位和责任人员所负的责任。责任单位和责任人员所负的责任分为全部责任、主要责任和次要责任。

(23) 责任单位或者责任人员伪造或者故意破坏事故现场，毁灭、伪造或者隐匿证据，瞒报或者谎报事故等，致使事故责任无法认定的，应当承担全部责任。

(24) 组织事故调查的市场监督管理部门应当按照规定程序对事故调查报告以及资料进行完整性审核。必要时，可以向事故调查组提出追加调查的要求。

(25) 特种设备事故调查应当自事故调查组成立之日起 60 日内结束。特殊情况下，经组织调查的市场监督管理部门批准，事故调查期限可以适当延长，但延长的期限最长不超过 60 日。经济损失评估时间与技术鉴定时间不计入事故调查期限。因无法进行事故现场勘察的，事故调查期限从具备现场勘察条件之日起计算。

(四) 事故调查组应该履行的职责

(1) 查清事故发生前的特种设备状况。

(2) 查明事故经过、人员伤亡、特种设备损坏、直接经济损失情况及其他后果。

(3) 分析事故原因。

(4) 认定事故性质和事故责任。

(5) 提出对事故责任单位和责任人员的处理建议。

(6) 总结事故教训,提出防范类似事故发生和整改措施的建议。

(7) 提交事故调查报告。

(8) 整理并移交有关事故调查资料。

(五) 事故调查报告应当包括的内容

(1) 事故发生单位情况和发生事故设备情况。

(2) 事故发生经过和事故救援情况。

(3) 事故造成的人员伤亡、设备损坏程度和直接经济损失。

(4) 事故发生的原因和事故性质。

(5) 事故责任的认定以及对事故责任单位和责任人员的处理建议。

(6) 事故防范和整改措施。

(7) 技术鉴定报告等有关证据材料。

(六) 事故处理

(1) 事故调查结束后,组织事故调查的市场监督管理部门应当将事故调查报告报本级人民政府批复,并报上一级市场监督管理部门备案。

(2) 组织事故调查的市场监督管理部门应当在接到批复之日起 15 日内,将事故调查报告及批复意见送达有关地方人民政府及有关部门,并抄送事故发生单位、责任单位和责任人员。

(3) 市场监督管理部门及有关部门应当根据批复后的事故调查报告,依照法定权限和程序,对负有事故责任的相关单位和人员实施行政处罚,对负有事故责任的公职人员进行处分。

(4) 市场监督管理部门及其工作人员在特种设备事故调查和处理中存在违纪违法行为的,由纪检监察机关依法给予党纪政务处分。涉嫌犯罪的,依法移送监察机关、司法机关处理。

(5) 事故发生单位及事故责任相关单位应当落实事故防范和整改措施。防范和整改措施的落实情况应当接受工会和职工的监督。

(6) 事故责任单位应当及时将防范和整改措施的落实情况报事故发生地的市级市场监督管理部门。

(7) 事故调查处理情况由组织调查的市场监督管理部门按照《中华人民共和国政府信息公开条例》的有关规定,依法向社会公开。

(8) 事故调查的有关资料应当由组织事故调查的市场监督管理部门归档保存。归档保存的材料包括现场勘察笔录、技术鉴定报告、事故调查报告、事故批复文件等。

（9）组织事故调查的市场监督管理部门应当在接到事故调查报告批复之日起 30 日内将事故调查报告和批复意见逐级上报至国家市场监督管理总局。

（10）组织事故调查的市场监督管理部门对事故调查中发现的需要制定或者修订的有关法律法规、安全技术规范和标准，应当及时报告上级市场监督管理部门，提出制定或者修订建议。

（11）各级市场监督管理部门应当定期对本行政区域特种设备事故的情况、特点、原因进行统计分析，根据特种设备的管理和技术特点、事故情况，研究制定有针对性的工作措施，防止和减少类似事故的发生。